梁溪历史文化丛书

梁溪历史文化丛书三

政协无锡市梁溪区委员会 编

风神

无锡国专人物丛谈

刘桂秋 著

广陵书社

图书在版编目（ＣＩＰ）数据

风神：无锡国专人物丛谈 / 刘桂秋著. -- 扬州 ：
广陵书社，2023.12
　　（梁溪历史文化丛书 ；3）
　　ISBN 978-7-5554-2156-6

　　Ⅰ．①风… Ⅱ．①刘… Ⅲ. ①国学－校史－史料－无
锡 Ⅳ. ①G649.285.33

中国国家版本馆CIP数据核字(2023)第228167号

目 录

教师篇

唐文治：无锡国专的掌门人

　　说起无锡国专，便不能不首先提及三十余年中始终执掌该校校政的唐文治先生；甚至从某种意义上说，没有唐文治，便没有无锡国专。

　　唐文治（1865—1954），字颖侯，号蔚芝，晚号茹经，原籍江苏太仓，后定居江苏无锡。1879年，唐文治应童子试取入州学。从1881年起，受业于太仓名儒王祖畲门下，王祖畲教之以"天下惟第一等人，始能为第一等文""文章一道，人品学问皆在其中……汝学作文，先从立品始，不患不为天下第一等人，亦不患不为天下第一等文"，这对唐文治后来的人生历程有很大的影响。

　　1882年，唐文治考中举人；1885年，考入江阴南菁书院，师从著名学者、经学大家黄以周、王先谦等研习数年，为自己日后的国学、经学研究打下了坚实的基础。1892年春，唐文治考中进士，曾先后在晚清政府户部、总理各国事务衙门和由前者改设而成的外务部任职。1903年9月，晚清政府设立商部（1906年改为农工商部），唐文治先后任商部右丞、左丞、左侍郎和农工商部署理尚书等职务。这一阶段中，唐文治有过两次出访的经历：一次是在1901年8月，他随作为专使大臣的户部右侍郎那桐赴日，为日本驻华使馆书记生杉山彬在"庚子之乱"中被杀事件专程"道歉"（当然，这是一次屈辱的出使经历）；第二次是从1902年5月起，他以三等参赞衔，随镇国将军载振赴英参加英国新君爱德华七世的加冕典礼，后又出访比利时、法国、美国和日本等国。这两次出国访问考察，同样也对唐文治后来的人生历程产生了很大的影响，使得他在

唐文治在无锡国专校园内

一定程度上具备了世界眼光和现代意识。此外,唐文治在出访考察英、法、比、美、日期间,深感这些国家教育的发达,他曾称叹英国伦敦"一隅之地,共有学堂四百九十八所"①"英自学堂盛行,而囚徒日减。堂中多一儒冠,狱中即少一赭衣"②,由此他认为"人才者,国家之命根也;学堂者,又人才之命根也"③,从那时起就萌发了有朝一日条件合适时要兴学救国的愿望。在商部和农工商部任职期间,唐文治被尚书载振倚之如左右手,主持制订了振兴工商业、保护民族工业的政策,采取了一系列扶助农、工、商业发展的措施,使本来已濒于破产的中国工商业得到一定程度的复兴和发展。

1907年9月,唐文治就任邮传部上海高等实业学堂(1896年创办,原名南

① 唐文治:《英轺日记》(代载振作)卷五,岳麓书社2016年版,第66页。
② 唐文治:《英轺日记》(代载振作)卷五,第72—73页。
③ 唐文治:《蕌艾编·论整理学部》,王桐荪等选注《唐文治文选》,上海交通大学出版社2005年版,第96页。

洋公学,后迭次改称商部高等实业学堂、邮传部上海高等实业学堂、南洋大学、交通部上海工业专门学校,1921年改名为交通大学)监督、校长,强调"学堂异于科举,要以尚实为宗旨,使人人趋重于实学"。他上任后,即对因前任监督久不到校而颇形废弛的校务力加整顿。第二年,他在为学校制定的章程中提出了该校的办学宗旨:"本学堂分设高等学科,造就专门人才,尤以学成致用、振兴中国实业为宗旨。"在连续执掌该校校政的十四年中,唐文治采取一系列措施,对学校进行全面的调整和改革,使该校变成了一所实力强劲、在国内外享有盛名的工科大学。此外,作为一个国学家、理学家而办工科学校,唐文治又极注重对学生的道德人格的培育,注重国文教学和学生人文素养的养成。他在就任不久所写的《咨呈重订章程和宗旨》中提出,在"造就专门人才""振兴全国实业为主"的同时,"并极意注重中文,以保国粹"。为此,学校开设了国文课,要求学生在四年中都要学习国文课程。唐文治本人亲自为学生讲授国文课,编撰了《国文阴阳刚柔大义》《上海工业专门学校国文课本》等国文教材。

1919年,新文化运动迅猛展开,西学大潮汹涌澎湃,唐文治感受到了中国传统文化所受到的无情冲刷,并为此而深深忧虑。这就是他在《函交通部致送高等国文讲义》一文中所说的:"科学之进步尚不可知,而先淘汰本国之文化,深可痛也。"[①]于是他萌生了由"振兴实业"转为"修道立教"的想法。1920年11月,唐文治辞去交通部上海工业专门学校校长职务后回无锡定居。此后不久,由施肇曾出资捐助,陆起任总干事,筹办无锡国学专修馆(后该校迭次改名为无锡国文大学、无锡国学专门学院、私立无锡国学专修学校和私立无锡中国文学院,简称"无锡国专"),唐文治应邀出任馆长,订立了《无锡国学专修馆学规》,共有躬行、孝弟(悌)、辨义、经学、理学、文学、政治学、主静、维持人道和挽救世风等十条。在《学规》中,唐文治强调"吾馆为振起国学、修道立

① 唐文治:《函交通部致送高等国文讲义》,刘露茜、王桐荪编注《唐文治教育文选》,西安交通大学出版社1995年版,第118页。

教而设",特别看重"检束身心,砥砺品行",专注于"维持人道"与"挽救世风"。

无锡国学专修馆最初租赁无锡惠山之麓五里街原锡商山货公所为校址,于1921年2月27日正式开馆上课。到此年10月1日,迁入无锡学前街学宫东部由原尊经阁、训导署改建成的校舍之内。当时学宫墙上立有一块"文武官员到此下马"的石碑,其时这块石碑已不起作用,达官贵人经过学宫,从未见到有下车下轿的。可是,唐文治每天坐轿子到国学专修馆办公,经过学宫,必令轿夫停轿,自己下轿徒步走过学宫后,再坐轿进入学校。有一天早晨,下着蒙蒙细雨,唐文治坐着轿子从前西溪家中前往学校,不料雨越下越大,轿子到达学宫时,抬轿的人不再停轿,急急忙忙向前而行。这时,唐文治在轿内意识到已经到达学宫了,急得在轿内直跺脚,一定要轿夫停轿,让自己冒着大雨走过学宫,然后才上轿进校。后来,校内有些老师知道此事,觉得这样不大好,怕会影响唐先生的健康,便索性在国学专修馆后街开一后门,让其从后门进出,不再经过学前街学宫,以免今后再发生类似的事情。

初期的无锡国学专修馆,是一个小型的书院式的高等学馆。专修馆最初几年的教员除唐文治外,仅有朱文熊、陆修祜、陈柱三人(后来又陆续添聘了钱基博、冯振等人),另有两名职员。唐文治本人为学生讲授《论语》《孝经》《孟子》《周易》等课程。开始的数年,国专每次的招生规模大多只有三四十人;七年中,国专所授学子统共不足一百八十人,这是无锡国专的初创时期。1928年9月,无锡国学专门学院被批准立案,表明该校从此成为国家教育行政部门承认的正规高等教育机构。1930年1月,学校备文呈报国民政府教育部,将此前的校名"无锡国学专门学院"改为"私立无锡国学专修学校"。这一次改名后,一直到全民族抗日战争爆发前,在唐文治的主持领导下,无锡国专进入了一个较快发展的时期。学校在办学宗旨、组织管理体制、课程设置和教学内容安排上,都有了较大的变化,师生队伍也明显扩大。这些都表明无锡国专在坚持原有办学特色的同时,也努力使自己进入正常的高等教育体制的轨道当中。

1936年6月下旬,无锡国专举行了简朴而隆重的办校十五周年的校庆纪

唐文治订立的《无锡国学专修馆学规》

念活动,唐文治撰写了《国学专修学校十五周过去与将来》一文,刊载于无锡地方报纸。文中描述了无锡国专办校十五年来"飘摇风雨,拮据卒瘁",尤其是作为一所私立学校,在经济上屡陷艰难困窘之境的情状,反映了唐文治"忧虑无时可释"的悲凉凄怆的心情。在此备极艰辛的情况下,唐文治意志不改,说:"吾校之既往纵极艰辛,而余于将来则颇多奢望。今世界各国莫不自爱其文化,且力谋以己之文化扩而充之于他邦。吾国文化,讵可让人?若长此抱残守缺,不为发扬光大之谋,恐吾国学终至沦灭。本校既为国中所仅有,同志之士,更宜尽力襄理,藉以继往开来。"[①]秉持这样一种意志和信念,文中对无锡国专日后的发展做了擘画。学校发展的第一步措施,便是在无锡著名实业家唐星海等人资助下,在宝界桥畔先后购地四十余亩,先举行奠基仪式,树界石作为校产,并请专家设计了建筑图;准备募集到所需资金后,再进行新校舍

---

① 唐文治:《国学专修学校十五周过去与将来》,《新无锡》1936年6月20日—22日。

的建设。1937年3月23日,无锡国专全体学生赴五里湖滨新校址举行植树礼,唐文治为此作颂词,词曰:"十年树木,百年树人。人才蔚起,中国太平。"

当这一切正在紧张而有序地进行时,1937年7月7日卢沟桥的枪声,震碎了人们美好的梦想。在唐文治率领下,无锡国专师生从此开始了长达八年多的颠沛流离、艰难备尝的历程。先是由无锡转迁至湖南长沙,复迁至湘乡铜钿湾,再转至广西桂林。在由湘乡铜钿湾转迁桂林的过程中,一路备尝艰险,加以交通阻塞,师生渐渐散失。行至湖南株洲时,只剩下校长唐文治、教师陆修祜、工友高福与学生袁步祺、沈令生、虞念祖、奚干城等数人而已。此时又值隆冬严寒,唐文治乃于旷野中命学生席地而坐,自己则朗诵起了《诗经·小雅·何草不黄》中"匪兕匪虎,率彼旷野。哀我征夫,朝夕不暇"一章。老夫子朗诵时声泪俱下,诸生听后莫不为之动容。

1938年2月9日,无锡国专师生抵达桂林,并租赁民房作为教室,正常上课,从此开始了国专的"桂校"时期。是年6月底,唐文治因年迈体弱且水土不服,向国民政府教育部请假,于1938年7月19日回到上海。江浙一带的一些没有随迁桂校的国专学生闻讯,纷纷表达了希望在上海复校的愿望。经过筹划准备,1939年3月3日,国专沪校正式上课,从此开始了无锡国专历史上"桂校"与"沪校"并立的时期。

抗战期间,众多中国高校内迁。无锡国专也许是其中规模最小、最不起眼的一所,但以校长唐文治为首的无锡国专师生所表现的坚毅卓绝的精神,却是如此地震撼人心。前文叙及,全民族抗战爆发后,国专先由无锡转迁至湖南长沙。后因长沙城中情况极不安定,议定再迁校至湘乡铜钿湾。在前往铜钿湾的路上,时年七十三岁的唐文治疲惫已极,形神几若相离。但即使是这样,在路上他和陆修祜仍然一起写成了《大学格物定论》的讲稿。1938年2月1日,是戊寅年的正月初二,在铜钿湾安顿下来不久,唐文治便为学生讲授此课。这虽然是一个很小的事例,但就像国专桂校学生严庆添在一篇文章中说的:"战区的专科以上学校虽一间一间地被敌人的炮火赶上流离转徙的道路,但到了认为比较安全的所在,便旗鼓重张,弦歌不绝,茅茨土阶,风帷雨幔,生活的辛苦固然大与昔殊,而精神的兴奋亦为历古所罕见。"①抗战胜利后,曾经担任过无锡国专教授兼校务主任的钱基博,特撰《唐文治先生创设国学专门学校之宗旨》一文,文中说:

> ……博追随唐先生以主任校务者亦且五年,而谓诸生负笈以来,必先明何谓"国学"。"学"之为言觉也,夫"国学"所以牖启国性之自觉,而"学生"必以表现自觉之生活……独念二十六年十月,唐先生以寇之涉吾地,青年心理纯洁之如一片白纸,未可以染。自忘其老,而以七十高龄,跋涉山川,护送诸生以移汉口,转湘入桂……戎马转徙,未尝一日废弦诵;艰苦同尝,而无一人出怨言。此其坚贞蒙难,咸有一德,仁之至,义之尽,岂惟延唐先生之斯文一脉于西南,而实以续如缕不绝之国命……苟非我国学专修学校之问学思辨以牖启国性之自觉,必不能以维持民族以不敝。皮之不存,毛将焉附! 民族之亡,国以何保! 而必自来学诸生居仁由义以无负唐先生之教,而表现自觉之生活,然后有以树人纪,而吾中国四千余年根深柢固之教化,乃不终归于无效……②

在钱基博看来,所谓"国学",并不仅仅是文章经术之学,更应该以之"牖启国性之自觉"。而以唐文治为首的国专师生八年间"戎马转徙,未尝一日废弦诵;艰苦同尝,而无一人出怨言",正是这种"国性之自觉"的最好体现。只要这种"国性之自觉"不灭,则我民族不灭,我民族之文化亦不灭。这不仅可以看作是钱基博对唐文治带领下的无锡国专师生在八年全民族抗战中迁徙流离、苦难备尝而坚韧卓绝、弦诵不废的精神的一种高度评价,也可以看作是对无锡国专坚持办学三十余年所体现的价值意义的一个总结。

---

① 严庆添:《抗战中的无锡国学专修学校》,《战时全国各大学鸟瞰》,独立出版社1941年版,第347页。
② 钱基博:《唐文治先生创设国学专门学校之宗旨》,《江苏民报》1946年6月29日。

抗日战争胜利后,国专桂校的师生又经历了一番辗转奔波,于1946年6月复员回无锡。1947年春,国专沪校五年制班合并至无锡本部,三年制班及二年制班仍然留在上海。1949年4月23日,无锡解放。当年7月,经苏南行政公署准予备案,无锡国学专修学校改名为私立无锡中国文学院。1950年5月,无锡中国文学院并入苏南文化教育学院。1954年春,时已九十高龄的唐文治于病情日趋沉重时,曾语重心长地嘱咐门生:"现在无锡国学专修学校和他校合并,是由于百废待举,政府集中人力财力从事建设之需要,将来条件允许,此校仍应力求恢复,这是关系到保存中国传统文化的长久大计,非一校之存废而已。望转告诸同门,勿忘此旨。"①

无锡国专的办学宗旨是"以救正人心,复兴中国文化,发扬民族精神为本",作为一所授受"国学"的专门学校,无论是讲学的"大儒",还是莘莘学子,都以"继绝学"自命。唐文治先生办无锡国专,在顺从世界潮流、与现代教育体制接轨的同时,又在很大程度上继承了中国传统书院的精神。其办学特点:一是注重和强调励学必先敦品,学和行要合一。二是强调读古籍原著。在浩如瀚海的中华传统文化典籍中,着重读中国传统学术文化的元典性著作;由读原著、读元典而衍伸出来的,是带有唐文治本人鲜明风格印记的"读文法"(即今所称之"唐调吟诵")。三是高度重视学生的写作实践。四是坚持自身特色与顺应时代潮流。五是注重培养学生国学研修的自我学习、自我组织、自我实践的能力。以上数点,确实在很大程度上承继了中国传统书院精神的精髓。除此之外,唐文治办学非常重视师资,"学生之成就,系于教师之学养",为此,他广延名师硕儒来校讲学授课,而他自己则不顾年事已高且双目失明,在助手的协助下,数十年如一日地照常登坛为学生讲课。无锡国专的办学规模并不大,三十年来共培养了两千余名学生,但却造就了很多国学研究、文史教育和其他领域的高质量人才。独特的办学风格特色和卓著的办学成果,使唐文治领导下的无锡国专,成为中国近现代教育史上一道极为独特的风景。

---

① 《齐心协力 恢复母校》,无锡国专校友会编《国专校友之声》(后改名为《国学之声》)创刊号。

朱文熊：国学专修馆的开馆教习

1921年1月4日，无锡国学专修馆正式开馆。在最初的几年中，除了馆长唐文治先生外，"开馆教习"只有两名，即朱文熊和陆修祜。

朱文熊（1867—1934），初字叔飞，后因歆慕清初文学家魏禧（字叔子）之文采，更字叔子，清光绪间副贡生，后毕业于上海学习师范。朱文熊和唐文治都是江苏太仓人，少年时都曾受知于太仓理学名师王祖畲，王祖畲曾称道朱文熊为"吾门长才，且安贫乐道、能砥砺名节者"①。朱文熊和唐文治一样，都是满腹诗书的饱学之士。唐文治后来回忆少年时和朱文熊在一起，曾相与背诵《庄子》，互争胜负，结果两人都能背诵如流，尽篇不错一字。

朱文熊的一生，几乎都在追随着唐文治的足迹。唐文治在执掌太仓中学、南洋公学（今上海交通大学）和无锡国专校政时，都延请朱文熊来校担任教职。南洋公学虽是一所工科大学，但唐文治先生却十分重视该校的国文教育，后来成为著名文史学者的陈柱、朱东润、冯振及现代杰出政论家、出版家、新闻记者邹韬奋等人，其文史的根底基本上都是在这所学校奠定的。而邹韬奋在读南洋公学中院（中学部）时，朱文熊就是他的国文老师。邹韬奋后来在回忆录中，对朱文熊当年上国文课的情形有非常生动的描述：

① 唐文治：《朱君叔子墓志铭》，唐文治著《茹经堂文集三编》卷八。

我们最感觉有趣味和敬重的是中学初年级的国文教师朱叔子先生。他一口的太仓土音，上海人听来已怪有趣，而他上国文课时的起劲，更非笔墨所能形容。他对学生讲解古文的时候，读一段，讲一段，读时是用着全副气力，提高嗓子，埋头苦喊，读到有精彩处，更是弄得头上的筋一条条的现露出来，面色涨红得像关老爷，全身都震动起来（他总是立着读），无论哪一个善打瞌睡的同学，也不得不肃然悚然！他那样用尽气力的办法，我虽自问做不到，但是他那样聚精会神，一点不肯撒烂污的认真态度，我到现在还是很佩服他。

我们每两星期有一次作文课。朱先生每次把所批改的文卷订成一厚本，带到课堂里来，从第一名批评起，一篇一篇的批评到最后，遇着同学的文卷里有精彩处，他也用读古文时的同样的拼命态度，大声疾呼地朗诵起来，往往要弄得哄堂大笑。但是每次经他这一番的批评和大声疾呼，大家确受着很大的推动……朱先生改文章很有本领，他改你一个字，都有道理；你的文章里只要有一句精彩的话，他都不会抹煞掉。他实在是一个极好的国文教师。①

在无锡国学专修馆，朱文熊起初教史学、理学，后来改授《诗经》《庄子》、古文辞及诗词等。无锡国专的每一个教师，都有着自己鲜明的教学风格。第五届学生、后来成为著名版本目录学家的王绍曾便曾对唐文治、钱基博和朱文熊三人的讲课风格作过一番比较：唐文治讲究读文法，他继承刘勰"披文入情"和桐城派"因声求气"的理论，用他自编的《国文经纬贯通大义》作课本，要求学生读文章时一定要读出文章的音节美，要在往复涵咏中，在抑扬顿挫、高下徐疾中去领会文章的阴阳刚柔之美和作者的思想感情；钱基博讲授《古文辞类纂》时，别开生面，把重点放在辨析文章的源流正变和各家异同得失上；朱文熊讲古文，则按文章的体裁，有选择地从用字造句上分析讲解，并结合文

① 邹韬奋：《经历》，西北大学出版社2019年版，第7页。

体,命题让学生练习写文言文。又据国专学生郑学弢的回忆:"朱老师教诗歌,考试时出的题目很有意思。有一次命题为'黄棉袄子歌',朱先生把题目写在黑板上,又解释几句:'这个题目,不是要你们写黄棉花充填的袄子,而是有的穷人连黄棉袄子也未必有,只好在太阳下面晒晒,好像穿上黄棉袄子了。'朱先生的命题不但体现了民胞物与的胸怀,而且启发学生,写诗要懂得比兴。"[①]

在教学中,朱文熊秉承了自己一贯以来极其认真负责的精神。上课朗读古文时,仍然是"满面通红,声音喷薄而出"。给学生评改作文,手不停批;有时即使是多达百余卷,也是当夜改好,隔天就宣示诸生,从没有超过两天的。此外,学生在课外的请教,以及学生把课外的笔记、诗文请他批改,他也从不拒绝,都一一细心批阅。无锡国专早期学生钱仲联曾回忆说:"我喜欢学诗,朱叔子就对我有所指点。"钱仲联后来和学长王蘧常(字瑗仲)合出了《江南二仲诗》,"江南二仲"从此诗名远扬。

朱文熊对学生和朋友的热心肠,还体现在一件具体的事情上,即有人向他求字,他无不有求必应。朱文熊去世后,他的学生吴雨苍(后来成为著名书画家、文物鉴定家)在报上发表追思老师的文章,文中记朱文熊少年时有一同学,字写得很好,朱求他写一扇面,却久久没有结果,并推托说没有空闲。朱文熊想:求人写字如此之难,那还不如求己。于是发奋学书,早晚刻苦练习,数年而学成。从此有人向他求字,他都一一答应,而且尽快写好后给求赠者。

一方面,朱文熊教学极其认真负责,使学生从中受到一种"润物细无声"式的感染和熏陶;另一方面,朱文熊对学生又很和蔼宽容,并且很能理解青年学子的心情。他上课时,如偶有学生在下面说话或看别的书,他也并不很在乎,不去多加干涉。有一次上课,正值阳春三月,无锡正在举行迎神赛会,非常热闹,本地人称之为"八斜会"(意为有八批赛会队伍的相继展示),其中有些仪仗队还带有杂技表演。朱文熊知道学生们都特别想看赛会,便宣布暂停

① 郑学弢:《回首母校——记六十年前的人和事》,无锡国专校友会《国学之声》总第24、25期。

授课,改日补上,让学生自由活动。

师生关系融洽,亲如一家,这是当年无锡国专的一个非常鲜明的特点。而照唐文治先生的说法,要论朱文熊与学生感情的深厚,则尤"非他人之所及"。因为深受学生爱戴,所以每次朱文熊改换任教的学校时,他原先教过的学生们都十分伤感,对老师恋恋难舍。在无锡国专上课时,他因为上了年纪,上课时间久了,便有些体力不支,朗读课文时要喝一二口药茶,总是向学生表示歉意,希望大家谅解;而学生们则常常暗中在茶壶里放参芩汤,希望能给老师滋补一下身体。

1934年5月17日夜,朱文熊与陈柱、冯振应唐文治邀请,到前西溪唐宅中宴聚。冯振后来曾在一文中记叙当晚数人相叙甚欢的情景:

> ……其夜,同赴唐蔚芝师宴,饮酒谈笑,一如平时。半酣以往,先生(按:指朱文熊)与蔚师分平仄韵合歌吴梅村《鸳湖曲》,先生清越之音与蔚师闳亮之音相间,抑扬精妙,座客莫不抃掌乐甚。①

短暂的欢乐之后,紧接而来的是不尽的悲伤。就在第二天清晨,朱文熊突患中风,到午后就离开了人世。无锡国专的不少师生都写了哀念追悼朱文熊的联语、诗、文。其中唐文治有挽联曰:"知交五十年,羡落落长才,名传吴会;沉疴半寸晷,痛悠悠逝水,泪洒娄江。"联语工整,而又感情沉痛。国专教授陈鼎忠的挽联曰:"德如羊祜,文似魏禧,落落古今三叔子(按:羊祜、魏禧也都字叔子);居近桴亭(按:桴亭是明末太仓籍著名理学家、文学家陆世仪的号),氏承元晦(按:朱熹字元晦),超超浊世一纯儒。"这副挽联将朱文熊的姓氏、籍贯及道德学问于三十字内概括无遗,所以在当时曾传诵一时。朱文熊曾任教于交通部上海工业专门学校,而冯振曾就读于该校,所以冯振一直称朱文熊为师,自称为"门人",他在《哭朱叔子夫子》一诗中这样写道:"……教授

---

① 冯振:《〈庄子新义〉跋》,朱文熊著《庄子新义》卷末。

三十年,善诱谆而切。温良恭俭让,诚服由心悦。桃李偏东南,我亦一枝列。平生师弟情,万语何由说……"①陈柱写有《哭朱叔子先生》三首,其第一首云:"昨夜犹闻慷慨歌,今宵魂已返山阿。人生朝露休相叹,贫贱书生算甚么?"后两句有作者的自注说:"吾女松英、侄起昌闻朱先生病,皆叹曰:'先生年事已高,已不宜任课如此之多。'余叹曰:'其如贫何?'"②这样的文字,今天读来,仍使人感叹不已。

5月27日的上午,无锡国专全校师生在大礼堂举行了隆重的追悼大会,这可能是无锡国专几十年校史中最感人的一幕场景,当时的无锡报纸对此作了极为详尽的报道。据载,追悼会本由校长唐文治主持,但他刚刚就位,就忍不住失声痛哭,无法自已,只好由教务主任冯振代为主持。会上由丙子(1936)届同学唱追悼歌,歌声悲壮凄凉,直捣肺腑;乙亥(1935)届和丁丑(1937)届学生宣读祭文,一字一泪,抑郁颤声;此后由唐文治介绍逝者一生事迹,冯振演讲追念逝者,以及逝者家属答辞,都是和泪成声;全体与会的国专师生,连同前来采访的记者,一片饮泣之声,全场都沉浸在极度悲伤的气氛当中。

1934年12月,也就是朱文熊逝世半年多以后,他的著作《庄子新义》作为无锡国学专修学校丛书之七出版印行。朱文熊在幼年时,即"喜读《庄子》,朝而习,夕而复,必得口诵心通而后已"③。在此书卷首,收有唐文治和朱文熊自己写于1927年7月的两篇序,可见此书在此之前即已写就,却一直未谋付梓。1933年,无锡国专创议印行本校丛书,冯振向朱文熊请求将《庄子新义》收入其中,朱氏"谦让未遑"。到了1934年,冯振再提前议,方蒙允许;但等书印成时,朱文熊却已辞世了。《庄子新义》书前除了唐文治序及作者自序外,还有《读庄余论》《凡例》和《庄子与孟子学术同源及著书之大概考》。全书依《庄子》"内篇""外篇""杂篇"分为三卷,双行夹注,采各家之说,而对旧注每持异

---

① 冯振:《哭朱叔子夫子》,《诗经》1935年第1卷第2期。

② 陈柱:《哭朱叔子先生》,《光华大学半月刊》1934年第3卷第1期。

③ 朱文熊:《〈庄子新义〉自序》,朱文熊著《庄子新义》卷首。

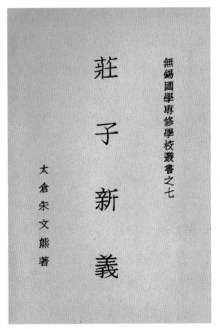

朱文熊著《庄子新义》，无锡国学专修学校丛书之七

见，每篇篇末详加评语。朱文熊在自序中说："……及读韩退之书，谓子夏之徒，流而为庄周，而心为之一喜。继读姚姬传氏《庄子章义序》，谓庄子议论本自圣门游夏，以三代之治为大道既隐之事，以君子为必达于礼乐之原，而心又为之一喜。"①唐文治在序中也说《庄子新义》"乃专以儒家之说汇之"②。实际上，《庄子新义》不同于历来笺释《庄子》各家之作的一个特别之处，正是朱文熊对《庄子》进行了一种"儒化解读"。

---

① 朱文熊：《〈庄子新义〉自序》，朱文熊著《庄子新义》卷首。
② 唐文治：《〈庄子新义〉序》，朱文熊著《庄子新义》卷首。

陆修祜：
秘书教授一身二任

唐文治先生曾写有一篇《陆成甫先生传》，传主是太仓人陆勤（1853—1916，字成甫）。陆勤有四个儿子：陆修爵、陆起、陆修瀛、陆修祜。四兄弟中，除陆修爵外，其余三人一生的行迹，都和唐文治先生数十年所从事的教育事业大有关联。

陆起（1867—1948，原名曾业，出嗣后改名起，字芹芷、勤之），早年曾先后受业于太仓李伯豫、王康寿和王祖畬，后入北京法政大学深造。清光绪三十三年（1907），唐文治出任邮传部上海高等实业学堂监督，"以庶务科长需才甚急，特三次电招先生（按：指陆起）来校，而先生亦以思亲弥切，幡然南归就职，余倚之如左右手焉"[1]。到了1920年，在无锡创设国学专修馆，陆起是两个发起人之一（另一人是施肇曾），又担任总干事，积极为建校筹款，兴土木，造校舍，奔走于锡、沪、太之间。唐文治的许多撰述需付梓刻印，陆起又热心募捐，并时常慷慨解囊，玉成其事。唐文治曾引述同乡毕枕梅的话说："凡人所不能为者，惟陆君能为之，且高尚廉洁，岂常人所能及？"[2]

陆修瀛（1869—1938，字蓬士，号阆仙），弱冠后补博士弟子员。1916年，唐文治聘任陆修瀛为交通部上海工业学校舍监，兼教授国文课。"于时校中颇多知名士，每当宾朋会集，夜阑酒酣，余纵谭学术政治，君（按：指陆修瀛）辄应

① 唐文治：《太仓陆勤之先生家传》，唐文治著《茹经堂文集六编》卷五。
② 同上。

如响,有时出言相佐证,简而能发微。"①无锡国学专修馆创办时,陆修瀛的二兄陆起向厂肆广购书籍,而陆修瀛则对所购书籍悉心董理,编纂目录,转运江南,为建校出了大力。

陆起、陆修瀛、陆修祜昆仲三人中,几十年中一直紧密跟随在唐文治先生身边的,是陆修祜。陆修祜(1877—1964,字笃初,号景周,晚号慕陶),清光绪二十一年(1895)秀才,岁试州三名,列为优庠生。他也曾先后受业于本邑李伯豫、王晋蕃和王祖畲;在任山东博山玻璃公司秘书期间,又曾拜唐文治为师,每半月写一篇古文,寄呈唐文治评点。陆修祜在无锡国学专修馆开馆前的数年,处馆唐家,"授庆诒等课,兼司笔札,深资得力"②。

1921年2月27日,无锡国学专修馆正式开馆,当时除馆长唐文治外,所聘请的教授只有朱文熊和陆修祜两人。从这时起,一直到三十年后该校被并入他校,自始至终在该校任教,又自始至终紧随于唐文治身边的,是陆修祜。陆修祜的儿子陆希言后来曾在回忆文章中说:"先父讳修祜……受业于茹经太夫子(按:唐文治别号茹经)之门。曾任南洋大学及国专学校秘书兼教员,前后达三十六年。以茹经太夫子之进退为进退。可以说,先父一生,大半跟随茹经从事教育工作,在助理教务方面,得到茹经充分培养,以是吾父进德修业,随岁月以精进。先父生前曾谓余言:'此恩不可忘也。'"③

平时始终紧密相随,患难之中更见人心。1937年全面抗战爆发,无锡国专师生决定向广西桂林转迁。可以想象,这一路上将是道途险阻,艰难丛生,安危不可预卜。所以陆修祜的家人得知其将随行时,一时未能理解,但陆修祜的夫人慨然对儿子说:"汝父与茹经,情谊深厚,犹如家人父子,理应如此。"④于是家人释然于怀。到了1938年6月底,唐文治因年高体弱且水土不服,向国民政府教育部请假回上海治疗,又是陆修祜伴随,由广西桂林启程,

---

① 唐文治:《陆君蓬士家传》,唐文治著《茹经堂文集四编》卷七。
② 唐文治:《茹经先生自订年谱·辛酉五十七岁》。
③ 陆希言:《回忆茹经太夫子几件事》,《太仓文史资料辑存》第3辑。
④ 同上。

经香港,一路辗转抵达上海,并于第二年办起了无锡国专沪校。后来唐文治每当谈及迁桂途中之艰辛,总是说:"景兄是君子人,从我于急难。"

陆修祜和朱文熊是无锡国学专修馆刚创办时仅有的两名"开馆教习"。《无锡国学专修学校概况·大事记》记载:开馆时"聘请朱叔子、陆景周两先生为教授"。而唐文治在他的《茹经先生自订年谱》的说法又有所不同:"请朱君叔子为本馆教习,并请门人陆生景周名修祜为助教。"这里的"助教"并非现在高校教师职称系列中的助教,而是指协助唐文治处理教务的人。据《茹经先生自订年谱》中记,1901年9、10月间,唐文治访日归来途经横滨时,"左目忽起黑翳,请日本医生左本隆资诊视,曰:'无妨也。'乃越日,眼珠内陷,一星期后竟无所见矣"[1]。到了1920年,他的右眼也已基本失明。在这种情形下,陆修祜作为唐文治的"助教"、秘书,便倍形忙碌。每学期招生、报名,学生要先经陆修祜面谈,然后由其介绍给唐文治;有客人、朋友拜访唐文治,也都由陆修祜先出面接待,然后引见。唐文治执掌无锡国专校政期间,勤于校事,勤于读书、著述和教学;并且关心国事,多所建言。这时凡所需要"阅读"的古籍文献、公文文件等,便多由陆修祜读给他听;凡署名唐文治的著作、信札、公文、题词、祭文、寿序、墓志铭等,也多由唐文治口授,陆修祜笔录,然后由陆读给唐听,再一起推敲修改。后来,有许多文章记叙唐文治先生这一时期的行迹,往往会同时描写他身旁的一个"伴随者"的身影。如"1921年春,新生上课,唐先生每日到馆讲经学及古文读法两节,由陆景周协助,并请朱叔子(名文熊)为教习,讲授子学、文选及小学(文字训诂之学)……第一届学生只有三十人,天天接触,学生的作文都由陆景周先生朗读,校长亲加评语,当堂发卷指出缺点及努力方向"[2]。又如"(校长)室在尊经阁之东偏,方可数丈;四壁遍悬名人手迹、纪念照片等。先生南向坐,态度端庄,望之俨然。旁坐秘书陆景周先

---

[1] 唐文治:《茹经先生自订年谱·辛丑三十七岁》。
[2] 黄汉文:《记唐文治先生》,《江苏文史资料选辑》第19辑。

陆修祜撰《唐蔚芝先生历史概略》,刊于《学术世界》一卷二期

生,正处理案件。当记者晋谒时,由陆秘书代为通知"①。国专沪校时期,陆修祜先住在今陕西北路(康定北路)的校外宿舍,后来住在今北京西路970号(江宁路东)校内。他没有星期日,每天上午步行到南阳路唐家,协助唐文治著述和处理其他事务,风雨无阻,下午在校备课、教学。有同事看到他很辛苦,劝他应该回家享享清福了,七十左右的人了,何必在上海吃"户口米"。他总是说:"老师还没有享一天福,不能自己想享福。"

"助教"、秘书之外,陆修祜同时也担任无锡国专的教职,先后开设过《孟子》研究、《春秋三传》研究、孙吴兵法研究等课程。在一身而兼二任、十分忙碌的情形下,他从未停止过自己专业上的研习,然后再以研习所得,启牖学子。他曾对学生说:"我……十余年来,白天助校长著述,处理校务,晚间无一

---

① 吴德明:《唐蔚芝先生访问记》,《旅行杂志》1936年第8号。

夕虚度。校长所述,若系昔之未曾深知者,必从图书馆借书,晚间深入钻研。然各家之作纷纭,我亦未能尽阅,当与诸君共同研究。"又说:"诸君在校读书,固然是求学。毕业以后做老师,随时随地皆是求学的机会。《孟子》一书,我九岁就能背诵。后从王紫翔先生学,始识《孟子》精义;又佐唐师著书、讲学,唐师每次有新意,我亦精进不已。我今为历届同学讲《孟子》,常有新的体会。每当同学们有新问题,有的苦思然后作答,有的请教唐师始得其精髓。教学可以相长,学问固无止境也。愿与诸君共勉。"①像这样的出自自己切身体验的教诲,学生听后都觉得受益匪浅。

与许多著述闳富的无锡国专教授相比,陆修祜只有几篇在刊物上发表的单篇文章②,并没有专门的著作刊印行世。其中的主要原因,就是他几十年中,将很多的心力和时间,用于协助唐文治著作的撰写。据国专沪校民国三十四年度第一学期毕业生黄汉文回忆,抗战后期,他看到陆修祜在草写《越勾践志》,陆说这是校长授意写的,以期鼓励国人"卧薪尝胆,报仇雪耻";又说校长鼓励他博采古籍,完成此书,用他的名字印行。陆修祜心领了校长的心意,每节写成,仍请校长指正,全书写成后,坚持仍用校长的名义印行。

孔子在他的众多弟子中,对南宫适特别称赏,曾赞誉说:"君子哉若人!尚德哉若人!"而唐文治也曾引用过这两句话,用以评价陆修祜为人的品格。

---

① 黄汉文:《甘当绿叶衬红花——记陆景周先生》,《太仓文史资料辑存》第6辑。
② 陆修祜发表的单篇文章主要有《唐蔚芝先生历史概略》,《学术世界》1935年第1卷第2期,又《国专月刊》1935年第1卷第3期;《读左分类选目》,《国专月刊》1935年第1卷第3期;《读左分类选目(续)》,《国专月刊》1936年第3卷第3期;《孙武兵法概论(附孙子十家注考略)》,《国专月刊》1936年第4卷第2期;《无锡八团体追悼唐保谦先生祭文》,《国专月刊》1937年第5卷第1期;《群经军事学一》,《国专月刊》1937年第5卷第5期。

陈柱：
笔若椽木洒风雨

　　唐文治先生在担任无锡国专校长之前，曾担任邮传部上海高等实业学堂（后改名为交通部上海工业专门学校）校长长达十四年，使该校变成了一所实力强劲、在国内外享有盛名的工科大学。此外，唐文治作为一个国学家、理学家而办工科学校，在"造就专门人才""振兴全国实业为宗旨"的同时，"并极意注重中文，以保国粹"。在他执掌该校校政期间所培养的学生中，出现了一些人文学科、国学方面的优秀人才，有的人后来又受聘任教于无锡国专，陈柱就是其中的一个。

　　陈柱（1890—1944），字柱尊，号守玄，广西北流人。陈柱出生于北流民乐镇萝村的一个官宦之家，世代书香。他五岁时即聪慧异于常儿；九岁时起读四书五经；十五岁时奉父命游学远方，泛览经史子集；十七岁时，随族兄陈绳虬自费留学日本，就读于成诚中学。1908年从日本回国后，曾在广西容县中学、庆远中学任教。1910年，考入邮传部上海高等实业学堂，先后就读于该校附属中学和电机科。虽然读的是工科，但却受校长唐文治先生影响，专务于文史之学。1914年底，因脑病，离校回家休养，半年多后返校，受聘为国文教员。陈柱后来曾回忆起这一段从读书到任教的经历：

　　　　回忆肄业南洋时，以文学受知于校长锡山唐蔚芝先生，于经独好《易》《诗》《书》，于史独好马班，于子独好老庄荀韩，于文独好楚辞汉赋，又好《说文》之学。同学闻风兴起,尝请柱讲论群书,听者恒二三十人,忘其班级之高下。校长知其然也,亦以极广之寝室置柱,每下午四时下课,而室未尝不为之满,且莫不正襟危坐以听,听时俨如师生。虽今之上庠讲坛,其肃穆不能及也。……未几柱以脑病离校。阅半年,即奉校长唐先生之命,承乏母校国文教席。于时校中有国文大会之设,每星期日为诸同学讲国文,校长唐先生讲《周易》,国文科长李颂韩先生讲《国语》《国策》,柱讲《庄子》。柱虽寡学,而听讲之众常二三百人。[①]

1916年8月,陈柱改任广西梧州中学(后改名为广西省立第二中学)校长,兼教国文。1921年夏秋间,应唐文治先生的邀请,到无锡国学专修馆任教。唐文治在《茹经先生自订年谱》中记:"聘广西陈生柱尊名柱为本馆教习。柱尊本任梧州中学校长,辞之来助余,其文学宏博,可喜也。"而陈柱后来也曾撰文,回忆自己来无锡任教的情形:

予自民国十年秋九月旅居无锡,应唐蔚芝先生之召,讲学于国学专修学校,至十四年春,始兼任上海大夏大学之课,至十六年夏始离无锡。然以唐蔚芝先生之故,每一学期至少有二三次赴无锡,至则必宿于校务主任冯振心兄处。……国学专门学校,原名国学专修馆,在学前街,孔圣庙之左。圣庙之右,为无锡工艺小学。门前有小溪,可行小船,名来带河;经荷花荡,出西水关,为无锡河,可行轮船矣。圣庙之前,过石桥,为师范学校。圣庙之北,为竞志女学,四旁皆学校,而圣庙宅其中焉,固无锡城中一学区也。……予民国十年来无锡,同来者为大儿一百、族侄实夫。予讲学国学专门学校,而儿侄则肄业私立无锡中学。未几,实夫转入国学;又未几,予兼私立无锡中学主任,由是吾桂青年,来两校肄业者日众。迨十四年,同邑冯君振心主持国学校务,来学者益盛。长女松英、

---

① 陈柱:《重刊〈庄子内篇学〉自序》,陈柱著《庄子内篇学》卷首,中国学术讨论社1929年版。

侄女荔英,后亦次弟(按:"弟"同"第")肄业国学,吾桂青年肄业于是者,每年四五十人之众……①

文中叙及,陈柱和同为广西籍的冯振先后来无锡国专任教后,"由是吾桂青年,来两校肄业者日众……来学者益盛"。由陈、冯带来了广西籍的众多学子,再加上抗战时期无锡国专在广西办学(其间,办学点曾由广西桂林转移至冯振家乡北流县山围村和陈柱家乡北流县萝村),所以有论者称,无锡国专"在广西开一代学风","影响了广西的人文"。

从1921年夏秋间陈柱受聘开始,到1927年钱基博、冯振来校任教之前,无锡国专除唐文治亲自授课、陆修祜任其"助教"外,教习只有朱文熊、陈柱两人,所以陈柱是无锡国专在"专修馆时期"教学上最中坚的力量。陈柱在国专授《诗经》《说文解字》《老子》《墨子》《周礼》等,第三届学生钱仲联曾将唐文治、朱文熊和陈柱的授课风格进行过比较:"唐先生善于疏通大义;朱先生分析细致,循循善诱,语多启发;陈先生的本事主要显在讲义上,讲课随便。"②同为第三届学生的李尧春(原名李耀春,字和卿)则在文中回忆:"陈柱,字柱尊,广西北流人,是唐文治的学生。他年龄较轻,诗酒都来,好高骛远,落拓不羁。他讲课有《诗经》《说文》《老子》《墨子》《周礼》等。他教的各门课都自编讲义,编法和唐文治不同,他不是讲'微言大义',而是旁考博征,广罗百家。他每次跑上讲台,总有一大堆油印讲义,同学们暗暗叫他'抄书先生'。他编的讲义,后来大多出版了。"③王绍曾是无锡国专第五届学生,也听过陈柱讲授的《诗经》课程,他后来回忆道:"1927年2月,我初进国专,就是陈柱尊先生给我们讲

---

① 陈柱:《忆无锡》,《风雨谈》1943年第7期。按:上引文中"迨十四年,同邑冯君振心主持国学校务","十四年"应为"(民国)十六年"之误;又文中提到的陈柱族侄陈实夫(名拔彰),为无锡国专第二届毕业生;长女陈松英,为十五届毕业生;侄女陈荔英,为十六届毕业生。

② 钱仲联:《无锡国专的教学特点》,《江苏文史资料选辑》第19辑。

③ 李尧春:《唐文治和无锡国学专修馆》,陈国安等主编《无锡国专史料选辑》,苏州大学出版社2012年版,第336页。按:李尧春此文写于新中国成立后左倾思潮泛滥时期,全文对唐文治先生及无锡国专有一些贬抑性的评价。

授《诗经》,虽然时间不长,但印象深刻。那时穿西装的人还比较少,特别是在国专,几乎清一色的穿长袍的,而独有陈柱尊先生却是西装革履。陈柱尊先生个子很魁伟,讲话声音洪亮,尤其是他串讲《诗经》时朗读的声调抑扬顿挫,富于音节美,引起学生们很大的兴趣。"[1]

无锡国专在三十余年的办学历程中,因时局动荡等原因,遭受过一次又一次的波折磨难、坎坷艰辛。其中较早的一次,是在1925年年初,无锡国专计划招收第四班学生,其时正当齐(燮元)卢(永祥)之战,亦即第二次江浙军阀战争,齐军以无锡为根据地,断绝交通,投考学生被隔绝于城外,进退两难。当时适值馆长唐文治在家丁父之忧,馆中事务,全赖馆董孙鹤卿尽力维持,而作为教授的陈柱和职员沈炳焘也坚定不去,这才使得此次事件平复后,无锡国专能继续顺利办学。也是在这次齐卢之战中,陈柱有保护唐文治未刊文集的壮举,深得"唐师"的称赏:"当民国十四年,齐燮元、卢永祥之战,无锡成为战场,城围者两旬,城外大火,人人皆恐火延城内,予与实夫、尚同独分携唐师未刊文集,预备与集存亡,其余一切,均置之度外,如是者几数日。事后唐师于演讲时,常为诸生言之。"[2]

1925年春,陈柱应上海大夏大学之聘,担任该校国文系教授兼主任,开始了他奔波于无锡、上海两地"苦教苦著"的生活:

> ……我最初在大夏时,实兼无锡国学专门学校之课,及私立锡中校务主任。每星期七日,在无锡四日,上海三日。每星期三下午六点左右下了大夏课,即赴无锡,总在九点半左右方抵锡校。大约十点方晚饭,侍随诸侄,必为余治酒,饮必大醉,酒罢,往往十二点、一点钟矣。翌晨八点即上课。每星期一上午四点即兴,疾驱车至火车站,乘五点钟之火车。

① 王绍曾:《从冯振心先生与陈柱尊的交往中想到的》,党玉敏等主编《冯振纪念文集》,广西师范大学出版社2000年版,第252页。
② 陈柱:《忆无锡》。文中的"实夫"为广西北流籍的无锡国专第二班学生陈拔彰,"尚同"为陈柱的族侄陈畏天。

车到苏州,天尚未明,至上海则八点左右。至十点则又须上大夏之课矣,虽风雪亦不改焉。此一年间,在火车读书,成有《车中读书记》数卷,而《墨子间诂补正》,即于尔时执笔,盖在车中则深玩《墨子间诂》原文而深思之,到校则取群书以辨证之;不久遂成巨帙,盖五六十万言焉……①

1927年下学期,陈柱从无锡国专辞职,专任大夏大学教职。虽然不再任教于无锡国专,但他和这所学校仍保持着颇为密切的联系。唐文治《广西北流陈君柱尊墓志铭》一文中记:"余于国学专修学校设特别讲座,(柱尊)月必讲演二次,间出新义,听者多倾倒悦服。"②举几个陈柱到无锡国专来做学术演讲的例子:1928年3月5日,到无锡国专讲"公羊哲学";1933年3月,章太炎来无锡国专讲学,陈柱随行,为学生演讲"孟郊诗";1935年12月9日,陈柱和黄宾虹一同到无锡国专演讲,陈的讲题为"墨子的尚义教育";1937年5月19日,陈柱和盘珠祁联袂到无锡国专讲演,陈柱演讲"读经问题"。学术演讲之外,陈柱还在一定程度上参与了无锡国专的校务:1934年1月,唐文治给江苏省教育厅呈文,报告学校已成立毕业试验委员会,委员会成员除唐文治、冯振、陈鼎忠、徐景铨、叶长青、李惕平、陆修祜为校内委员外,又聘请陈柱、高阳、俞庆棠三人为校外委员。1939年9月,无锡国专桂校由广西北流县山围村迁往约二十里外的萝村。之所以选择萝村,原因之一便是萝村是陈柱的家乡。

前文叙及,陈柱从无锡国专辞职后,专任大夏大学教职,此后又应聘为上海交通大学国文系主任兼教授。1941年5月,被聘为汪伪中央大学文学院院长。1943年9月,任汪伪中央大学校长。1944年11月,陈柱病逝,冯振后作《吊柱尊墓》,中间两联云:"万劫不磨知己在,百端难语寸心明。重泉应抱千秋恨,早世翻教后累轻。"将无限难言之意,寄寓其中。唐文治先生也写了《广西北流陈君柱尊墓志铭》,中云:"嗟我守玄,神思周亿万里,著述都千百篇。

① 陈柱:《苦教苦著》,《大夏周报》1934年第11卷第8—9期合刊。
② 唐文治:《广西北流陈君柱尊墓志铭》,唐文治著《茹经堂文集六编》卷六。

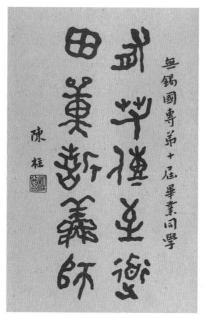

陈柱为《无锡国专第十届毕业刊》题词

笔如椽木洒风雨,饮若鲸鱼吸百川。主盟文坫,孰与争后先。百家腾跃,吾无间然。"

陈柱一生劬学,"苦教苦著",著作极为闳富。据有人整理和考订,所见陈柱专书52种,知已成书稿而未见收藏者80种,合计132种;知在草创阶段但不知是否完成并出版者14种;散落在报刊或收录于他人书中的诗词文赋等450首(篇)[①]。这些著述分为自著和编纂两大类型。在自著的部分中,一为考证校注类,有《孝经新注》《说文部首韵语注》《老子》《老子集训》《〈墨子刊误〉刊误》《〈墨子闲诂〉补正》《文心雕龙增注》《白石道人词笺评》等。这类著述往往力求考证、训诂、义理兼明,体现了陈柱治学思想兼采汉宋的特点。二为阐发大义类,有《墨学十论》《老学八篇》《庄子内篇学》《阐庄》《阐韩》《荀学十二论》

---

① 梁艳青:《陈柱文学思想与创作研究》,河北大学博士学位论文,2009年。

《老庄研究》《中国散文史》《先秦文学概要》《诸子概要》《周易论略》《子二十六论》《经四十六论》《周易说苑》《诗明》等。这些论著有的偏于历史研究,有的偏于理论研究,而两者之间又常互相发明,共同构成对某学说的完整研究谱系。陈柱以国学家而身兼教育家,还写了不少关于读书、教学及研究"方法论"方面的著作,如《研究国学之门径》《教学论》《国文比较研究法》等,为学者应如何进行学术研究和教授国学提供了有益指导。

钱基博：论学务为浩博无涯涘

在无锡国学专修馆创办后的最初几年中，除馆长唐文治亲自授课、陆修祜任其"助教"外，教习只有朱文熊、陈柱两人。到了1927年，唐文治先生聘请钱基博、冯振来校任教，使学校的教学力量得以增强。

钱基博（1887—1957），字子泉，又字哑泉，别号潜庐、潜夫，江苏无锡人。钱基博出自无锡堠山钱氏，据其所著《堠山钱氏丹桂堂家谱》一书中记载，他是五代吴越王钱镠的三十二世孙；但到了近世，钱家却并无多少大显大贵者。钱基博所引以为豪的，是家族中文采风流的长传不衰，所谓"休明著作，百祖无殊，典籍大备，灿然可征也"。钱基博自幼跟着长兄钱基成和伯父钱熙元学习，后又向当时无锡的名塾师许国凤问业，与孪生胞弟钱基厚及徐彦宽一起成为许国凤的"师门三杰"。1909年，由无锡籍学者廉泉推荐，二十二岁的钱基博被江西按察使陶大均聘为记室。1911年，辛亥革命爆发，不久无锡光复，并成立了无锡军政分府，钱基博参加了一定的工作，此后先后在苏浙联军援淮军总司令部、陆军第十六师任参谋。"二次革命"失败后，直隶都督赵秉钧、江苏都督冯国璋，皆欲聘其为秘书，他"目睹世乱方兴"，不愿"以文字为藩府作口舌"，因而谢绝了邀请。1913年8月，钱基博受聘担任无锡县立第一高等小学（原名竢实学堂）国文教员，从此"委身教育"。从1915年起，先后任江苏省吴江丽则女子中学和江苏省立第三师范学校的国文教员。1923年，钱基博受孟宪承的推荐，到上海圣约翰大学任国文教授。短短一两年的时间，经过钱基博和孟宪承等人的努力,这所教会大学以往重英文教学而轻国文教学的局面有了很大的改观。1925年"五卅"惨案发生后,圣约翰大学学生集会声援,美国校长卜舫济压制打击学生的抗议活动,钱基博与一批师生愤而脱离该校。钱基博先是应聘于清华学校基础部任国文教授,一年后任教于上海光华大学。

1927年,因北伐军到达沪、宁,锡沪交通暂时受阻,钱基博一度无法到光华大学上课。于是应唐文治之邀,从此年下学期起,兼任无锡国专教授,第二年又受聘为教务主任①。这样,他在从1927年起,到1937年赴浙江大学任教之前,一直同时在上海光华大学和无锡国专这两地两校任教②。

锡沪交通恢复后,已被正式聘请为国专教授的钱基博,照例于每周星期五下午回锡,当晚到国专讲课两小时,星期六上午再讲两小时,星期日早车返沪。从此往返沪锡,风雨无阻。当时钱基博的儿子钱锺书和侄子钱锺韩、钱锺汉,正在无锡辅仁中学读书,星期五晚上的两节课,他们都跟着来随堂听课。钱基博一生勤勉笃学,手不释卷。他每周往返于沪锡两地时,在火车内也总是看书不辍;如遇车内乘客拥挤,不能看书,便闭目静坐,背诵诗书。

在无锡国专任教期间,钱基博曾先后讲授过正续《古文辞类纂》、《文史通义》、目录学、《东塾读书记》、《现代中国文学史》和《韩昌黎集》等。他的弟子王绍曾后来回忆说:

> 我在国专三年,听先生(按:指钱基博)讲过三门课。一门是正续《古文辞类纂》,一门是章学诚《文史通义》,另一门是目录学。这三门课对我

①唐文治《茹经先生自订年谱》"丁卯(1927)六十三岁":"八月行开院礼。添聘锡邑钱君子泉名基博为教授。钱君博闻强识,品诣亦敦洁英爽。"又《无锡国学专修学校规程·大事记》:"聘请钱子泉为教务主任(十七年二月)。"

②大约在1936年上半年,钱基博辞去了无锡国专的教职。此年6月21日,无锡国专举行纪念建校十五周年庆典,《新无锡》在报道的"到会来宾"名单中,有"邑绅钱基博",说明他此时已不在无锡国专任教。而他在上海光华大学任教,一直持续到1937年暑假前后转赴浙江大学国文系任教之前。

来说,终身受惠无穷。……先生讲课有一个共同的特点,要求学生每人备两个笔记本,一个是课堂笔记,另一个是读书笔记。讲课时重要的论点,先生都要端端正正地板书。每堂课都要布置问答题,开列书目,让学生自己去阅读,对问题作出解答。回答的问题,写在读书笔记上,要求字迹清楚端正,潦草的发还返工。读书笔记照例由班长收齐汇送,先生在课后认真评阅。评定成绩优劣,一般都在笔记的第一道题上以加圈多寡来表示。从一个圈到四个圈,代表甲乙丙丁等次。圈越多成绩越好。特别优异的可以画到五个圈。下一堂课,先生先作简短的讲评,然后讲新课。讲评时成绩优异的一一指名表扬。如此循环往复,先生从来没有误过期。我们班有三十多人,读书笔记最多有长达二三千言的,简直是一篇论文。一本本评阅,不知要耗费先生多少时间和精力。我班同学大体上都能写论文,以得力于先生的指导培养为多。

先生读书治学最重视方法,并以此指导学生。先后写过《〈周易〉解题及其读法》、《〈四书〉解题及其读法》(以上商务印书馆出版)、《〈文史通义〉解题及其读法》、《〈古文辞类纂〉解题及其读法》(以上中山书局出版)、《〈老子〉解题及其读法》(大华书局出版)。先生给我们讲《古文辞类纂》《文史通义》,就是用他的解题及其读法来指导我们学习的。[①]

在教学上极其认真、严格、讲求方法,这是一个方面;另一方面,钱基博又一贯奖掖后学,以极大的热情赏识提拔人才。《论语·子张篇》中说:"君子有三变:望之俨然,即之也温,听其言也厉。"他在光华时期的学生吴忠匡正是用"子温而厉"来形容自己的老师。"厉"的一面前面已有所述及,再来看看他"温"的一面。前面提到,他在无锡国专讲过目录学、《文史通义》、韩愈文等课程,他曾在国专学生俞振楣的毕业论文上批道:"吾自讲学大江南北以来,得

---

① 王绍曾:《钱子泉先生讲学杂忆》,王绍曾著《目录版本校勘学论集》,上海古籍出版社2005年版,第1038页。

钱基博撰《唐文治先生创设国学专门学校之宗旨》,刊《江苏民报》1946年6月29日

三人焉。于目录学得王生绍曾,于《文史通义》得陶生存煦,于韩愈文得俞生振楣。"①钱基博说这话,一方面是嘉许这三位学生一心向学、刻苦勤奋;另一方面,是看到这几位学生一心向学、刻苦勤奋,就更加着意地对他们进行教导培养。②

大约是在1936年上半年,钱基博辞去了在无锡国专的教职。民国二十六年(1937),钱基博应聘任国立浙江大学教授,以后又先后任教于湖南蓝田国立师范学院、私立华中大学、华中师范学院。虽然离开了无锡国专,但他对自己任教十年的这所学校一直保持着密切的关注。1940年12月8日,无锡国专代校长冯振致亲笔信给时在湖南蓝田国立师范学院任教的钱基博,向他陈述办校艰窘困难之状。钱基博接信后,即汇寄法币一百元给冯振,嘱其酌赠无锡籍学生以购衣履;又致函时任教育部政务次长的同乡顾毓琇,希望教育部

①杜泽逊:《老树春深更着花——记文献学家王绍曾先生》,齐鲁书社编《藏书家·第5辑》,齐鲁书社2002年版,第180页。又王绍曾:《致刘桂秋信》,2001年11月21日。
②钱基博对三人中的王绍曾、陶存煦的"教导培养",参见本书《王绍曾:一生沉醉目录学》和《陶存煦:立志要挽浙东坠绪》两篇。

能增加对无锡国专的补助经费。抗战胜利后的1946年6月,钱基博特撰《唐文治先生创设国学专门学校之宗旨》一文,对唐文治、冯振两位先生率领的无锡国专师生在"抗战八年"中迁徙流离、苦难备尝而坚韧卓绝、弦诵不废的精神进行了高度评价①。

作为一个一生沉浸于文史学术的学人,钱基博曾这样概括自己的为学特点:"基博论学,务为浩博无涯涘,诂经谭史,旁涉百家,抉摘利病,发其闳奥。自谓集部之学,海内罕对。子部钩稽,亦多匡发。"②他的著作有《文史通义解题及其读法》《读庄子天下篇疏记》《版本通义》《现代中国文学史》《古籍举要》《周易解题及其读法》《四书解题及其读法》《老子道德经解题及其读法》《国学文选类纂》《骈文通义》《模范文选》《韩愈志》《文心雕龙校读记》《版本通义》《经学通志》《近百年湖南学风》《中国文学史》等数十种,可谓著作等身。在这些著作中,以讲论古籍、指导研究方法的撰述所占的比重为最大。这类撰述多是就古代某一基本典籍,介绍其作者、内容、版本、学术渊源、文章流别以及后人的考订、校勘、评议等情况,综理钩稽,寻蹟要眇,考述特为详备。《经学通志》《中国文学史》和《现代中国文学史》等是钱基博一生众多撰述中比较重要的几部著作。《经学通志》以史训经,叙述经学的生成流变,阐述经学的思想发展,深入经学而又不囿于经学,广泛征引与经学相关的政治、历史、哲学、文学等文献资料,形成了具有文化史特征的经学史观。《中国文学史》秉承我国古代史家"知人论世"的传统,就作家所处的时代环境、政治思潮、社会思想等状况,着重考察历代文学作品的利病及其升降得失的历史根源;并运用排比综合的方法,揭示历代作品的发展、演变及其流别。书中所论各家,都是在作者通读其专集的基础上写成的,根底极为厚实,且多创获之见,多作者自己的"别识心裁"。《现代中国文学史》是钱基博最有代表性的学术著作。书名"现

①钱基博:《唐文治先生创设国学专门学校之宗旨》,《江苏民报》1946年6月29日。参见本书
　《唐文治:无锡国专的掌门人》和《冯振:因心衡虑力拄艰危》两篇。
②钱基博:《钱基博自传》,《江苏研究》1935年第1卷第8期。

代"，实自晚清以迄民国前期，涵盖了民国纪元前后五十年左右的时期。此书虽以介绍、分析这一时期的代表作家、作品为主，但也广泛地涉及了与此相关的这一时期的学术文化以及政制、民俗，是一部广义性质的文学史著作，甚至不妨同时将其当作这一时期的学术史、文化史来读。由于这一时期正处于政治、文化等各种制度急剧变化的时期，此书所叙及的人物如王闿运、郑孝胥、陈三立、陈衍、朱祖谋、严复、樊增辉、康有为、梁启超、林纾、沈曾植、刘师培、王国维、章炳麟、章士钊、胡适等，既是当时文坛学界的宗师大家，同时又和当时社会的政治生活有着密切的联系。钱基博根据他们的经历，详细描述作品产生的来龙去脉和生活基础，鉴定作品的理论背景，将其一一纳入历史评述的范围，反映了这一新旧交替时期知识分子的思想矛盾和心灵苦闷。书中并不限于以文论文，就诗谈诗，而是从一个更宽广的历史背景中，寻求和探讨这一时期的"文章得失升降之故"。因此，这部著作实际上是研究中国近现代之交文学和学术文化发展，了解那一时期的政治状况、社会心理的一部重要文献。

冯振：困心衡虑力拄艰危

1927年，无锡国专聘请冯振来校任教，唐文治在《茹经先生自订年谱·丁卯六十三岁》中记："八月……陈生柱尊辞职，改聘门人冯振心名振继之。"称冯振为"门人"，是因为冯振早年也曾在唐文治任校长的交通部上海工业专门学校就读。

冯振（1897—1983），字振心，号自然室主人，广西北流人。冯振八岁入蒙馆读书；十三岁起就读于北流县立高等小学；十四岁时，随叔父冯介往上海求学，就读于中国公学、交通部上海工业专门学校附中，前后共五年，未及卒业，因重病而辍学回家。自1917年起，先后任梧州中学教员、北流中学教员及校长和容县中学教员。1927年9月，应聘至无锡国专任教、任职，先在无锡本校，抗战爆发后随校转迁广西，抗战胜利后又回无锡，在该校供职长达二十余年。

在无锡国专，冯振先后开设诸子文、文字学和诗选等课程。在教学上，冯振继承唐文治的传统，主张厚植基础、由浅入深、循序渐进，对学生的读写都一一细心聆听严批，具体指导，引导学生扎扎实实地打好基础，然后各展其长，以博辅专，不尚空谈，不抄捷径。他的诸子文课以指导学生读原书为主，条分缕析，纲举目明，不故作艰深，不落入琐碎。而于讲授墨家和名家学说时，喜用逻辑和归纳的方法，收到很好的效果。在讲授文字学课程时，冯振以许慎《说文解字》为主，自编讲义，依《说文》五百四十个部首次第，逐字讲授，其间博采清代段玉裁等各家之注及钟鼎文、甲骨文之研究成果，使学生了解掌握文字构造与变化之义理,进而通晓文字训诂之学。在无锡国专后期的教学中,冯振还开设了诗选的课程。据当年的听课者之一、后来成为著名红学家和文史学家的冯其庸回忆,冯振讲诗,是用自己的著作《七言绝句作法举隅》作讲义,他着重讲诗法,而且他讲的诗法,是他自己从大量的唐、宋、元、明、清的七言绝句里概括归纳总结出来的。讲解时一经点破,似乎恍然大悟,无甚秘奥;但难在未点破之前,能从大量的诗作中发现其自身的种种规律,形成诗法,这就实在不容易了。其根本的原因,在于冯振本身就是一位优秀的诗人,他创作了大量优秀的诗篇,有艰苦的创作实践的经验,所以能独得诗法之秘①。

任课之外,冯振在无锡国专曾先后担任过教务主任和代校长等职。在无锡国专的教职员工队伍中,为这所学校的建设和发展所付出的心力、所作出的贡献,冯振仅次于校长唐文治先生。

据王桐荪《冯振心先生和无锡国学专修学校》一文记,从1929年到1937年,冯振主持了无锡国专九年的教务工作,这一时期正值学校转变的过渡阶段。无锡国学专修馆第一期招收学生仅二十四名,附额六名,教师仅四人,采取过去书院讲学的方式。到二十世纪二十年代末改称无锡国学专修学校时,学生逐渐发展到二三百人,教授十余人。当时要遵照教育部的规定,参照大学规程专科体制办学。冯振在唐文治先生教育思想和办学方针的指导下,谋虑周详,细心擘划,订规章,理学籍,实行学分制,推行导师制,编印国专丛书,充实图书馆等。尤为重要的是,他制订的教学计划和讲授纲要,都在三十年代的国专先后⋯⋯实施。在学校行政工作和教学工作上,都卓有成效。②

1937年全面抗日战争爆发后,无锡国专师生开始了长达八年多的颠沛流离、艰难备尝的历程,这是无锡国专三十余年校史中最为艰苦卓绝的一段经历,

① 冯其庸:《怀念我的老师冯振心先生》,党玉敏、王杰主编《冯振纪念文集》,广西师范大学出版社 2000 年版,第 554 页。
② 王桐荪:《冯振心先生和无锡国学专修学校》,《江苏文史资料选辑》第 19 辑。

同时也是冯振一生漫长的教育生涯中最有华彩的一章。全面抗战初起，无锡国专师生历经艰难，一路跋涉，于1938年2月9日抵达桂林，并租赁民房作为教室，正常上课，从此开始了国专的"桂校"时期。是年6月底，校长唐文治因年迈体弱且水土不服，决定请假回上海治疗，由冯振代理无锡国专校长。11月，广州、武汉相继失守，桂林吃紧，随之长沙在大火中几成焦墟，无锡国专由桂林再迁往冯振的家乡——广西北流县山围村。在山围村，一部分师生住在冯振家的沙梨园，大部分师生住在冯振族侄冯建侯的庄园——绿竹居，上课的教室也是在绿竹居内。教师上课所用的教材及参考书籍，一部分是他们自己随身携带而来，另一部分则借用冯振和其叔父冯介、族兄冯赞廷家里的藏书。到了1939年，因学生人数增加，校舍无法安排，学校由山围迁往约二十里之外的原无锡国专教授陈柱的家乡萝村。在萝村安定下来后，冯振曾写诗寄给当时在上海任教的陈柱："行行廿里向萝村，千树荔枝绿到门。闻道主人仍远客，可容无佛暂称尊。招邀硕彦同都讲，罗列英才细讨论。惜取君家好风月，归来何日共清樽。"① 陈柱曾在无锡国专任教多年，现在国专桂校的办学点迁移到他的家乡，"招邀"的"硕彦"中却没有了陈柱的身影，自是让诗人感慨万分。

由于萝村地处偏僻，交通不便，给聘请教员、购置图书、招收新生、增加设备等事都带来了较大的困难，故从1941年7月起，国专桂校在桂林东南离市区十余里的穿山建立新校舍，并于当年9月由北流萝村迁至桂林穿山；同时继续扩大校园、增建校舍。在穿山校舍前后几期的建设中，需要大量的资金。为了筹集资金，冯振等人竭尽了最大努力："1941年7月，国专重新迁回桂林，是经冯先生的努力，取得梁漱溟先生的协助，成立了校董会……由于校董会的号召，向社会上募得了几笔款项，又向省府申请在桂林建校，得到赞同，并拨款一万元支持，又得到广西银行和广西合作金库贷款，穿山的校舍，陆续建

---

① 冯振：《国专自山围迁萝村上课寄柱尊上海》，冯振著《自然室诗稿》，广西师范大学出版社 2017年版，第214页。

造起来。"①

1944年8月,日本侵略军攻陷湖南衡阳,至9月10日,桂林第二次紧急疏散(第一次疏散是在该年初夏)。9月12日,冯振与国专桂校留校师生员工离开桂林穿山,乘民船至阳朔留公塘,再至平乐,转赴蒙山。为了使几百名师生员工及家属能安全撤离,冯振做了大量工作。他与各方联系,先安排老弱的职工眷属撤离;对广西籍的一些体质文弱的学生也尽量动员他们撤离回乡。有一个家在梧州名叫李桂秋的女学生,身无分文,当时冯振身上也分文无存,仅有三打新袜子,就送给她一打,希望她在路上变换成盘缠回梧州去;而学校则决定转迁到蒙山。李桂秋谢绝了冯振的好意,决心跟随学校到蒙山去。10月,国专桂校在蒙山文尔塘钟家开课,冯振作《蒙山开课示诸生》:"播迁忽已七年余,又向蒙山强托居。危难久更心转壮,苦甘可共意先舒。力如未尽休安命,事尚能为早读书。竖起脊梁坚定志,澄清大业看登车。"②又作《蒙山文尔村诒国专同人》:"避寇翻成避世人,桃源四面隔通津。山中有酒何妨醉,手里无钱未算贫。敢拟郑公安处鲁,休方孔子厄于陈。相从狂简二三子,辛苦砻磨养性真。"③"危难久更"而仍"竖起脊梁坚定志",这不是诗意的夸张,而是对当时情景的真实写照。

国专桂校的师生在蒙山逗留的时间很短。1944年12月,日军攻陷新圩,逼近蒙山。当时学校师生大部分主张西去贵州贵阳,但也有一部分人认为西行不可能。意见不能一致,于是分成两支:一支由蒋庭曜率领,转移至瑶山金秀瑶族自治县;另一支由冯振率领,先后历经蒙山县古苏冲、大塘乡,昭平县仙回乡鹿鸣村,昭平县北陀乡,最后于1945年3月重回北流县山围村。而留驻在金秀瑶山的那一支,因该地高寒食艰,无法维持,最终也回到了山围。两处师生汇齐后,于4月借山围磐石高级小学重新开学上课。在抗战胜利后的

① 王桐荪:《冯振心先生和迁桂无锡国学专修学校》,党玉敏、王杰主编《冯振纪念文集》,第26页。

② 冯振:《蒙山开课示诸生》,冯振著《自然室诗稿》,第232页。

③ 冯振:《蒙山文尔村诒国专同人》,冯振著《自然室诗稿》,第233页。

1946年2月,国专桂校师生在冯振带领下,离开广西北流山围,开始回无锡。至此,长达八年的国专桂校的历史遂告结束。

现代文史专家萧艾抗战时期曾两次到桂,他在一篇文章中记,国专桂校时期,冯振是学校的实际负责人,肩膀上挑着重担,被迫寄居于山间茅茨,瓮飧不给,加之以身处警报频传、一夕数惊的窘境中,不独撑持下来了,而且还千方百计稳住师生的情绪,使弦歌之声不辍,人们都说这是奇迹。事过多年,有人问冯振:"您当时凭什么能使师生安下心来,凝聚在一起,饿着肚子还读书呢?"冯振回答说:"国难当头,只有晓之以民族大义,才能团结人心。"①抗战胜利后,曾经担任过无锡国专教授兼校务主任的现代文史大家钱基博,特撰《唐文治先生创设国学专门学校之宗旨》一文,文中说:

> ……独念二十六年十月,唐先生以寇之涉吾地,青年心理纯洁之如一片白纸,未可以染;自忘其老,而以七十高龄,跋涉山川,护送诸生以移汉口,转湘入桂,遂以委重于冯振心先生而责以代理校长。冯振心先生受命危难,当仁不让……然而私立之校,不同国立学院专校经费之资国币挹注。诸生无公费,学校无经费。冯先生困心衡虑以力挂艰危,诸生忍饥耐寒以相从危难。及三十三年十二月,寇深国危,而桂林亦陷,穿山新建之校舍,付之一炬,冯先生则率诸生以入瑶山。戎马转徙,未尝一日废弦诵;艰苦同尝,而无一人出怨言;此其坚贞蒙难,咸有一德,仁之至,义之尽,岂惟延唐先生之斯文一脉于西南,而实以续如缕不绝之国命!②

文中对无锡国专师生于抗战中迁徙流离、苦难备尝而坚韧卓绝、弦诵不废的精神进行了高度评价,而"困心衡虑以力挂艰危"则是对冯振于国专桂校所起作用和贡献的最精当的概括。

①萧艾:《我所知道的冯振先生》,《桂林市教育学院学报》1991年第2期。
②钱基博:《唐文治先生创设国学专门学校之宗旨》,《江苏民报》1946年6月29日。

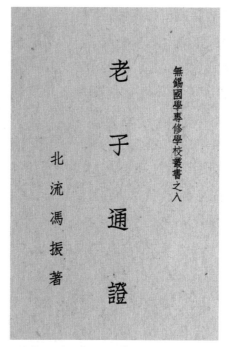

冯振著《老子通证》,无锡国学专修学校丛书之八

1949年寒假后,冯振辞去无锡国专教职回到老家广西北流。是年暑假,应聘任广西南宁师范学院中文系教授兼系主任。1950年,南宁师院并入广西大学,冯振被聘为中文系教授兼系主任。1953年,全国高校院系大调整,以广西大学文教学院为基础,成立广西师范学院,冯振任中文系专职教授;1957年起,又兼任中文系主任。

冯振于1943年撰有《冯振小传》,文中云:"平生读书,好首尾无间,一字不轻放过,或随手校勘,丹黄遍其上。""每不自揆,广心博骛,义理、词章、考据三者,每欲兼营并包。……义理好先秦诸子,兼治宋明理学;词章好诗古文辞,不拘于宗派,而浮词滥调,在所必摈;考据好许氏《说文》,而清儒形声故训之学,亦颇心醉。"①冯振在先秦诸子学方面的论著有《老子通证》《荀子讲记》《韩

---

① 冯振:《冯振小传》,见党玉敏、王杰主编《冯振纪念文集》,广西师范大学出版社2000年版,第530页。

非子论略及提要》和《吕氏春秋高注订补》等。《荀子讲记》在评述荀子学说时，不仅联系儒家，且广泛钩连诸子各家，以明荀子思想之所由来。《韩非子论略及提要》将《韩非子》一书的内容分成法术、君臣、赏罚、重刑、必罚、威严、去仁爱、去施予、主道、刑名、参验、功用、立法、明法、去私、任法等十六项，每项中先列举原著中相关论述，再加按语进行评说。这样，便能使读者比较系统而完整地了解韩非子思想的要义。冯振在"形声故训之学"方面的代表性著作是《说文解字讲记》。是书依《说文》五百四十部次第，逐部讲授；每部之字，则择其尤要者讲之。《老子通证》在体例设置上以注文、通论、参证三项相辅相成，这种"三环论证法"，能帮助读者对原书的字义句义、各章意旨乃至全书所表现的老子的哲学范畴思想学说，有较为明确清楚的理解。其中"参证"部分所采用的以子证子、以老解老的方法，是《老子通证》一书最显著的一个特色，也是历来广受各家好评的地方。冯振在诗学方面的著作有《七言绝句作法举隅》《七言律髓》和《诗词杂话》等。这三部书的共同特点，是对古代诗词的艺术技巧及诗话、词话中的诗词创作理论进行总结阐发，从古代大量的作品实例中概括提炼出种种不同的诗词作法，以"示人以规矩"。此外，他的《自然室诗集》中收录了许多在抗战时期所写的诗作。他在为《自然室诗续集》所写的"自叙"中说，当其抗战前后数年之中，"家国之变，离乱之苦，战士捐躯之壮烈，民众赴难之奋勇，不特生平所未经，抑亦亘古所稀有。其惊心动魄、可歌可泣，固足以播之诗章、传诸天下后世而不朽"。中国自古以来就有"诗史"之说，而冯振写于这一时期的许多诗作，反映了那个时代国家危急存亡的局面，记录了无锡国专迁徙流离、艰苦办学的情状，有着特别珍贵的价值和意义。

徐景铨：「胸有千秋只字铿」

在无锡国专的教师群体中，有一些人之间，本就有着师生承传的关系，像陈柱、冯振和朱东润是唐文治的弟子，叶长青是陈衍的门生；而徐景铨，则是钱基博早先的学生。

徐景铨（约1897—1934），字管略，江苏常熟人。幼时颖慧异常，家境贫寒而读书勤奋，靠儿时所积果饵费作为自己读小学的学费。大约是在1914年到1919年的这一段时期，就读于位于无锡的江苏省立第三师范学校，后来成为章太炎弟子的诸祖耿是他的同届同学，而当时在该校任教的钱基博是他的老师。据无锡国专学生崔龙所撰《常熟徐先生墓志铭》一文记：

> 初，先生（按：指徐景铨）学师范于省立第三学校，时无锡钱子泉先生都讲其间，一见即惊奇之，曰："隽才也。"索观其文，更击节曰："不识今之学校中，尚有如此好古士。"遂受知钱先生，旦夕与论国学，先生之治国学自此始。其后益精挈之，深史学，于古文辞尤质朴有两汉风。①

可见徐景铨深得其师钱基博的赏爱。1919年，徐景铨考入南京高等师范学校，这年同时录取的其他学生中，有张其昀、陈训慈、胡焕庸、徐震堮、景昌极、

---

① 崔龙：《常熟徐先生墓志铭》，崔龙、陈荔英著《潜励斋初稿》，1939年排印本。

王庸、缪凤林、阮真、向达等，这些人后来都成为文、史、地、哲各学科的著名学者。徐景铨就读该校期间，加入了史地学会①，被分在"西洋史组"，并且在《文哲学报》《东南论衡》等刊物上发表了《桐城派古文学说与白话文学说之比较》《随便谈谈——一个文学史上的问题》《论诗与乐府之区别》等数篇论文。

1923年6月，徐景铨从南京高等师范学校毕业，此后他先后担任过常熟县立中学校校长和常熟县督学等职。1928年9月，因钱基博的推荐，徐景铨被聘请担任无锡国专教授，先后开设过中国文学史、历代文评、散文选、国学概论等课程。

在徐景铨所教过的弟子中，有一位是无锡国专第八班学生陶存煦。陶存煦在国专读书时所记的《庚午(1930)日记》和《辛未(1931)日记》一直留存到今天。在这两年的日记中，多有记及无锡国专诸教习课堂传授及课外对学生教育训导的情形，其中记载得较多较详且对陶存煦学业研习产生过不同程度影响的，有唐文治、徐景铨和钱基博三人。徐景铨是陶存煦所在班级中国文学史课程的课任老师，在《庚午(1930)日记》中，不少地方对徐景铨的讲课内容有十分详尽的摘要引述，限于篇幅，这里只摘引一则。该年四月十九日(1930年5月17日)日记中记：

> ……下午，录文学史笔记。窃谓文学之有史，犹州县之有志，国家之有史也。州县必藉志而后文献备，国家必藉史而后典章存。文学史之于文学，亦犹是也。吾国居四大文明之一，数千年来，儒林文苑，代有其人，文学蔚然称盛。而体格之区别，宗派之流衍，仅散见于各家著述中，无人为之叙述，学者扪烛扣槃，宁非憾事？比年欧化东渐，林传甲始作文学史，其书予未之见。继其后者，有如雨后春笋，而杂凑成文，无非书贾牟利。差强人意者，惟安寿谢无量《大文学史》、武进顾惕生《文学史大纲》

---

① 1919年10月1日，以南京高等师范学校文史地部师生为主体的地学研究会正式成立，后改名为史地学会。南高师史地学会的成立，标志着中国现代学术史上与"清华学派"相颉颃的"南高学派"或曰"南高史地学派"的开始形成。

耳，然亦繁简失当。故予听徐教授讲文学史，咸笔记为长编，他日学识稍丰，由长编进而为稿本，为定本，举要治繁，作华士然犀之照，固所愿也。惜不知能竟成否？①

作为无锡国专学生的陶存煦，年纪很轻，但却眼界甚高，在日记中，经常会出现某日"照常受课，无可纪者"的字样；而他"听徐教授讲文学史，咸笔记为长编"，一方面是心怀宏愿，要为日后自己作一部高质量的中国文学史预做准备，另一方面也反映了他对老师徐景铨课上所授内容的称许。

崔龙《常熟徐先生墓志铭》一文中记徐景铨"笃于天性，恶标榜；来我校后，益韬晦，闭门治学，不问人间为何世"，可见徐景铨是一个敛抑自藏的人。可能正是因为这样，在现在所能见到的有关无锡国专的文献资料中，涉及徐景铨的，只有一些零星片段的记载。如1929年，单镇应唐文治邀请，来无锡国专担任教授，他后来在《桂阴居自订年谱》中记："时院中同事钱基博、冯振心、徐管略、朱叔子、陆景周诸君子，课余互相讨论，颇饶兴趣。"1931年，由无锡国专学生自治会编印的《无锡国专年刊》出版，徐景铨与钱基博、冯振、叶长青、陈保之、刘松之等国专教授同任该刊的顾问。1933年，同样也是由无锡国专学生自治会编印的《无锡国专季刊》出版，冯振、朱文熊、徐景铨、周瀞等四位国专教授为"本刊顾问"。同年，《无锡国专第十届毕业刊》印行，该刊的"杂俎"类中有国专第十届毕业生徐义（字仁甫）的《咬菜根室笔记》，中有一节云："民国十九年冬，吾校同学、绩溪汪稼云君病殁于普仁医院。余代本校安徽同学会挽一联云：'风雨鸡鸣，商量旧学才三月；天寒岁暮，结伴还乡少一人。'徐管略师见而赞曰：'气象宏阔，不落恒蹊。至于隶事之切，犹其余事也。'"1934年，徐景铨与另外两位无锡国专教授冯振、陈鼎忠同游江苏常熟，冯振后写有一诗《与陈天倪、徐管略游常熟虞山，徐为东道，戏赋一绝》，诗云："强比古人

---

① 陶存煦著，刘桂秋、刘国芹标点整理：《陶存煦日记》，凤凰出版社2022年版，第40页。

仍反例,陈蕃下榻向徐孺。冯骥较我应羞杀,出有轻车食有鱼。"①

1934年6月24日,徐景铨因病而辞世。唐文治在他的《茹经先生自订年谱》中记:"教员常熟徐君管略名景铨,在锡邑病卒,身后萧条,钱君子泉与余设法募捐,为之料理。"②徐景铨生前的一些师生、好友纷纷作诗文以悼念之,如无锡国专教授冯振作《挽徐管略二首》,诗云:

> 生怀千载志,长逝亦何知。独有无涯恨,能增后死悲。白头伤老父,黄口馁诸儿。不待凭棺哭,为君双泪滋。
>
> 辛勤垂十载,小积但图书。无以赡妻子,惟将易米蔬。一贫今似此,他日更何如? 难向苍苍问,朋侪共叹歔。③

在这些悼念诗文中,钱基博之子钱锺书的《哭管略(并序)》二首写得尤为沉痛深挚:

> 君和光同尘,被褐怀玉,神恉圣解,人无知者。惟予略窥胸中之泾渭、皮里之阳秋而已。生平谈交,君为第一。乃年未四十而殁,未了者百端,待食者八口,风流顿尽,述作无存,裴说搜坟,郑庄掘地,齐心同愿,莫知我哀。
>
> 竟难留命忍须臾,谈艺归来愿已虚。待哺诸儿黄口小,丧明一老白头初。覆巢所幸能完卵,涸辙犹希可活鱼。见惯存亡无涕泪,殷忧尚为泣沾裾。
>
> 胸有千秋只字铿,相知惟我许追攀。回牛笔可穿重札,窥豹文才睹一斑。平日笑谈都益恨,故乡魂魄倘知还。发言莫赏嗟臣质,谁与微词

①冯振:《与陈天倪、徐管略游常熟虞山,徐为东道,戏赋一绝》,冯振撰《自然室诗稿》,广西师范大学出版社2017年版,第183页。
②唐文治:《茹经先生自订年谱·甲戌七十岁》。
③冯振:《挽徐管略二首》,冯振撰《自然室诗稿》,第184页。

作要删。①

徐景铨早年就读于江苏省立第三师范学校,受知于钱基博,后来又经钱基博介绍至无锡国专任教,两人之间有很深的师生情谊。徐景铨在无锡国专任教时,在学校附近赁屋而居,据《无锡国专辛未届毕业刊》《无锡国专第十届毕业刊》等文献记载,徐景铨把自己的"通讯处"设在了"无锡七尺场钱宅"。由这些可以推想,徐景铨应该是钱家的常客。在出入往来于钱家的过程中,徐景铨逐渐和小他十二三岁却已锋芒初露表现出超绝才华的钱锺书成了莫逆之交,乃至被钱锺书推许为"生平谈交,君为第一"。

1929年夏秋间,钱锺书从无锡辅仁中学毕业后,考上了清华大学。此前,他与徐景铨论学谈艺,互相推许,甚为相得。所以,当他考上清华离开无锡时,一定是期望日后回家乡时,能继续和知友论学谈艺、衡文说诗。但随着徐景铨的遽尔离世,这一愿望永远无法实现,所以便有了《哭管略》之一首联的"竟难留命忍须臾,谈艺归来愿已虚"两句。

颔联"待哺诸儿黄口小,丧明一老白头初",这两句对仗精工,以十分精练概括的文字,描述了徐景铨逝世后家中的凄凉景象。本诗小序中说徐景铨辞世时"未了者百端,待食者八口",崔龙《常熟徐先生墓志铭》也记及:"先生娶某氏,继配某氏,老父蟾桂,将古稀,犹在堂。遗孤四人,男子二,女子一,皆幼;殁后又生遗腹子一,冻馁无以自存。"由此可知,包括钱锺书在内的徐景铨的师友们,不仅对他的英年早逝感到悲痛不已,也还为其"身后萧条"、家中一贫如洗的境况而感叹嘘唏。

正是因此,《哭管略》第一首的颈联和尾联,仍然把笔墨集中在徐景铨的家中:"覆巢所幸能完卵"当是指徐家曾遭逢兵燹祸乱,所幸家小无恙;"涸辙犹希倘活鱼"则是说虽然家境艰难,但仍希望徐家人能在艰难中生存;然而现在作为家中主心骨的徐景铨辞世,在艰难中能否继续生存也成了大问题,末

---

①钱锺书:《哭管略(并序)》,钱锺书著《中书君诗初刊》,1934年自印本。

活魚見慣存亡無涕淚殷憂尚爲泣沾裾。
小喪明一老白頭初覆巢所幸能完卵涸轍猶可
竟難留命忍須臾談藝歸來願已虛待哺諸兒黃口
同願莫知我哀。
口風流頓盡述作無存裝說搜墳掘地齊心
爲第一乃年未四十而歿未了者百端待食者八
略窺胸中之涇渭皮裏之陽秋而已生平談交君
君和光同塵被褐懷玉神怡聖解人無知者惟予

钱锺书《中书君诗初刊》中的《哭管略》

句"殷忧尚为泣沾裾"正是表现了诗人对此的深切担忧。

《哭管略》第二首的前四句"胸有千秋只字铿，相知惟我许追攀。回牛笔可穿重札，窥豹文才都一斑"，可与小序中的"君和光同尘，被褐怀玉，神恉圣解，人无知者。惟予略窥胸中之泾渭、皮里之阳秋而已"互参互解，说的是徐景铨极富才学识见，但因其敛抑自藏，故不为世人所知；唯有自己作为其至交，略窥其深透的笔力和超绝的文才。

这四句中，比较值得留意的是"胸有千秋只字铿"这一句。前文已述及，徐景铨就读南高师期间，曾有数篇论文刊发；但在任教无锡国专的将近六年的时间中，只有一篇《中国诗体之变迁》，刊载于1929年的《国光》第一期上。其实，慎于发表不等于不著述，据崔龙《常熟徐先生墓志铭》载，徐景铨"著有《二十四史平议》若干卷，诗文集若干卷"，皆"待梓"。也许徐景铨觉得来日方长，这些述作的公诸于世，尚未到其时，却未曾料想自己不到四十岁便会长辞人间。

第二首颈联"平日笑谈都益恨，故乡魂魄倘知还"两句，意为当年两人在一起时，言笑晏晏；今日回想起来，更增憾恨之情，惟愿逝者能"孤魂翔故域"。尾联"发言莫赏嗟臣质，谁与微词作要删"，则用了好几个典故："发言莫赏"出

《世说新语·伤逝》,支道林说自法虔死后,便"发言莫赏,中心蕴结,余其亡矣";"臣质"出《庄子·徐无鬼》,庄子说自惠施死后"吾无以为质矣,吾无与言之矣";"微词"可以参看钱锺书后来在《管锥编》中的"唱叹之永言,莫不寓美刺之微词";"要删"则出《史记·十二诸侯年表》中的"……表见《春秋》《国语》学者所讥盛衰大指著于篇,为成学治古文者要删焉"。这两句的大意是,自徐景铨辞世,世间便再无我的知音,也没有人能再来删订我的诗文了。

叶长青：「学非锐志无佳境」

前一篇《徐景铨："胸有千秋只字铿"》中提及，叶长青是陈衍的门生，但他却先于陈衍到无锡国专任教。

叶长青（1899—约1945），原名俊生，字长卿，福建闽侯人。1913年，叶长青入福建省立第一中学校一年级读书；四年级时，在上海《学生》杂志上陆续发表了一批诗作，其《赠友人张君子云》一诗云："且拥书城坐一隅，奇文欣赏足清娱。学非锐志无佳境，生不成名岂丈夫？壮岁光阴如过客，一肩名教赖吾徒。幽宅一穗青灯夜，对影谈心德不孤。"①"学非锐志无佳境"云云，已可略见其平生的胸怀襟抱。1921年4月，叶长青入厦门大学就读。在入厦大之前，他已拜近代著名诗人、学者陈衍为师。1923年9月，陈衍应聘出任厦门大学教授兼国文系主任，叶长青得以昕夕聆听教诲，学业益进。而陈衍也颇欣赏自己的这位门生，来厦大不久便举荐他为国文助教，代自己上课，承担文字学、语法学和音韵学等课程的教授，其时叶长青尚是一个大三的学生。其间，陈衍曾致函王国维，力荐叶长青入清华国学研究院深造，信中称："叶生，福建侯官人……潜心考据之学，所著有《闽方言考》，已出版；《续考》《文字学名词诠释》有油印本，尚当修补；文字学、音均学口义，《版本学考》，印未毕。以本大学三年级高材生，拔充国文系助教，担任国文法学、文字学、形义、音均各门功

---

① 叶长青：《赠友人张君子云》，《学生》1916年第3卷第9期。按：此诗署名"福建省立第一中学校学生叶俊生"。

课。衍老矣,喜其勤奋……极欲其肄业研究院,受诸大师陶成……"①此事最终未果。后来,叶长青以通讯研究的方式报名北京大学研究所国学门研究生而被录取。1926年春,叶长青应新任金陵大学国学系主任、好友陈中凡的邀请,就任金陵大学国文系教授;一年后,转任福建省立第一高级中学校长;1929年3月,出任福建福安县县长。

1930年8月,叶长青应聘至无锡国学专修学校任教,讲授韵文、《文心雕龙》《诗品》等课程②。一年后,经叶长青介绍,陈衍也到无锡国专任教。这样,原先的师生就成了在同校任教的同事。但叶长青始终对陈衍执弟子礼,发现老师不习惯厨房里做的伙食,就请老师住到自己家里,由他的夫人做家乡菜招待老师。陈衍上课时,叶长青常随堂听课,并代为板书。这一方面是尊师;另一方面是觉得在老师的课上仍可以听到、学到不少新的内容。除此之外,陈衍后来曾撰《要籍解题》,叶长青也据以充实自己的讲课内容。

无锡国专的办学特色之一,是强调励学必先敦品,学和行要合一。其中的一个方面,是十分注重对学生志气节行的培育。秉承这一准则,叶长青在无锡国专任教期间,编成了《国魂集》一书,由无锡民生印刷馆于1936年2月印行。全书以时间为序,共选录"古来忠臣义士有关志节诗文"一百零六篇,书前有陈衍、唐文治、刘通和国专学生沈切的序。其中唐文治的序云:

> 造化真宰,际温蠖世,混沌莫名。浲水沸腾,恍见百灵。周两肆虐,倏为汉魅。石言蛇斗,万怪惶惑。鬼伯当门,攫挈以食。或有叫者,嘻嘻出出,跳跟吸骨。予求予伎,昏垫回遹。黔首其咨,国载营魂,能无浇漓。黄帝告司命曰:"有国在下,魂魄离散,汝筮予之。"司命对曰:"请以质大通、抱一二子。"爰摄国魄、追国魂,会于古嘉魂之府、保魄之乡。国魂曰:

①陈衍致王国维信,叶长青撰《松柏长青馆诗》前言转引,厦门大学出版社2018年版。
②叶长青任教无锡国专的期限,是从1930年8月到1938年初,但其间曾有两度短暂离职:于1931年5至6月任福建松溪县县长;又于1932年7月至1933年3月第二次任福建福安县县长。

"嗟！吾离矣！若之何？"国魄曰："噫！吾落矣！若之何？"司命曰："合莫神山，有返魂术焉。"乃相与促武缩气，展转翱翱，以访于大通子。大通子曰："吾语汝！吾国有国性，仁义礼智信是也。有国情，恻隐羞恶辞让是非是也。有国纪，君臣父子夫妇昆弟朋友是也。有国宝，《易象》《诗》《书》《礼》《乐》《春秋》是也。有国器，临冲钩援、蔺石渠答、轮舆飞舶是也。之数者，或有形，或无形，谁其尸之？魂实主之。唐虞之时，魂寄于尧舜。三代之时，魂寄于禹、汤、文、武。春秋战国之时，魂寄于孔、孟。唐之时，魂寄于张、许、颜、陆、韩。宋之时，魂寄于周、程、张、朱、文、陆。明之时，魂寄于薛、王、左、史。清之时，魂寄于顾、陆、胡、曾、左。乾坤不息，国魂亦一日不息。若夫不仁不智，戕其魂者也。无礼无义，役其魂者也。槌孝糅弟，寡廉鲜耻，慎倒其魂者也"……问招国魂者谁？八闽叶长青也。序其书者谁？三吴唐茹经也。其时维何？柔兆困敦孟陬之月。将易其柔而苏其困者，句芒之神也。[①]

唐文治在《茹经先生年谱续编》中记："闽县叶生长青编《国魂集》，选录古来忠臣义士有关志节诗文，都若干首，激励人心，极有裨于世道。余仿《庄子·秋水》篇，为撰序一首，自问诙诡之文，不作久矣，放笔为之，颇觉光茫四射，较旧作《说龙》《释气》二篇为胜，深自喜也。"无独有偶，陈衍在自己给《国魂集》所作的序写成后，又给叶长青写有一信，信中说："除夕畅饮数杯，向火听雪，竟忽忽至晓，就枕睡，一觉即醒。忽想起《国魂集》序未作，遂披衣而起，顷刻间成一篇，可谓佳文奇文，为鄙人得意之作。若示柱尊，必狂喜，他人不敢知也。"[②]可见唐文治、陈衍对叶长青所编的《国魂集》都很重视，对自己写的序也都很满意。

全面抗战爆发后，叶长青弃学从政，于1938年1月离开无锡国专，后历任

---

①唐文治：《〈国魂集〉序》，叶长青编《国魂集》卷首，又见唐文治著《茹经堂文集五编》卷五。
②此信见《学术世界》1936年第1卷第10期所刊陈衍《〈国魂集〉序》文末所附。

叶长青著《文史通义注》，无锡国学专修学校丛书之十一

福建省沙先、永安、长汀、莆田等县县长。其中1940年11月至1943年2月任长汀县县长时，正值厦门大学内迁至长汀办学，使他得以再次为母校的办学和发展尽心力。

叶长青一生的学术著作，主要有《闽方言考》《闽方言续考》《曾子辑佚》《版本学》《文字学名词诠释》《钟嵘诗品集释》《文心雕龙杂记》《文史通义注》《国魂集》《汉书艺文志问答》等。上述诸作中，除上文已提及的《国魂集》之外，《钟嵘诗品集释》《文心雕龙杂记》《文史通义注》和《汉书艺文志问答》都撰于他任教无锡国专期间，也是他最有代表性的学术研究成果。《钟嵘诗品集释》所采录的笺评《诗品》的论著，有陈衍《钟嵘诗品评议》、黄侃《诗品讲疏》、陈柱《诗品参平》、陈延杰《诗品注》、古直《钟记室诗品笺》、许文玉《诗品释》和陈直《诗品约注》等。此书剪裁排比各家论说，间或加以按断，基本反映了当时《诗品》研究的整体格局和较高水平。《文心雕龙杂记》原本是叶长青为教学之需而编著的一部讲义，全书对《文心雕龙》逐篇加以校注（缺《议对》《才略》两篇），内容包括主旨阐发、文字校勘以及对前人研究成果的征引和驳正，是现代"龙学"史上一部较具特色的著作。1935年8月,叶长青的《文史通义注》作为无锡国学专修学校丛书之十一出版。当时的《国专月刊》上有报道说:"自二十三年度上学期,本校搜集教授著作,排印丛书。兹第十一种业于暑假中印就,为叶长青教授之《文史通义注》。章氏《通义》,颇多晦涩难通之处,叶先生为之疏通诠释,详加注明,有便于读者不少。刻由无锡民生印书馆印刷数百册,专供本校同学参考。并闻开明书局已购得版权,积极排印,以应研究国学者之需求云。"①全书分两部分,一部分为《文史通义注》八卷,另一部分为《校雠通义注》三卷。《汉书艺文志问答》以传统治学精神为取向,借问答之体来探究学术源流,对前人的误解有所质正。这几部著作,既各有偏重,又能够彼此参证,形成了一种前后贯通、相互交织的学术视野。

---

① 《校闻·本校丛书第十一种已出版》,《国专月刊》第2卷第1号。

杨铁夫：

『彊村衣钵晚年强』

　　1934年，无锡国专校长唐文治先生聘请杨铁夫来校任教。杨铁夫和唐文治生于同年，这一年，两人都是七十岁。

　　杨铁夫（1865—1943），名玉衔，字铁夫，以字行，广东香山人。杨铁夫青年时曾就读于广州广雅书院，1901年考中举人，翌年由两广总督陶模以官费派赴日本东京弘文书院留学，学成后归国。1904年，杨铁夫考授内阁中书，不久后襄办两广学务，以功授广西镇安知府，后挂冠而归。民国初年，先后旅欧和旅居新加坡。归国后，襄办广东水灾赈务，以功授揭阳知事，因事引归。遂充香港、上海诸校讲习，曾任宁波市政府秘书科员兼图书馆馆长。

　　1934年，杨铁夫应聘担任无锡国学专修学校教授，唐文治在《茹经先生自订年谱》中记："教员常熟徐君管略名景铨在锡寓病卒……而教员陈君天倪又辞职赴粤，爰先后聘湖南刘君柏荣名朴、广东杨君铁夫、本校前毕业生钱生仲联名萼孙分任教科。"无锡国专一些年岁较长的教员，在前清时曾参加过科举考试，其中陆景周是廪生，陈衍、杨铁夫是举人，唐文治是进士。当时一些私立大学及中学的教职员名录上，对于国文教员往往以"清举人""清贡生""清附生"等名目作为一种学历，但校长唐文治不主张这样做，所以无锡国专的教职员名录上没有注明这些。

　　杨铁夫在无锡国专任教，讲授的是文学概论、词学等课程。1935年下学期，无锡国专施行导师制，由各学生兴趣所近，自行签名，选择教授为课外导师,其中杨铁夫担任词学导师。

1934年,为庆贺唐文治七十寿诞,胡端行、张廷金等人发起集资,在无锡五里湖滨之琴山山腰构筑茹经纪念堂。1936年1月4日,茹经堂举行落成典礼,杨铁夫撰联以贺:"位太湖惠山之交,平分鼋渚烟波、蠡园风月;融新安余姚之界,此是人师邹鲁、学子门庭。"同年,无锡国专举行十五周年校庆纪念活动,印行了《私立无锡国学专修学校十五周纪念册》。该纪念册的"论文"部分收文六篇,分别是陈锺凡《十五年来我国之国故整理》、钱萼孙(仲联)《十五年来之诗学》、杨铁夫《十五年来之词学》、顾实《十五年来之目录学》、叶长青《十五年来之校雠学》和唐兰《十五年来之文字学》。可以看出,纪念册"论文"这一部分的设计安排颇见创意和用心:六篇文章分叙十五年中"国学"各主要领域的演进发展,"十五年"正和无锡国专的办校历史相始终;而六篇文章的作者,多为无锡国专的教师或毕业生,同时又是这个研究领域中卓有成就影响者。其中杨铁夫的《十五年来之词学》分采辑、传记、考索、词笺及词话四个部分,详尽地介绍了十五年来词学研究的进展和成果。

除了当时资料文献中的这些记载之外,对于杨铁夫在无锡国专任教授课的情况,在他自己及同事、学生后来的回忆文字中,涉及甚少。但是在这一时期,他和一些师友撰写、发表了不少诗词作品;从这些诗词作品中,可见"国专人"于课堂授受之外的日常生活内容、生活情景之一斑。下面试采辑二三。

1934年6月25日(农历五月十四日),原曾任教于无锡国专的陈柱由上海至无锡,杨铁夫与国专同仁叶长青、陆修祜、王保誧、钱仲联招宴于无锡公园,陈柱作《杨铁夫、叶长卿、陆景周、王慧言、钱仲联招宴无锡公园(五月十四日)》:

> 故旧欣然共举觞,客情真似柳丝长。盛夸嘉会能三得(原注:陆景周累言今夜之宴可谓得天、得地、得人),敢道吾民仅七亡(原注:见《汉书·鲍宣传》:"上书谏曰:'凡民有七亡:阴阳不和,水旱为灾,一亡也;县官重责,更赋租税,二亡也;贪吏并公,受取不已,三亡也;豪强大姓,蚕食亡厌,四亡也;苛吏徭役,失农桑时,五亡也;部落鼓鸣,男女遮迣,六亡也;

盗贼劫略,取民财物,七亡也。七亡尚可,又有七死:酷吏殴杀,一死也;治狱深刻,二死也;冤陷亡辜,三死也;盗贼横发,四死也;怨雠相残,五死也;岁恶饥饿,六死也;时气疾疫,七死也。民有七亡而无一得,欲望国安,诚难。民有七死而无一生,欲望刑措,诚难。此非公卿守相贪残成化之所致邪?'")。河北关山如瞰匜,江南风月且平章(原注:是日旧历五月十四日,月色甚佳)。消愁况有唐家酒(原注:无锡杨杏泰酒家自得唐师锡以匾额,声明籍甚,锡人名所酿为唐家酒),底事尊前尚慨慷。①

上引诗句"消愁况有唐家酒",作者自注说:"无锡杨杏泰酒家自得唐师锡(按:"锡"同"赐")以匾额,声名籍甚,锡人名所酿为唐家酒。"由此可知,无锡杨杏泰酒家所酿之酒因唐文治写赐匾额而得名"唐家酒"。"唐家酒"之外,无锡国专学生吴雨苍在一篇文章中也记到当时有"唐蔚芝酒",不知两者是否为同一种酒:"有次安徽同乡会举行酒会,黄源澂同学平日并不饮酒,他听说沽的是'唐蔚芝酒',于是欣然衔杯。放假回家时,他还特地买了两瓶带走,对唐校长的崇敬是与众不同的。原来,当时无锡市场有一种'唐蔚芝酒'出售,和绍兴黄酒色味差不多,略较花雕为淡。据说是用惠泉(天下第二泉)水酿造,为唐校长所爱饮。宴客习用,于是'唐蔚芝酒'的名声,不胫而走。无锡大市桥章万元、迎宾楼、万福兴等酒店都有沽卖。同学间有好饮的,亦多沽'唐蔚芝酒'为文社、诗会助兴作乐。"②

杨铁夫任教国专期间,一段时间觉得菜蔬的味道过于清淡,便想向同事冯振讨要一些豆豉以佐餐,讨要的方式是写一首诗,题为《呈振心先生乞豆豉》:

阳朔看山已卅载,幽椒盬豉饫昭州。迩来蔬笋嫌清淡,许惠家乡风

---

①陈柱:《杨铁夫、叶长卿、陆景周、王慧言、钱仲联招宴无锡公园(五月十四日)》,《学术世界》1935年第1卷第3期。
②雨窗(吴雨苍):《师门五记》,《太仓文史资料辑存》第3辑。

味不？①

广西昭平县（古代曾属昭州）的黄姚豆豉是名品，冯振是广西人，来无锡任教、生活，当是带了一些家乡的风味品，所以杨铁夫有向其讨要豆豉之举。这本是一件极不起眼的寻常小事，但一入于诗，便使平常生活小事也平添了几分风雅、几分诗意。

1936年4月，无锡国专学生崔龙撰成《唐茹经先生政治学》，唐文治乃将自己早年写的"万言疏稿"手迹赠给崔龙。崔将此手迹装池珍藏，并广征师友题跋。当时，无锡国专教师及社会名贤如王清穆、钱仲联、王保諲、朱颂韩、单镇、喻长林、叶尔恺、陈夔龙、冯振、曹炳麟、孙昌烜、吴汉声、唐兰、章松龄、史悠端、张一麐、张丕俊、汪曾武、刘燕翼、杨志濂、杨寿柟、赵熙、沈保宜、李根源、邓春澍、商衍鎏等人皆有诗文题跋②，杨铁夫亦题词一首：

> 元气护，涕洟垂，洛下又峨嵋。厦倾犹有万言支，廪不太仓靡。
> 土寒蝉，朝杖马，松柏挺风姿。岁寒知我已迟迟，何况没人知。③

1936年6月，无锡国专第十五届学生毕业，毕业的学生中有陈松英。陈松英是曾任教于无锡国专的陈柱的长女，毕业时以纪念册请老师杨铁夫题字留念，杨乃题《倾杯乐·陈松英世女侄，柱尊先生之女公子也，毕业国专，以手册索题，为书此解》词一首：

---

① 杨铁夫：《呈振心先生乞豆豉》，《国专月刊》第3卷第1期。
② 光绪二十年（1894）十一月，李鸿藻、翁同龢俱入掌军机，唐文治写成《请挽大局以维国运折》，折中共条陈十二事，其中"时势之最为切至，而急于施行者"有八事，"今我中国之用兵者""急于施行者"有四事。稿成后，翁同龢、沈曾植深加叹赏，京中诸友亦均传诵此文，但"惜两行痛泪，无补时艰也"。这篇《请挽大局以维国运折》，人称"万言疏稿"。按：万言疏稿的题跋卷今藏无锡博物院。
③ 杨铁夫：《喜迁莺·崔龙弟以太仓尚书万言书手稿卷索题，漫成一解》，《学术世界》第2卷第1期。

杨铁夫著《梦窗词选笺释》封面书影

山川盘郁，林峦胜处毓英雄。有时间气偏钟。博得头衔不柿，盐白撒寒空。陌井珠双角，脂粉香浓。　惠泉九龙。洗清思更玲珑。况济南经舍，博士家风。南楼在望，想老人英俊少年同，生女好，奚羡黑熊。①

陈松英毕业后不久，和同班同学沈讱结为夫妇，杨铁夫又作《贺新郎·沈讱、陈松英结婚志庆》以贺之：

佳话登科小。美少年、洞房花烛，帐前微笑。草草良缘多成恶，郎心侬心未晓。最难得、相当才调。叶底双虫喁喁语，吐春丝，谱绣鸳鸯料。红线系，三年了。　西溪模范从来好。碗齐眉、相庄授受，伯鸾德曜。仁学讱言惟山乐，寿与乔松共老。旁莫妒、双栖文鸟。两处相思今朝诉，嘱东明、漫许鸡人报。恩共爱、两心照。②

———————————

①杨铁夫：《倾杯乐·陈松英世女侄，柱尊先生之女公子也，毕业国专，以手册索题，为书此解》，《学术世界》第2卷第1期。

②杨铁夫：《贺新郎·沈讱、陈松英结婚志庆》，杨铁夫著《抱香室词集外稿》。

1936年夏,杨铁夫辞去无锡国专教职南归,离校时捐赠给学校图书四大木箱,其中有全部《说郛》及《彊村丛书》等,钱仲联为赋《八声甘州·送杨铁夫词丈南归》:

> 记龙山落叶踏清秋,天地两诗囚。算霜灯呼酒,风炉煮茗,此梦悠悠。乐府铁厓高唱,未要国人酬。拂袖南行矣,身世虚舟。　我有离愁千斛,奈临分欲语,黯黯还休。便垂杨韂语,惜别也低头。问从今湖山孤往,有斜阳、谁共赋登楼? 回肠绕,江流到海,又是江流。①

全面抗战爆发后,杨铁夫避地香港。其间,在1941年任香江广州大学、国民大学教授。香港沦陷后返乡。

杨铁夫是一位词人,他在六十二岁时,投"清末四大家"之一的朱祖谋(号彊村)门下学词,所作词后来结集为《抱香室词》,卷首有陈衍题词《浣溪沙·题抱香室填词图》:"北宋词坛最擅场,有如诗律盛三唐,竹垞怎似玉田张。　孤雁茗柯仍入选,太鸿开卷是天香,彊村衣钵晚年强。"末句"彊村衣钵晚年强"云云,正谓其能张乃师之帜。杨铁夫更是一位词学家,著有《清真词选笺释》《梦窗词选笺释》等。在宋代词人中,吴文英词素称难治,而杨铁夫于此用力尤深。1932年,《梦窗词选笺释》初版排印刊行;任教无锡国专期间,杨铁夫继续增订此书,由初版只笺167阕扩增到对梦窗全部词作340阕详加笺释,并易名为《梦窗词全集笺释》,于1936年由无锡民生印书馆印行②。夏承焘在为此书写的序中评价该书"勾稽愈广,用思愈密,往往于辞义之外得其悬解……凡此皆互证明旁通,使原词精蕴挹之愈出,较彊村之笺为尤进矣"③。

---

① 钱仲联:《八声甘州·送杨铁夫词丈南归》,《学术世界》第2卷第1期。
② 杨铁夫在《梦窗词全集笺释》作者自序文末署:"时二十四年仲冬下旬,写于梁溪国学专修院梧柳交荫之楼,时大雪正滋滋下也。"
③ 夏承焘:《〈梦窗词全集笺释〉序》,杨铁夫著《梦窗词全集笺释》卷首,无锡民生印书馆1936年版。

陈衍：『敢言笔力压瀛寰』

　　无锡国学专修学校是一所私立的专科学校，许多年中，办学经费一直非常艰窘拮据。但学校却曾经不惜重金，聘请了一位"诗文学大名家"来校任教，那就是陈衍。

　　陈衍（1856—1937），字叔伊，号石遗，晚称石遗老人，福建侯官（今福州）人。陈衍在父亲陈用宾的课督下，十岁时就读完了《诗经》《尚书》《周易》《周礼》《春秋左氏传》，以及《小戴礼记》始读《曲礼》篇、《尔雅》始读《释诂》篇，打下了深厚的传统文化基础。但他在科举考试中并不如意，屡试不中，一直到1882年才中举。1886年，入台湾巡抚刘铭传幕；1889年，应湖南学政张亨嘉之聘，赴湘任府试总襄校；1890年，应礼部试不第，到上海入江南制造局刘麒祥幕府，兼广方言馆教习。当时张之洞任湖广总督，董理新政，且以经书文章号召天下，闻陈衍之名，安车以征，聘陈衍入幕办理一切新政笔墨，任官报局总纂兼两湖书院教习。戊戌政变后，陈衍改办《湖北商务报》，又兼武昌府立师范学堂国文教习。1909年，陈衍入京任学部主事，兼礼学馆纂修，主持京师大学堂经学讲席。1916年，应福建省省长许世英之聘，总纂《福建通志》，统理全省各县修志事宜。1923年，受聘担任厦门大学文科教授。

　　1931年9月，经由早一年来无锡国专任教的门人叶长青的介绍，唐文治先生聘请陈衍来校担任特约讲师。他后来曾回忆起自己初到无锡、唐文治设宴欢迎的情景：

　　前岁余至江南，太仓唐蔚芝尚书（文治），壬午同年也，长无锡国学院，请余讲学，招饮并侑以昆曲，即席赋呈。蔚老不为诗，哲嗣谋伯（庆诒）和韵云："绝似当年庾子山，江关词赋霸骚坛。欣逢旧雨皆知己，竞逐流霞各尽欢。檀板红牙催玉漏，松云白首挂华冠。秋来风雨虽如晦，尚有豪情赴笔端。"雅切工整，的非易才。余与君尚各有叠韵云。①

　　唐文治在《陈石遗先生墓志铭》一文中曾记："陈先生石遗，侯官诗文学大名家，与余乡试同年，长余九岁，尊之曰先生。光绪中叶，相识于嘉兴沈子培先师座中，其气刚以直，其言辨以晰，其品高峻，不可方物，余心折之，然踪迹犹疏。迨辛未岁，门人叶长青介先生来无锡，佐余主国学专修学校讲席，欢然道故，聚首七年。"②这七年，两位老人惺惺相惜，情谊深挚。1932年1、2月间，"一·二八事变"起，陈衍曾携妻小避兵无锡，借居于唐文治家中，两人于"一角危楼，患难与共，谭论经史，往往莫逆于心，相视而笑"③。1934年的农历十月十六日是唐文治七十寿诞，陈衍撰《太仓唐茹经先生全书总序》以为贺寿之礼，序中称："窃念公（按：指唐文治）长农工商部有年，急流勇退，掌乡邦教育，造就弘远。自少潜心性理之学，治经汉宋兼采，著述已等身，犹复俯焉日有孜孜，动积稿盈寸，不能自休，叔孙穆子所谓三不朽，曾子固所谓蓄道德而能文章，公以一身备之。求之近代，视安溪李榕村相国、桐城方望溪侍郎，盖有过之。"④到了第二年的农历四月八日，是陈衍的八十寿诞，唐文治亦撰《陈石遗先生全书总序》，序云："同年侯官陈石遗先生，今世之松柏也。秉至大至刚之气，有独来独往之概，屹然不为万物所推移，其品诣若崇山之崔巍，不与培塿为类；其诗文若鸣凤之翱翔，非凡鸟所能识。其景仰之者，若江汉众流之朝宗于

---

①陈衍：《石遗室诗话续编（上册）》卷一，无锡国学专修学校1935年铅印本，第17页。
②唐文治：《陈石遗先生墓志铭》，唐文治著《茹经堂文集四编》卷五。
③同上。
④陈衍：《太仓唐茹经先生全书总叙》，《南洋友声》1935年34期，又《国专月刊》第1卷第1期。

海,为百谷之王。"①

无锡国专请陈衍来校任课,报酬据说是每节课银元二十元。据当年的国专学生回忆,其时,别的教授的讲课费一般是每课时二元,而学生每学期的伙食费为二十四元。给陈衍的课酬,相当于一般教师的十倍,这在当时全国各大学中也属罕见。无锡国专在三十余年的办学历程中,办学经费一直十分紧张,但为了请到一位良师,却是不惜重金。在当时,就有人觉得这样的待遇,似乎是太高了些,唐文治则对教职员说:"我所以要聘陈石老,固然是为学生,主要还是为了教师。诸君皆很博学,但无锡一隅之地,不能像北平、上海、南京那样多得贤师友之助。陈石老来我校,可以与诸君奇文共赏,疑义相析。"

据无锡国专第十班第十二届学生张尊五在《三十年代的无锡国专》一文中记:"三十年代初,居苏州的陈衍石遗先生,应唐校长邀请来校讲课,每星期四下午来锡,星期六下午或星期日上午回苏。时陈年已八十,按时到校上课,从不间断,直到1937年8月回福州病逝。"②陈衍以八十高龄,为了讲课,风尘仆仆于两地之间,却仍然孜孜不倦。当时国专为陈衍专门准备了一间教师休息室,国专的通学生也有一间休息室,恰好在陈衍的休息室旁边,学生们时常能看到他,在休息室里除看书外,从未见到他真正休息过。在一次讲课中,他说过这么一句话:"我活一天,我要看一天的书。"上课前在休息室里是如此,晚上在住处同样如此。某天晚上,无锡国专第八班学生陶存煦晋谒陈衍,便看到了这样的景象:"晚抠衣晋谒先生,甫阅《汉书》,斗室之中,群书绕屋,先辈劬学,敬愧奚如?"③

陈衍在无锡国专任教七年,先后讲授过《资治通鉴》、宋诗、要籍题解等课

---

① 唐文治:《陈石遗先生全书总序》,《国专月刊》第1卷第1期、第2期。

② 张尊五:《三十年代的无锡国专》,《江苏文史资料选辑》第19辑,又见《无锡国专在广西》。按:据此文,陈衍是"每星期四下午来锡",则当是星期四晚上住一晚,于星期五及星期六上午上课。无锡国专第十六届毕业生陈其昌在《回忆陈石遗师》(见《碧山吟草》第十四集)一文中则记陈衍"每星期五、六到无锡国专讲课一天半……他从苏州乘火车到无锡,便驱车直达国专的教师休息室",两者所记略有不同,录以备参。

③ 陶存煦著,刘桂秋、刘国芹标点整理:《陶存煦日记》,凤凰出版社2022年版,第187页。

程,听过他课的不少学生后来都曾撰文回忆当年在课堂上受其亲炙的情况。陈衍上课时,讲到得意处,往往背坐藤椅,面向黑板,有时边讲边写,板书皆很精辟(后来由当时也在国专任教的老门生叶长青代为板书)。1931年九一八事变以后,外侮日亟,陈衍讲课时,以古喻今,激发学生的爱国思想。他在讲授南宋、金、元诗及明末清初和近代诗时都注意及此。他讲过不少陆放翁的爱国诗篇和宋遗民诗,其数量远超过其所编《宋诗精华录》上所著录的。讲《资治通鉴》时,指导学生先阅读《通鉴》及《纪事本末》原文,然后评讲,既评人物,又阐明史法。陈衍讲《资治通鉴》不但能背诵原著,连胡三省的注也能成段背诵,这使听课的学生们极为叹服。实际上,他对胡三省的注评价很高,说:"胡三省是古之有心人,宋亡隐居不出,在注《通鉴》时往往抒发爱国思想,对石敬瑭之流大事鞭挞,而对忠臣义士或显或微予以表扬。他用《春秋》笔法为《通鉴》作注,诸君读《通鉴》时要注意及此。"

课堂授受之外,陈衍在课外和学生们也保持着较为密切的交流沟通,答问释疑,点拨引导。1933年,三年级学生徐义、薛玄曗、任谷等九人,希望能多接受陈衍先生的教导,于是征得其同意,择定日期举行拜师礼。仪式很隆重,在图书馆东侧平房内,点了一对红蜡烛,请老师上座,每人向老师作一长揖。教授冯振知道了这件事,也来行礼,请列为弟子。陈衍当时曾写七绝一首叙其事:"弇山吴会英才集,十乱才难仅九人。我有郁林老都讲,葫芦依样却翻新。"其他学生知道这件事后,有几位也想在毕业前向唐文治行拜师礼,唐没有同意,说:"诸生来校肄业,与鄙人师生名分已定,诸教授皆诸生之师,不必再向鄙人行拜师礼。"此事传到陈衍那里,他对薛玄曗等学生说:"唐校长所见甚大,我和诸君多此一举了。"后来陈衍也不再接受学生的拜师礼,学生要问他什么问题,他总是热情接待。1937年夏,无锡国专第十六届学生陈光汉,将自己平时向陈衍请教"古今诗人得失"的有关内容整理成文,以《陈石遗先生答陈光汉诗学阙疑七则》为题,刊于《国专月刊》。七则答疑,分别涉及唐宋诗之分别、学诗入门、东坡诗与山谷诗之不同、学诗之道、东坡诗所以异于江西诗派者、放翁近体诗有无"习气"、遗山之诗因何"短于才气"等问题。陈光汉在文后小记中说："右石遗师答汉阙疑求释七则，持论精深，独有千古。师寿已八十有二，精神矍铄。汉尝侍侧问古今诗人得失，师则循循详述，了无倦意。一灯说法，如参曹洞禅。愧予小子，慧根浅薄，未能悟彻此中三昧耳。"①此外，看到学生诗作之佳者，陈衍还会将其采入《石遗室诗话续编》，以示揄扬之意，如："门人郭则湘与弟则澐，皆无锡国学馆最优等毕业生。郭氏本世家，至乃父同甫薄宦清贫，则湘兄弟充学校讲师，以助家计。则湘曾为松江某署书记。则澐有《寄家兄》云：'岂为莼鲈始薄游，翩翩书记未风流。人生到处应何似，世事如今不自由。浊酒难拼千日醉，新诗每寄百年忧。悬知风雨华亭夜，东屋西头感未休。'清况可想。鄙人常劝其讲求实学，勿多作牢愁语也。"②

陈衍在无锡国专任教，一直到1937年。该年4月，他离开江苏返回家乡福建侯官，不久便因病而辞世。

陈衍是中国近代著名的诗人和诗学大家，也是一位学术大家。陈衍为诗功力深湛，他曾很自负地说自己"卜兆多年文笔山，敢言笔力压瀛寰"③，著有《石遗室诗集》《朱丝词》等，其诗清峻奇峭，风骨高骞，且时时发明哲理。陈衍诗学精博，著述宏富，有《石遗室诗话》正续编、《近代诗钞》、《元诗纪事》、《辽诗纪事》、《金诗纪事》、《宋诗精华录》、《全闽诗录》（补订）、《感旧集小撰拾遗》、《诗品平议》、《诗评汇编》、《诗学概要》和《陈石遗先生谈艺录》等，其用力之深，讲论之勤，成就之大，被誉为"六百年来一人而已"。陈衍论诗，不争"唐宋之正闰"，以为唐、宋诗各有其重要地位，标举开元、元和、元祐"三元"之说；强调学古须"体会渊微"，作诗应是"自家意思，自家言说"，倡导宋人推本唐代诗法而力破余地的创新精神，不废学古而贵在拓宇，然后能取精用宏，自成一家；又以为作诗最忌浅薄无识、标榜别才、不重学养，主张"合学人、诗人之诗二而一之"。

---

①陈光汉：《陈石遗先生答陈光汉诗学阙疑七则》，《国专月刊》第5卷第3期。
②陈衍：《石遗室诗话续编（下册）》卷四，无锡国学专修学校1935年铅印本，第33页。
③陈衍：《葬讫儿讫郊行口号》，陈衍撰、陈步编《陈石遗集》，福建人民出版社2001年版，第393页。

陈衍著《石遗室论文》，无锡国学专修学校丛书之十四

诗艺、诗学之外，陈衍也是一位学术大家。钱基博曾赞陈衍云："学则博闻强记，自经史子集以逮小学、金石、目录，山经、地志，靡所不赅贯，随叩斯应。"①其学术研究的范围，主要有以下几方面：一是经学研究，著有《尚书举要》《周礼疑义辨证》《考工记辨证》《礼记疑义辨证》等，考镜源头，辨证本经，特别注重融会贯通诸经本义，不囿于各家传论之说。二是史学研究，最著名的著作是《通鉴纪事本末书后》，注重阐发义理，不专务于考据。三是小学研究，著有《说文举例》《说文解字辨证》等，前者精研《说文》之例，执其同而绳其异，条理井然，触处皆通；后者就许书原误和历来笺释《说文》的讹误之处，多所辨正。四是地方志研究，总纂有四百六十卷的《福建通志》，发凡起例，颇改旧志门类，卷帙浩繁而记载详赡。

①钱基博：《陈石遗先生八十寿序》，陈衍撰、陈步编《陈石遗集》，第2167页。

陈鼎忠：『岳岳南雍一大师』

在无锡国专历年来所聘请的教授中，有一位是两度受聘，去而复还，他就是陈鼎忠。

陈鼎忠（1879—1968），本字星垣，后改字天倪，湖南益阳人。幼时由父亲陈冰鉴授经，十一岁转从同族陈远续问业。陈远续于制艺之外，兼教读《易》，前后五年，由此粗知经术。后来，陈鼎忠先后进入益阳箴言书院、长沙城南书院学习。1899年考取秀才，后又考入湖南优级师范学堂、省立法政学校学习，逐渐受到民族民主革命思想熏染，又从佛经中悟出平等之说，积极投身于辛亥革命。湖南光复后，陈鼎忠先后担任《长沙日报》《湖南公报》《国民日报》等报的撰述，鼓吹民主与共和。1914年，陈鼎忠和曾运乾同任事于湖南官书局，专意于史学，他们立下宏愿，想要以一二人之力，编撰一部全新的中国通史。后因官书局停办、时局不宁等原因，通史的撰作未能完成，但已经撰成的《通史叙例》被列入南京中国史学会丛书刊印行世，柳诒徵应邀作序，称其"剌乙部之利病，起百王而辜榷，正闰洪纤，罔弗贯串，闳识渊怀，刘子玄所不逮也"[1]。1926年，陈鼎忠应聘执教于东北大学，研究和讲授经学，撰成《六艺后论》，并着手编撰《九经概要》。1929年回湘，受聘担任湖南大学中文系教授兼主任。

---

[1] 柳诒徵：《〈通史叙例〉序》，陈鼎忠著《尊闻室剩稿》下册，中华书局1997年版，第555页。

1933年暑假后，陈鼎忠应唐文治先生之聘请，任无锡国学专修学校教授[①]，讲授《经学概论》《中国文化史》《史记》《汉书》等。唐文治在《茹经先生自订年谱》中称誉陈鼎忠"品行笃诚，学问渊博，著作极夥，真良师也"，无锡国专学生黄汉文后来在回忆文章中记陈鼎忠"完全按照古文学派的说法，深入浅出，师生水乳交融"[②]。那么，来校任教后，陈鼎忠对唐文治校长和校中师生以及无锡这座城市，又是怎样的一种印象呢？在他于1933年11月20日写给儿子的家书中，有这样的一些描叙：

> ……陈石遗老人在本校教《通鉴》，年七十八岁，齿未落，头未白。家住苏州，每星期来此一宿，风雨无间……

> 唐校长工夫，全在一敬字。端坐终日，毫不倾倚，貌极温和，言极恳挚。无论何矜才使气之人，一见即嗒然若丧，足见理学之力甚大。人无智愚贤不肖，未见有非议者，以此知诚能动物，非虚语也。或亦江苏人程度较高之故；若在湖南，恐不能免谤耳。其长世兄谋甫（俞庆棠之夫），余昨日始见之，年三十六岁，而貌娟好如十七八女子，道德、中英文、科学均好极（据人云伊著译甚多），平生未见此人，目亦双盲，但尚能辨昼夜，未如唐校长之甚，不知何故家多患盲，甚可悲也。唐校长全家孝友，独未足异，所异者小孙三数人，十岁教八岁者，八岁教六岁者，以次相传，极合规律，无一轻举妄动。十岁以上即写日记，中多理学语，余见此，恍游于洛、闽之域矣。

> 此校学生皆诚心听讲，貌多醇厚，足见江苏文化，必可重兴。余稍有

---

①吴仰湘、陈先初主编《湖湘文化通史》（第5册）中《陈鼎忠及其〈六艺后论〉》一节记陈鼎忠于1932年秋任教于无锡国专，黄汉文《记唐文治先生》（见《江苏文史资料选辑》第19辑）记陈鼎忠"1934年来校"，皆误。唐文治《茹经先生自订年谱·癸酉（1933年）六十九岁》记"八月开校……请湖南陈君天倪名鼎忠为教授"，《申报》1933年7月18日第16版《无锡国专添聘教授》记无锡国专"本年又添聘前湖南大学教务长陈天倪为史学教授"，皆可证陈鼎忠任教于无锡国专是在1933年秋季。

②黄汉文：《记唐文治先生》，《江苏文史资料选辑》第19辑。

积蓄,当效东坡之买田阳羡也(阳羡即宜兴,田甚美),不欲还湘矣。本校学生,多盛陈其本地胜迹,请余往游。余以本校例不缺课,而游资,学生必欲代出,深恐累人,力辞不往,其诚恳至可感也。

本校原名国学馆,后立案教育部,资格与毕业大学等,章程亦经部修改……

本校钱基博君(兼任上海光华主任,本县人,今秋来任校课)赠余近著二册,甚博而知要,一见订交,情极笃挚;与柱尊兄(大夏大学国文系主任)均以正学导后进……

上海富商,大半为无锡人,丝、茶、纱、面各大厂,弥漫于东南各大都。近年丝纱之利,为日本所夺,故富力大减,然仍为东南之冠,百万以上者甚多。梅园、小矶山、独山为荣家所经营。鼋园王姓,渔庄陈姓,鼋头渚杨姓,各花园所费均不下数十万,而主人皆住沪上,点缀风景,以为文人游宴之所,亦快事也。苏人群谓敝处各资本家有一大功德——热心兴学,多为本校经济校董。

唐校长家无余资,而园林亦颇优美,盖为奉养故也(其封翁民国十四年去世,寿八十六岁。唐校长以民国二年移此)。[1]

陈鼎忠在无锡国专,除了担任正常的教学工作外,还"专职辅导"过一位学生,那就是后来成为著名文献学家、词学家的吴则虞。吴则虞二十一岁时赴无锡,跟从时在国专任教的陈衍、杨铁夫学习诗词。后经陈衍介绍,到苏州晋谒章太炎,被章收为入室弟子,并授字号曰"藕顾"。章氏国学讲习会停办后,又奉章太炎之命,再到无锡国专从陈鼎忠问学。陈鼎忠晚年曾写有一首《赠吴生则虞》,诗题后有作者自注云:"则虞为太炎最后弟子。章氏主讲之苏

---

[1]陈鼎忠:《家书·一》,陈鼎忠著《尊闻室剩稿》下册,中华书局1997年版,第977—979页。按:上引文中,"其长世兄谋甫","谋甫"应为"谋伯",唐文治长子唐庆诒,字谋伯;"(钱基博)今秋来任校课",此说不确,钱基博自1927年起即在无锡国专任教。

州国学院停办后,嘱其转学无锡国专,并函介余,亟称其才之美。则虞博学,于经史诸子无所不窥,无所不精,文思敏捷,万言立就。诗词均佳,奇才也……"诗曰:"湘灵鼓瑟晓峰开,又见飞仙驭气来。天下让三诒至德,世家第一毓高材。渡湖曾听轩辕乐,考史仍登帝子台。犹忆梁溪风雨夜,藏声渊默迅如雷。"①诗的最后两句中回忆的,正是当年吴则虞来无锡国专向自己问学时的情形。

　　1934年秋,中山大学校长邹鲁聘请陈鼎忠担任该校教授兼文史研究所主任,据说待遇高于无锡国专一倍,离家又近。但陈鼎忠在无锡国专任教期间,与校中同仁、学生情谊甚笃,舍不得离开这个学校,心中委决不下。唐文治听说后,对时任校务主任的冯振说:"陈先生下学期可能不来了,热烈举行假期话别会。"话别会上,师生情绪很激动,对陈鼎忠离校他就表示不舍。到了1936年下学期,陈鼎忠再度受聘来无锡国专任教,当时的《国专月刊》有报道说:"本学期新聘教授,有陈天倪先生、李浚清先生、魏守谟先生。陈先生经史文章,淹濡博雅。昔曾掌教本校,深得同学之亲敬,于民廿二年赴粤任中山大学史学系主任职。今岁应校长之敦聘,复来本校,主讲三年级史通、经学概论、经世文选,二年级文化史等课,同学无不以为欣幸云。"②1937年全面抗日战争爆发,陈鼎忠于8月间匆匆返湘。此后曾执教于私立民国大学和国立师范学院。新中国成立后,被聘为湖南省文物管理委员会委员。

　　近代著名诗人、学者陈衍曾有诗赠陈鼎忠:"渊怀晦迹少人知,岳岳南雍

---

①陈鼎忠:《赠吴生则虞》,陈鼎忠著《尊闻室剩稿》(下),第882—883页。按:王明善《无锡国专和陈鼎忠、吴则虞师生》[见顾国华编《文坛杂忆》(全编五)]记:"……不久,章又修书给在无锡国专任教的陈鼎忠先生,年老无力教他,希陈全力辅导,陈又将此事向唐文治校长作了陈述,经过唐校长亲自测试,破格录取吴则虞为陈鼎忠先生专职辅导的学生。"这里说吴则虞是陈鼎忠"专职辅导"的学生,又查无锡国专各届毕业生名录,亦未见吴则虞的名字,似是其并没有取得无锡国专的正式学籍。

②《校闻·本学期新聘教授》,《国专月刊》第4卷第1号(1936年9月15日)。"于民廿二年赴粤任中山大学史学系主任职","民廿二年"应为"民廿三年"。

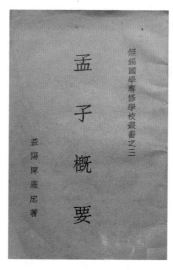

陈鼎忠著《孟子概要》,无锡国学专修学校丛书之三

一大师。三百年来谁抗手,亭林经术牧斋诗。"①现代国学大家张舜徽则在《湘贤亲炙录》一文中说:"陈鼎忠先生……博通经史,尤擅词章……舜徽所见湖湘诸老辈,以才气论,要推先生为最卓。诗文并美,逸气横溢,而典丽实冠一时,特以不自表襮,世人知之者稀耳。"②两人都对陈鼎忠极表推崇。陈鼎忠在学术上最重要的成就是他的经学研究。1948年,他曾在给儿子陈述元的家信中,对自己二十余年的经学研究进行了回顾:"余说经凡三部:一、《六艺后论》及《九经概要》,言经学家之历史及各经之纲领,按经分篇,以考订为主。二、《六艺论衡》,据时代分篇,大约依马肃(骕)《绎史》,文以议论为主,皆余一人之说,其中亦有前人引端未尽其义而余引伸其义者。……三、《六艺微言》,则为性道之言,约六经之旨以成文。余论心性、义理之学,与宋儒大同小异,大

① 陈述元著、蔡川右注:《两间庐诗注》,云南教育出版社1990年版,第151页。陈述元是陈鼎忠之子。

② 张舜徽:《湘贤亲炙录》,张舜徽著《张舜徽学术文化随笔》,中国青年出版社2001年版,第358—359页。

约依明儒湛甘泉之说,益阐其理,而行以文中子《中说》之文……"①说是"凡三部",实际上有四部:《六艺后论》"总论通述历代经学之源流变迁",《九经概要》"分论别著各经之纲领条贯",《六艺论衡》总括经学之要旨,《六艺微言》畅谈一己之体悟。这样,陈鼎忠从述史进而立论,对中国经学史和经学思想作了一番较为全面的梳理。

上述诸书中,《六艺论衡》和《六艺微言》后来未留存于世,《九经概论》只刊行了其中的《孝经概要》上篇、《孟子概要》和《周易概要》,而《六艺后论》则是陈鼎忠经学研究中最有代表性的著作。全书共有二十四篇,依次为开宗明义、载籍原始、宣圣订修、及门绍述、汉儒传授、建学设科、今古争议、谶纬流行、古学大著、通学代兴、承制定经、魏晋易制、南北异学、音学大明、注义画一、宋学变古、朱学穷理、心学末流、清儒复古、改制驳议、孔《传》定谳、异文炫奇、研经方术和儒效引义。通过这样的篇章结构的安排,对历代经学源流作了较为全面的梳理,对历来各家各派治经的得失进行了评判,同时也对中国经学的命运表达了深切的关注。

①陈鼎忠:《家书》,陈鼎忠著《尊闻室剩稿》(下),第983页。

顾实：
名满东南一宿儒

　　无锡国专作为一所专研国学的学府，与当时的"南高—东南学派"有着千丝万缕的联系；而本篇要介绍的顾实，在任教国专之前，即曾为"南高—东南学派"的重要成员。

　　顾实（1877—1956），字惕生，江苏武进人。顾实幼时清贫，随父攻读四书五经，后就学于武进龙城书院，打下了扎实的旧学基础。近代教育学家蒋维乔曾评介顾实的求学经历："顾子惕生自幼耽读群书，先治宋学，继治汉学，治经用高邮王氏、德清俞氏家法，精于小学，实事求是，其博稽载籍，亦非有二法也。"[①]从1902年起，顾实曾先后在常州争存女子学堂、武阳公立小学堂、上海爱国女学校、龙门师范学校和两广优级师范学堂等校任教。1913年，顾实东渡日本，在日本政法学校攻读法律与文学，同时学习多国语言，精通日文，粗识英、法、德文，对俄语、意大利语、西班牙语和拉丁语也有所涉猎。1918年，顾实从日本回国，执教于南京高等师范学校（后改名为东南大学）。1922年10月，东南大学成立国学研究会，后又迭次变更为国学研究所、国学院。顾实作为国学研究会的核心成员，与陈中凡创办了《国学丛刊》，又起草了《国立东南大学国学院整理国学计画书》，提出整理国学的重要性："……故今日整理国学，为当务之急，况凤号世界文明之一源，焉可稍自失其面目哉？"主张"今日

---

① 蒋维乔:《〈重考古今伪书考〉序》，顾实著《重考古今伪书考》卷首，山西人民出版社2014年版。

国学之范围,当注目于用中国语言文字记录之书。不独中国旧有书籍遗落他邦者亟当收回,凡他邦人如近则日本、朝鲜、越南,远则欧、美诸国,有用中国语言文字记录之书,亦当在整理之列"①。这一时期,顾实撰作了为数颇夥的国学论著,成为"南高—东南学派"的重要成员。1925年以后,又转上海沪江大学任教。

1935年上学期,顾实应聘至无锡国学专修学校任教,讲授中国文学史、中国文化史等课程。当时的《国专月刊》对此进行了报道:"本校本学期因刘柏荣先生辞职回湘,改任国立湖南大学教授,故新聘顾先生来校担任文化史、音韵学、尔雅、史通、管子等学程,兹已到校上课矣。按:顾先生,武进人,历任国立东南、私立沪江各大学教授,现兼任上海正风文学院、南京首都女子法政讲习所特约讲座云。"②

顾实到无锡国专任教后不久,商务印书馆《教育杂志》发起向全国学界专家征求对读经问题的意见。1935年5月10日,商务印书馆《教育杂志》第25卷第5号出版,这一期即是关于读经问题的专辑,共刊发了七十余人的意见。这些意见被该刊主编何炳松归为三大类:一是绝对的赞成者;二是相对的赞成者,同时亦可称为相对的反对者;三是绝对的反对者。无锡国专校长唐文治和当时在国专任教的钱基博、顾实都就此问题阐述了各自的看法,三人都被归为"绝对的赞成者"。"顾实先生的意见"引述了孙中山《三民主义》中的五段文字,说"以上五条,皆是中山先生《三民主义》中之煌煌明训,有关于读经问题,不但无害于民主政体,并且有裨益于民国今后之强盛,绝对无可置疑。正是上自政府,下迄民间,人人应当绝对恪遵者";至于"读经施行之细则",作者认为"中山先生极推重孔、孟二子,及《大学》《中庸》《礼运》三书,皆以适用古

①顾实:《国立东南大学国学院整理国学计画书》,《国学丛刊》1923年第1卷第4期。
②《校闻·本校新聘顾实先生为教授》,《国专月刊》第一卷第一期。按:上引报道中说顾实"来校担任文化史、音韵学、尔雅、史通、管子等学程";张尊五《三十年代的无锡国专》一文(《江苏文史资料》第19辑)则记:"……1934年以后,又有常州顾实(惕生)讲中国文学史、文学批评史等课。"

本古注为宜"。十三经中有关物质组织方面及精神生活方面者,亦宜选择而读之,"惟以普及为难行,仅有中等专门以上之学校为相宜耳"。①

上文提及,顾实在无锡国专授中国文化史课程,据当时的国专学生回忆,顾实在课上经常抵斥宋学:"抨击宋儒的空谈贻误,招致历史上两次亡国惨祸,结论是吾国祖先历来就注意'有文事,必有武备',只谈精神文明,忽视物质力量,在今天世界上,决难生存下去。那时日本侵占东北后,又进窥华北,国民党政府着着退让,而乞怜于国联及九国公约的主持公道,这些议论,显然不是空发的。"②校长唐文治本人治学以宋学为主,但在办学过程中,对不同的学术流派、学术主张兼收并蓄,对顾实课堂上抵斥宋学体现了一种非常开明的态度。体现唐文治开明态度和宽阔胸怀的还有一件事:国专教师叶长青在无锡国专学生自治会主办的《国专月刊》上连续刊载《汉书艺文志问答》,顾实认为是针对他的《汉书艺文志疏证》的,有些情绪。于是他把自己写的《中庸郑注讲疏》交给学生,要求发表,其中有些地方和唐文治的观点有所不同,他自己事先也作了说明。学生把文稿送交陆修祜,陆问唐校长是否要读几节听一听。唐说:"不必了,原稿照登。"顾实闻知此事后,大为感动,对陆修祜说:"中央大学将我解聘,而唐校长能聘我,我佩服他是伯乐,能用人之才。今天我更佩服唐老有容人之量。"他还曾对人说:"唐老能容鄙人,雅量不可及。"

对于顾实在无锡国专任教的情况,国专第十六届学生陈其昌在《名满东南一宿儒——回忆顾实先生》一文中有很翔实的记叙,限于篇幅,这里仅摘引一些片段:

> ……其中有位顾实先生,是我永远难忘的恩师。每一想到他,他那魁梧的身材,圆圆的脸庞,戴着一副圆圆的玳瑁眼镜,穿着一身又宽又大的布长衫,虽然有些不修边幅,但总令人感到他非常端庄而又慈祥的形

①顾实:《顾实先生的意见》,《教育杂志》1935年第25卷第5号。
②金易占:《无锡"国专"与唐文治》,常熟市政协文史资料研究委员会《文史资料辑存》第6辑。

象又出现在我的眼前。……我在国专一年级时,先生刚应聘来校任教,当时先生每周从南京乘车来锡,在校住两三天,授课完毕,即又返回南京。先生教的都是高年级课程,我们一年级同学听不到他的课。后来他应校内师生的请求,在课外开设讲座,讲的是他的成名著作《穆天子传西征讲疏》一书的内容。……到了二年级,我开始听到顾先生的课。顾先生讲授中国文化史和声音学两门课程。中国文化史的教材是先生自编的讲义,他讲文化史非常生动有趣,我们都很欢迎,但具体内容已记不清了。至于声音学这门课程,用的教材是司马光的《切韵指掌图》和先生自编的讲义。……我在三年级的时候,当时的教室在二楼,教室的斜对面恰巧是先生的休息室,这学期先生开讲的是《史记》,由于近水楼台的关系,平时在课余我常去看望先生,并请教课业上的一些问题。先生勤于著述,我经常看到他在室内埋头写作,遇到需要思考时,常在室内踱来踱去,待思考成熟后,又继续坐下写作不辍。[1]

课堂授受之外,顾实于学生的课外补习、论文指导、学业研修等方面也投入了不少的精力和时间。1935年4、5月间,顾实在课外义务为学生开设日文课程,听讲者有百人之多。开设此课程的用意,是因为日本帝国主义者步步深入,侵犯我国的主权与领土,所以顾实提出"知己知彼,百战不殆",必须学日文。到该年下学期,"以基础法学为国民应具之常识",顾实又于导师课时间,为学生加授法学课程。1939年3月,无锡国专各教授拟定了本年度毕业生毕业论文的推荐选题,共有十二题。顾实大概是觉得十二个题目给学生的选择余地太小,又一口气另拟《东方德治主义之文化与西方法治主义之文化论》《中国秦汉以后之下层人民教育论》等二十个题目,以方便"毕业同学咸各就其学者所长,性之所近,择一而作"。无锡国专学生张怀民,在校时对《公孙龙

---

[1]　陈其昌:《名满东南一宿儒——回忆顾实先生》,无锡国专专修学校上海校友会编《国学之声》总第26、27期。

疏影：《记顾实》，刊《新无锡》1935 年 3 月 4 日

子》有较为深入的研究。顾实此前写有《公孙龙子通诂》，稿藏箧中，未遑整理刊行。当他知道张怀民在撰作《公孙龙子斠释》一书时，便把《公孙龙子通诂》的稿本全部给了张，让他将其中相关的内容排比采入书中。《公孙龙子斠释》印行时，顾实作序，序中说："余谓怀民才弱冠，英年好学，于诸生为最少，将来所造，未可限量。"[1]对自己的学生多所奖掖勖勉。

顾实之为人，学问渊深，而个性特异，行为"古怪"，他曾为自己治印一方，曰"江南顾怪"。当时的报刊对此多有报道。在无锡国专任教时，无锡的报纸也有过人物特写，专记其"古怪"的行径：

国专教授武进顾实氏，亦当代有名之国学大师也。其为人古怪类章太炎，而落拓过之。近见渠上课时，黄色破绸棉袍上，罩一黑单布衫，而棉袍之袖口，反长过罩衫，破旧污秽，与罩衫同（氏以青布为古代囚服，向不穿着）。头戴小帽，外套罗松帽，颈围绒巾。开讲时，初则发音甚低，继则渐讲渐得劲，声音亦遂之而高亮，于是去巾，去罗松帽，终则并小帽亦

①顾实：《〈公孙龙子斠释〉序》，张怀民著《公孙龙子斠释》卷首，商务印书馆 1937 年版。

去之,而额上热气腾腾矣。顾氏前曾担任第三师范教员,喜臧否人物,有惟我独尊一切皆非之概。……余尝思氏倘与章太炎同居一室,倔强古怪,针锋相对,不出三日,必至互相挥拳也。①

全面抗日战争爆发后,顾实不再在无锡国专任教,流离播迁,辗转来到重庆,供职于战争爆发后迁校到重庆的中央大学和复旦大学,并将自创的中华国学社也迁到了重庆。抗战胜利后,顾实回到南京,创办育神学院,并将中华国学社迁回南京。新中国成立后,在南京中华三育学校任教,后又被聘为南京文史馆馆员。

顾实治学,兼涉史、子、集三部,著述已刊行者有《汉书艺文志讲疏》《穆天子传西征讲疏》《墨子辨经讲疏》《庄子天下篇讲疏》《大学郑注讲疏》《中庸郑注讲疏》《论语讲疏》《杨朱哲学》《中国文字学》《说文解字部首讲疏》《六书解诂及其释例》《重考古今伪书考》和《中国文学史大纲》等。顾实注重从学术史的角度来审视先秦典籍,注重将每部著作的研究对象放在当时学术史的大背景下予以宏观把握。在宏观把握学术史的基础上,来对所研究的某种哲学思想或某部典籍进行定位,再综合运用目录、版本、校勘、辨伪、文字、音韵、地理等方面的知识,寓宏观于微观之中,得出较为准确而令人信服的结论。

①疏影:《记顾实》,《新无锡》1935年3月4日。又止令《怪教授列传——顾实》一文(《辛报》1936年9月6日)也叙及顾实任教无锡国专时的一件"古怪"之事:"前年他任教于无锡国学专门学校,笑话更多。某次他半夜里大敲上课钟,同学都惊醒起来,不知何事。他则从容地对大家说,日间功课未曾讲完,这时要补教,同学只得随他走入教室。"

夏承焘：一代词宗数瞿髯

　　1937年，在无锡国专就读的陈光汉写信向杭州之江大学教授夏承焘请教有关诗学的问题，夏回信作复。两年以后，夏承焘成为了无锡国专沪校的任课老师。

　　夏承焘（1900—1986），字瞿禅，晚年改字瞿髯，浙江温州人。夏承焘六岁时随大哥就读于蒙馆，课余时间曾到布店学习商业。十四岁，考入孙诒让创办的温州师范学校，潜心于古籍之中，绝大部分自修时间，都用于读经史诗文，"十三经"除《尔雅》之外，都一卷一卷地背过。1918年，从温州师范学校毕业，任教于永嘉县立任桥第四高等小学。1920年，赴南京高等师范暑期学校，先后听了胡适、郭秉文、梅光迪等人的课。1921年，任梧埏永嘉县立第三高等小学校长，此后曾先后担任西安中华圣会中学、陕西第一中学、西北大学、瓯海公学、温州第十中学、温州女子中学、宁波四中、严州九中和杭州之江大学的教职。

　　全民族抗战爆发后，之江大学由杭州迁到上海租界，夏承焘仍在该校任教，并兼任太炎文学院和无锡国专沪校的课务。

　　在无锡国专沪校兼课之前，夏承焘与无锡国专的一些教师、学生，如杨铁夫、陈光汉等人，就有过不少学术上的联系交流。1935年冬，他为时在无锡国专任教的杨铁夫的《吴梦窗词笺释》作序，评价该书"勾稽愈广，用思愈密，往往于辞义之外得其悬解……凡此皆互证明旁通，使原词精蕴挹之愈出，较彊村之笺为尤进矣"①。1936年6月23日，夏承焘收到杨铁夫寄来的《私立无锡国学专修学校十五周纪念册》，该册中所收陈锺凡《十五年来我国之国故整理》一文中记"言词律者……夏承焘有《白石道人歌曲考证》《白石道人歌曲旁谱辨》"；钱仲联《十五年来之诗学》一文评夏承焘之诗"永嘉夏瞿禅（承焘）治词曲之学，与立厂（按：指唐兰）为同调，诗笔秀夐，入宋贤高境；致力于山谷尤深，亦浙派中后起之彦也"；杨铁夫《十五年来之词学》一文列举了夏承焘所撰的七种唐宋词人年谱后说"（夏承焘）诗词所造甚深，对于词人仕履，考据极详，引证极博，自来为年谱者俱逊之"。三篇文章对夏承焘都有较高的评价，这自然是一件让人高兴的事，所以他在日记中记道："铁夫寄来《无锡国学专修学校十五周纪念册》，有陈锺凡《十五年来我国之国故整理》、钱萼孙《十五年来之诗学》、杨铁夫《十五年来之词学》，皆提及予，钱、杨尤过誉。"②除杨铁夫之外，夏承焘与时在无锡国专就读的陈光汉（字雁迅）也很早就有较为密切的往来交流。1937年农历五月，陈光汉将夏承焘写给自己的论诗学的书札检出，刊发在《国专月刊》上，书札中谈及对钱仲联《人境庐诗草笺注》的评价、唐宋诗"诗品"之不同等问题，并就应如何研治古代诗学，对陈光汉进行点拨："……少年治学，须大处落手，万勿耗精力于琐细，此弟平生之大悔，前劝熟读杜诗，亦即此意，计我兄不以为河汉也。"陈光汉在此书札后的附识中说：

> 右瞿禅先生与汉论诗学书一通，精核之论，深中窍会，而属望于汉者尤殷。先生教授之江大学有年，诗词工力至深，著述甚富，此书亦可见其论诗宗旨之一斑。惟汉频年负笈，寄迹江南，未能日侍左右，时得请益耳。谨将原书付刊，用饷学者。丁丑夏五陈光汉谨识于国专。③

---

① 夏承焘：《〈吴梦窗词笺释〉序》，杨铁夫著《吴梦窗词笺释》卷首，广东人民出版社1992年版。
② 《夏承焘集》第五册《天风阁学词日记（一）》，浙江教育出版社、浙江古籍出版社1998年版，第453页。按：后文引用《天风阁学词日记》的内容皆为同一版本，不再一一注明。
③ 夏承焘：《论诗学与陈光汉书》，《国专月刊》第5卷第5期。

全民族抗日战争爆发后，唐文治先生率领无锡国专师生迁校广西桂林。1938年6月底，唐因年迈体弱且水土不服，向国民政府教育部请假回上海；江浙一带的一些没有随迁桂校的国专学生闻讯后，纷纷表达了希望在上海复校的愿望。经过筹划准备，1939年3月3日，无锡国专沪校正式开校上课。黄汉文《记唐文治先生》一文中记："这时各校都已开学，而且是春季招生，所以报考者并不多。教师有唐校长、王蘧常、陆景周、张世禄、夏承焘、郝立权等八人，学生有五十九人。"实际上夏承焘应聘到国专沪校兼课，是在开校上课一个多月以后。而在此之前，他已频频到国专沪校去旁听唐文治等人的讲课和讲座。据《天风阁学词日记》记载，他在1939年3、4月间，曾三次去国专沪校听唐文治讲《论语》："（1939年）3月6日，……午后一帆、心叔来，同过无锡国学专修学校听唐蔚芝先生讲《论语》，已七十五岁，双目尽盲，犹扶持来讲学，诚所谓以身教者。五时归，辄觉即事多欣。久不闻义理之言，沉湎于琐碎考证中。得此激醒，无殊天国乐土也。""3月13日，心叔夫妇来，同往无锡国专听唐蔚芝先生讲《论语》。""4月3日，……天五来，约一帆来，同过无锡国专听唐蔚芝先生讲《论语》。"除了正常课程之外，无锡国专沪校还开设了星期特约讲座，夏承焘于4月16日去听吕思勉讲"大同释义"；4月23日，则是他自己讲"唐宋词演变之背景"。

夏承焘正式受邀在国专沪校任教，是在1939年4月10日。此前的4月7日，他接到了国专沪校教务长王蘧常邀其任教的来信。4月9日，他一早前往国专沪校，见到了王蘧常、胡朴安两人（胡朴安这天应邀来国专沪校开讲"星期特别讲座"，讲题为"儒家学说之缘起及其完成与变迁"），与王蘧常排定授课时间，每星期三讲文学史三小时，每星期五讲韵文选两小时。4月10日，夏承焘在国专沪校第一次正式授课，到6月14日，本学期课务结束。暑假中，又讲了六个星期的"暑期课"。这期间，夏承焘觉得在之江大学、太炎文学院和国专沪校同时任课，课务太多，影响了自己的研究工作，便想要辞去太炎文学院及国专沪校的课，俾能专心著述，有所成就。缘此故，8月14日，他去国专沪校上暑期课时，顺便送还了下学期的聘书；但第二天，王蘧常又将聘书送来，友情难却,夏承焘只好接受。此年下学期的课上到10月份,夏承焘因父亲病重,回温州探视,请陈蒙庵代国专沪校课务,他在国专沪校的任课就此结束①。

夏承焘在国专沪校任教的时间并不长,但他在任教期间,以及在任教结束之后的许多年中,与国专沪校的师生仍多有往来交谊、学术研讨,教师中有唐文治、王蘧常、钱仲联、朱大可等,学生中有严古津、柳子依、杨向时、吴雯等。限于篇幅,这里只举二例,一是夏承焘与国专校长唐文治先生,一是夏承焘与国专学生吴雯。

前文叙及,夏承焘在前往国专沪校正式任教之前,便多次去听唐文治先生讲《论语》,听后"辄觉即事多欣,……无殊天国乐土也";到了1940年、1941年,在他的《天风阁学词日记》中,还频频出现与唐文治相关的记载,如1940年8月2日记:"夕,与雨文谈,谓唐蔚芝先生读《出师表》,能令人下泪。念中国文字不但诗歌有音乐性,古文品格尤高,其音乐性更微妙。故前人修学者但能读文,可不必习乐。"8月25日记:"阅唐蔚芝先生《诗经大义》,论诗旨甚好。"1941年11月12日记:"上午往无锡国专听唐蔚芝先生读古文,携书倾耳者共四五百人,有高攀屋壁者。"到了1942年8月,汪伪南京政府"教育部"强行接管上海交通大学,并派人劝说唐文治出任伪交大董事长(一说是就任校长),并要挟他签字同意,唐文治从容作答:"行年七八十,此字可不签矣!"夏承焘一直要到1975年才闻知此事,为赋《南乡子》一阕,以颂赞唐文治先生的节行:

> 乙卯秋,遇鲍正鹄君于北京,承告唐茹经翁节行:抗战时日军占上海,欲邀翁出任交通大学伪董事长,胁翁签字。翁生计方窘,顾从容答曰:"行年七八十,此字可不签矣!"拂袖不顾。余因忆希腊西塞罗语:凯撒欲杀一老人,老人不屈,问其何倚何恃,曰:倚我年老。余因名此阕曰

①1943年,无锡国专代校长冯振又曾邀请夏承焘到国专桂校任教,但夏没有受邀前往。《天风阁学词日记》1943年5月23日条下记:"接冯振心桂林穿山无锡国学专校函,邀予下期往教,月薪七百元,白米百市斤,路费一千五百元,现有校址三百余亩,校舍十余座,学生二百余人,分八班云云。"

夏承焘《南乡子》

倚老吟。

龙血战玄黄,初见江楼鬓已苍。(原注:龙血玄黄:《易经》:"龙战于野,其血玄黄。"江楼句:抗战期间,茹经翁在上海创办无锡国学专修学校,聘作者为兼任教师)摸索能知人几许,仓皇,别语匆匆未敢忘。(原注:摸索句:茹经翁久失明) 晚节挺风霜,饘粥生涯歌慨慷。惊倒胡儿三两语,光芒! 合向坟头篆数行。

吴雯是夏承焘同乡兼好友吴鹭山的胞妹,夏与吴氏兄妹的交谊十分深厚,吴雯1939年就读于国专沪校,就是由夏承焘所介绍。在《天风阁学词日记》中,记及吴雯的内容很多(日记中吴雯又常写作雨文、予闻;吴雯后改名吴闻,又常署无闻、吴无闻),有记夏承焘夫妇相继患病时,吴氏兄妹对他们的奔波照顾;有记夏承焘对吴雯学业上的指授点拨;有记吴雯为夏承焘担任学术助手。到了1973年,孀居的吴雯成为夏承焘的继配夫人,编辑印行了夏承焘的诗集、词集和多部词学著作,如《天风阁诗集》《天风阁词集》《瞿髯论词绝句》《月轮山词论集》《域外词选》《金元明清词选》《唐宋词论丛》《天风阁学词日记》等。

1942年上海沦陷,夏承焘携眷入雁荡山,不久后出任浙江大学龙泉分校教授;抗战胜利后返杭州,仍任国立浙江大学教授。新中国后,任浙江大学、杭州大学中文系教授。夏承焘一生孜孜矻矻,专务于词学研究,是现代词学的开拓者和奠基人。主要著作有《唐宋词录最》《唐宋词人年谱》《唐宋词论丛》《唐宋词选》(与盛静霞合注)、《词源注》《月轮山词论集》《唐宋词欣赏》《读词常识》(与吴熊和合著)、《龙川词校笺》《放翁词编年笺注》(与吴熊和合作笺注)、《姜白石词编年笺校》《金元明清词选》(与张璋等合著)、《天风阁学词日记》《瞿髯论词绝句》《夏承焘词集》《天风阁诗集》等。夏承焘的词学研究,承晚清词学复兴之余绪,借鉴现代科学的研究方法与理念,结合他本人深厚的传统学养与扎实的考订功夫,以毕生之力,在词人年谱、词论、词史、词乐、词律、词韵以及词籍笺校诸方面都取得了突破性的成果,构筑起超越前人的严整的词学体系,拓展了词学研究的疆域,提高了词学研究的总体水平,被誉为"一代词宗"。

周予同：
『廓清旧日思想之途径』

　　1935年，商务印书馆《教育杂志》社曾发起全国学界专家对读经问题的讨论。在七十几位参与讨论的专家学者中，无锡国专校长唐文治是读经的"绝对的赞成者"；有意思的是，另一位后来曾任教于国专沪校的经学研究专家周予同却是读经的"绝对的反对者"。

　　周予同（1898—1981），原名毓懋，学名豫桐，字予同，以字行，浙江瑞安人。周予同出生于前清的一个廪生家庭，家境贫寒。十五岁入瑞安县立中学校，开始接触到中国古代文化方面的书籍，当时的国文教师中有一位是北京大学教授陈黻宸的学生，于旧学颇有修养。这位老师选授《诗经》《尚书》《庄子》《文选》等，对周予同颇有启发，并引起他对古文的兴趣，他曾与同学组织小组，自学古籍和诗词，相互深入探讨。1916年秋，周予同以第一名考入北京师范大学国文部，老师中如钱玄同、马裕藻、朱希祖等，都曾师事章太炎，颇得章氏学问；尤其是钱玄同，对周予同的影响更大，他后来致力于经学研究，便是在这个时期打下的基础。此外，这一时期因受到科学与民主的新思潮的影响，周予同对研究社会问题，也发生了强烈的兴趣。1921年，周予同入商务印书馆国文部，编辑国文教科书，后又继朱元善任该馆《教育杂志》主编，从事教育学的研究。1925年，撰写《经今古文学及其异同》一文，开始把研究重点转向中国经学史。1933年到1935年，周予同在安徽大学任教，并兼任中文系主任、文学院院长；1935年到1941年在上海暨南大学任教，兼任史地系主任、南洋研究馆主任、教务长。

1939年3月,由广西桂林回到上海的唐文治先生办起了无锡国专沪校。学校先是借康脑脱路(今上海康定路)通州中学作为校址,到此年秋,又迁到上海戈登路(今江宁路)336号,借用稽山中学上课。除原有教师外,又聘请周予同、葛绥成等人为兼课教授,周予同讲授经学概论,葛绥成讲授中国地理。

周予同在国专沪校讲授经学概论,极受学生欢迎,受业学生如黄汉文、胡子远、陈祥耀和汤志钧等人后来都对此有所回忆①。黄汉文在《记唐文治先生》一文中记,周予同是很受学生欢迎的教授,高年级同学常到黄汉文所在的班上来旁听。周予同让学生买四本参考书,其中一本是他自己写的《经学概论》。但他并没有照书本讲课,而是先讲两个导言:一、经学与现代中国文化的关系;二、经学与其他学科。在讲现代中国的社会属性时,先列举了"次殖民地""半殖民地""资本主义""半封建半殖民地"四种说法,然后下结论:"最后一种说法最恰当。"他在评介孔子在历史上的地位时,非常风趣地说:孔子在政治上是失败了,但在文化史上留下了宝贵的业绩。作为一个政治家太老实了,所以所遇不合;但他却是不老实的历史家,他的《春秋》(假如传下来的《春秋》真是他的原本),是一本政书,不是一部信史。他又说:"章学诚说'六经皆史',我不能完全赞同,还是作一些修改的好,就说'六经皆史料'吧。"他分析了当代的汉宋今古文学派,又讲了这几派对现代学术界的影响。有一学生问周予同自己属哪一派,他说自己是"非汉、非宋、非古、非今的'超经典派',属于新史学范畴"。黄汉文进入国专,第一堂课没有听到"中国传统文明",而是打开了眼界,以后对新事物比较容易接受,应该归功于老师周予同的教导。黄汉文后来又听陆修祜谈起,当时曾有两位学生家长写信给唐文治,认为像国专那样的学校,不能容忍周某在课堂上"大放厥词"。陆修祜乃奉唐文治之命,有意无意地向同学们了解几位新教授的讲课情况,对于周予同的情况问得特别仔细。唐校长听了他的汇报后,毅然表示:"我们学校正需

---

① 陈祥耀和汤志钧对周予同授课情况的回忆,参本书中《陈祥耀:"有才有度,渊渊万顷"》《汤志钧:父子两代出唐门》两篇。

唐文治撰《送周予同先生赴台湾序》,《茹经堂文集六编》卷三

要周予同先生这样的教授。"①

胡子远则在回忆文章中记叙了当年周予同担任国专沪校学生社团——史学研究会导师的情景。史学研究会以研讨历史、发扬爱国主义为宗旨,参加的学生有黎民、章品镇、吴闻、王馥荪、陆心国、汤志钧、顾小岚和胡子远等人。研究会敦请王蘧常为顾问,王亲为题字,后制成"史学研究会"图章;又聘请吕思勉、周予同、周谷城等人为导师,轮流作讲座。当时物价暴涨,孤岛生活水平尤其高,教授们收入不多,生活清苦,常要在几个学校兼课。但是,这些导师不仅挤出休息时间为学生义务作讲座,而且还自己出车钱,远程赶来上课。研究会成员还"予取予求",有时就迫切需要的知识,自己出题请导师作专题讲座。胡子远印象最深的,是章品镇拟了《三十年来的文艺思潮》,请周予同主讲。事后,周予同笑着对胡子远说:"你们出的'试卷'好厉害,使我准备了两天!"由于周予同亲身参与了"五四"运动及以后的斗争,故此次讲座深刻生动,精彩纷呈,大大开拓了学生们的眼界。后来,这篇讲稿,由进步刊

①黄汉文:《记唐文治先生》,《江苏文史资料选辑》第19辑。

物作为压卷刊载。①

抗战胜利后的 1946 年 12 月，当时已不在国专沪校兼课的周予同还曾到国专无锡本部作学术演讲，《申报》对这次演讲进行了报道："无锡国学专修学校同学会星期讲座，本月八日邀请名史学家周予同莅校演讲，题目为"中国史学之演变"，分史学为四时期：一、商朝至孔子以前之史学产生时期；二、孔子《春秋》至司马迁《史记》前之史学产生时期；三、司马迁至清末之史学发展时期；四、五四运动至现在之史学转变时期。"②

周予同和唐文治都是现代研治经学的大家，但其观点主张却有很大的不同。举例来说，1935 年，商务印书馆《教育杂志》社发起全国学界专家对读经问题进行讨论，其中唐文治是读经的"绝对的赞成者"，认为："窃维读经当提倡久矣！……吾国经书，不独可以固结民心，且可以涵养民性，和平民气，启发民智。故居今之世而欲救国，非读经不可。"③而周予同却是"绝对的反对者"，他说："谁不要国家民族？只是这主张真对于国家民族有利？大家要知道，中国现代的学校制度和古代的含义并不相同。古代的学校制度只有一种政治目的，就是养成统治人才，换言之，它是官僚训练所或官僚选拔处。现代的学校，除政治目的外，还含有更重要的经济目的。详言之，在基础教育段要养成公民和劳动者，在专科教育段要养成国家公仆和生产技术人才。读经和生产教育无关；而养成公民和公仆，也另有其陶冶的方法，决不必求助于'读经'。"④在这样的背景下，唐文治仍然请周予同来校授课，在学生家长有所质疑后表示"我们学校正需要周予同先生这样的教授"，表现了他兼容并蓄的开阔胸怀。到了 1945 年，唐文治在一篇文章中对周予同之任教国专，依然给予了很高的评价："……予同先生博学多闻，敦善不怠，恂恂乎君子人也。曩岁在国学专修学校教授诸生，宗旨壹出于纯正，与余心心相印。而其识见之卓

---

① 胡子远：《无锡国专漫忆》，《文史资料辑存》（常熟）第 11 辑。
②《周予同莅锡演讲》，《申报》1946 年 12 月 10 日第 8 版。
③ 龚鹏程主编：《读经有什么用——现代七十二位名家论学生读经之是与非》，上海人民出版社 2008 年版，第 14 页。
④ 龚鹏程主编：《读经有什么用——现代七十二位名家论学生读经之是与非》，第 382 页。

越群伦,广博无津涯,远出余上。"①

　　从1943年到1945年,周予同任开明书店编辑兼襄理。1945年开始,到新中国成立后,一直在复旦大学任教,并先后兼任历史系副主任、副教务长和上海历史研究所所长等职。周予同早年研究教育学,后专治经学史。1928年年底,他在给顾颉刚的一封信中说:"吾人愚拙,只能廓清旧日思想之途径,使后来者不致多走错路……"②二十世纪二三十年代,周予同先后撰写出版了六种有关经学史的著作:《经今古文学》、《经学历史》注释本(清末皮锡瑞原著)、《朱熹》、《群经概论》、《孔子》和《汉学师承记》(选注)。1981年,由他的学生朱维铮编选的《周予同经学史论著选集》出版。这些论著考订周密,史料翔实。其研究特点,是能突破传统经学的学派偏见,将经学研究纳入到史学领域。他认为历代经学家的一切分歧与争论的焦点,在于对经典及孔子的见解完全相异,故归纳经学为西汉今文学、东汉古文学及宋学三派。他认为:"今文学以孔子为政治家,以六经为孔子致治之说,所以偏重于'微言大义',其特色是功利的,而其流弊为狂妄。古文学以孔子为史学家,以六经为孔子整理古代史料之书,所以偏重于名物训诂,其特色是考证的,而其流弊为繁琐。宋学以孔子为哲学家,以六经为孔子载道之具,所以偏重于心性理气,其特色是玄想的,而其流弊为空疏。"③又认为清末今文经学客观上"使孔子的地位与经典的尊严发生动摇",导致了史学的独立。肯定清末今文经学的价值,以为其"在消极方面,能发扬怀疑的精神;在积极方面,能鼓励创造的勇气。就实际的结果说,在消极方面,使孔子与先秦诸子平列;在积极方面,使中国学术,于考证学、理学之外另辟一新境地"④。经学研究之外,周予同于教育学的研究,也有多种撰述行世。

①唐文治:《送周予同先生赴台湾序》,唐文治著《茹经堂文集六编》卷三。按:抗战胜利后,国民政府教育部派遣周予同去台湾任文史专科学校校长,唐文治因作《送周予同先生赴台湾序》,后周予同因故未赴任。

②周予同:《与顾颉刚书》,周予同著《周予同经学史论著选集》,上海人民出版社1983年版,第615页。

③周予同:《〈经学历史〉序言》,皮锡瑞著《经学历史》,中华书局2004年版,第3页。

④周予同:《经今古文学》,周予同著《周予同经学史论著选集》,第33页。

吕思勉：
通贯的断代史大家

　　1943年，因受抗日战争的时局影响，无锡国专沪校学生陈祥耀还未毕业，便离开了学校，回到家乡福建泉州。陈祥耀虽人在泉州，心里却一直怀念着国专沪校的那些师长，他曾写有一组《怀人绝句》，其中一首曰："经史翻新汇百流，常州吕与浙东周。一从世变归穷困，风骨分明更寡俦。"其中的"常州吕与浙东周"，指的是吕思勉和周予同两位师长。

　　吕思勉（1884—1957），字诚之，江苏常州人。吕思勉出生于一个世代读书仕宦的家庭，幼年时先后由薛念辛、史幼纯、魏绍全等人授读，又由母亲为其讲解《纲鉴正史约编》，由父亲授以《四库全书总目提要》《日知录》《廿二史札记》《经世文编》等书。十六岁时始读正史，并致力于古典文学。1905年，在常州私立溪山两级小学堂教书。1907年1月至6月，在苏州东吴大学教授国文和历史；10月，任常州府中学堂教员，其间钱穆从其学习历史地理。钱穆后来在回忆录中说："除监督元博师外，当时常州府中学堂诸师长尤为余毕生难忘者，有吕思勉诚之师。"[1]从1910年起，吕思勉先后任教、任职于南通国文专修馆、上海私立甲种商业学校、上海中华书局、上海商务印书馆、苏州省立第一师范学校、国立沈阳高等师范学校、苏州省立第一师范学校和上海沪江大学。1926年8月，吕思勉至上海私立光华大学国文系任教，两年后，光华大学设历史系，吕思勉担任系主任兼教授。

────────────────

[1]钱穆：《八十忆双亲　师友杂忆》，九州出版社2017年版，第45页。

《吕思勉全集》

1940年,无锡国专沪校特设文学讲座与史学讲座,聘请当时仍在光华大学任教的吕思勉前来担任史学讲座。而在此之前,吕思勉已曾不止一次应邀到无锡国专作学术演讲。1931年10月1日,在一片抗日救国的声浪中,吕思勉应无锡国专教务主任钱基博之邀,来校为学生作"中国积弱之原及挽救方策"的演讲①;1939年4月16日是无锡国专沪校的"星期特约讲座"日,吕思勉应邀为学生演讲"大同释义",词学名家夏承焘也专程前来听讲。

吕思勉在无锡国专沪校开设史学讲座的情况,听过课的一些学生,在许多年后都曾经有所回忆。如黄汉文说,吕思勉的课是特约讲座性质,不计学分,但必须出席,并呈缴用墨笔誊清的听讲笔记。开始时黄汉文听不惯,等到听惯了,觉到他所讲的很多是治学心得,有些还没有发表过。陈左高说,二十世纪四十年代,在国专沪校听他的史学讲座凡半年。有一次,陈向吕请教有清一代教育之因革,该读何书,吕思勉不假思索地说:要看《清史稿·选举志·学校》,还告诫应细读张百熙几篇奏疏,并背出其中有关学制之要语。陈左高由此既感激老师之诲而不倦,又叹服老师不愧是熟读过二十五史的。

另一位听过课的学生是汤志钧。汤志钧和吕思勉同为江苏常州人,还有

---

①此据《新无锡》1931年10月3日报道《抗日救国须具决心持之有恒》。按:当时钱基博同时任教于上海光华大学和无锡国专,所以他和吕思勉是光华大学的同事。

一些亲戚关系，但汤却是在国专沪校就读时才第一次见到吕。汤志钧后来在《永不忘怀——纪念吕思勉先生逝世五十周年》一文中有如下的回忆：

> 抗战军兴，上海已成"孤岛"，我考入唐文治先生创办的无锡国学专修学校沪校。这时，很多名教授前来兼课，吕思勉先生就由光华大学到国专担任"史学讲座"。他和我同乡，精于经史，受过今文经学的影响，又沿袭顾炎武、王鸣盛、赵翼、钱大昕的治学方法，知识广厚，博大精深，讲课从不带讲稿，随口发挥，皆成文章。记得一次讲《史记》，他从《史记》体例、三家注优劣，一直讲到《史》《汉》异同，使学生不但增加了不少知识，也从中学习了治史方法。还有一次，学生询问周代庙制，吕先生从天子七庙讲到士大夫和庶人，把《礼记·王制》中的"天子七庙，三昭三穆，与太祖之庙而七；诸侯五庙，二昭二穆，与太祖之庙而五；大夫三庙，一昭一穆，与太祖之庙而三；士一庙，庶人祭于寝"详细解释，不但清晰地讲述了庙制的源由和作用，还在黑板上画出七庙中大宗、小宗的位置。最后，从社会学观点进行了剖析，使同学们大开眼界，极为信服，认为当今像吕先生这样学识渊博，又能随时吸收新事物的教授，真是绝无仅有。[1]

上引文中说吕思勉在国专沪校"讲课从不带讲稿，随口发挥，皆成文章"，后来在别人为汤志钧做的访谈录中，汤也说吕思勉上课"也没有讲稿，又没有准备，当场提问当场解答"。"你们问什么，他就讲什么，他又没有讲稿，一讲就是一节课。"[2]看了这样的记载，一方面会敬佩吕思勉学问之精博、记忆力之惊人；另一方面可能也会觉得，这样讲课，是不是太过随意了一点？实际上，另一位国专沪校学生陈祥耀的回忆，和汤志钧又有所不同："吕先生讲授史学讲

---

①汤志钧：《永不忘怀——纪念吕思勉先生逝世五十周年》，汤志钧著《汤志钧史学论文集》，上海社会科学院出版社2013年版，第264页。

②汤志钧、戴海斌、沈洁：《汤志钧先生访谈录》，《史林》2014年增刊。

座课,每周上课二学时。开始时多讲治学方法及史家修养,以后就多在下课前布置学生提出下次课要求讲授的内容。上课时学生把要求讲授的问题,写成纸条交班长汇转吕先生审阅。每次提的问题大概都有四五个,吕先生选择其中的一二个,进行答问式的讲授。这种讲座的方法很特别,问题由学生提,讲解适应学生学习过程中的迫切需要和重点疑难。"由此可见,每次课上学生问什么、教师讲什么,其实都还是在课前有所思考、有所准备的;而这种"答问式的讲授",对师生两方面都提出了更高的要求。

陈祥耀的这篇回忆文章题为《吕诚之先生在无锡国专(沪校)讲课简记》,虽名为"简记",但却是目前为止能看到的一篇回忆吕思勉在国专沪校讲课情况的最集中而较为详尽的一篇文章。文中又叙及,吕思勉讲课的内容牵涉广泛,自先秦史到近代史无不涉及。当时学生所提和吕思勉所讲的,以涉及政制史、文化史的系统发展及前代政治治乱的关键原因和得失的居多。有一次,有个学生提出马列主义的史学观点和方法的问题,陈祥耀以为老师会拒绝回答,不料他也扼要地作了讲述,可见其治旧史而不拒新知,更可见其用心之虚与眼界之广。这种讲课的方法和内容,非胸罗全史,熟精掌故,对每种重要史学问题的因果得失都了解分明,且有自己的卓见如吕思勉先生者,是不易担当的。吕思勉讲课条理清晰,要言不烦,句句有分量,引证充分,见解精辟,且联系时局,多语重心长之言。惟语调较慢较低,浮躁者或以为生动性不够,沉潜者则会觉得深刻性很高,所以学生都很注意听讲和笔记。吕思勉毛笔字写得很好,课堂上板书是左起横行的,写得整齐秀美,有肥瘦的锋捺,和他的毛笔字一样,且又写得快,不用心讲究而自然浑成,可见其书法的功力之深。为了怕学生听不清他的口音和笔记会遗漏,他又常把讲课要点写在黑板上,不费思索,而随手写去,成文简雅,不枝不蔓,文白相兼,又可见其文章的功力之深。[1]

吕思勉在国专沪校开设的史学讲座,持续到1942年秋季,而他在光华大

[1]陈祥耀:《吕诚之先生在无锡国专(沪校)讲课简记》,俞振基编《蒿庐问学记:吕思勉生平与学术》,生活·读书·新知三联书店1996年版,第205页。

学担任教职,一直到1951年。此年,全国高校院系调整,光华大学并入华东师范大学,此后吕思勉便一直在该校历史系任教。

在学术史上,吕思勉与陈寅恪、陈垣和钱穆并称为现代史学四大家,一生劬学不辍,著述极丰。从"劬学不辍"的一面看,吕思勉读书,于二十四史用力尤深,从1907年起,开始担任历史教学工作,同时从事历史研究,以阅读二十四史为日课,逐日阅读,排比史料,分门别类写成札记。这样五十年如一日,一直没有间断,其中《史记》《汉书》《三国志》读过四遍,《后汉书》《新唐书》《辽史》《金史》《元史》读过三遍,其余的两遍。从"著述极丰"的一面看,吕思勉一生中刊行的著作有近五十种,举其要者,中国通史类有《白话本国史》和《吕著中国通史》,断代史类有《先秦史》《秦汉史》《两晋南北朝史》和《隋唐五代史》,史学方法类有《历史研究法》《史通评》《文史通义评》和《中国史籍读法》,专史类有《中国民族史》《先秦学术概论》《理学纲要》《宋代文学》《中国国体制度小史》《中国政体制度小史》《中国阶级制度小史》《中国宗族制度小史》和《中国婚姻制度小史》,文字学类有《中国文字变迁考》《字例略说》《章句论》《说文解字文考》,读史札记类有《燕石札记》《燕石续札》《吕思勉读史札记》等。吕思勉治史学的最大特点,是以正史史料为宗,这在他的四部断代史中体现得尤为明显。钱穆弟子、著名历史学家严耕望曾评价吕思勉的著作说:"他能通贯全史,所出四部断代史不但内容丰富,而且非常踏实,贡献可谓相当大。"[①]又说:"……皆采正史,拆解其材料,依照自己的组织系统加以凝聚组合,成为一部崭新的历史著作,也可说是一种新的撰史体裁。其内容虽不能说周赡密匝、已达到无懈无憾的境界;但以一人之力能如此而面面俱到,而且征引繁富,扎实不苟,章节编排,篇幅有度,无任性繁简之病,更无虚浮矜夸之病。此种成就,看似不难,其实极不易。若只限于一个时代,自然尚有很多人能做得到,但他上起先秦,下迄明清,独力完成四部,宋以下两部亦已下过不少功夫,此种魄力与坚毅力,实在令人惊服。"[②]

---

① 严耕望:《怎样学历史》,辽宁教育出版社2006年版,第200页。

② 严耕望:《通贯的断代史家——吕思勉》,严耕望著《治史三书》,上海人民出版社2016年版,第191页。

向培良：『倒楣』学校的『好老师』

　　无锡国专是一所坚守传统文化、专授国学的学府，它与"五四"以来的新文化运动、新文学运动，看上去是有些凿枘不入的。但是，曾在抗战期间国专桂校和抗战胜利后国专无锡本部执教的向培良，早年却是新文学社团——莽原社、狂飙社的重要成员。

　　向培良（1905—1959），湖南黔阳人。向培良的父亲16岁即教蒙馆，后得戚族资助留学日本，学矿冶，约在1908年或1909年主持官营醴陵模范瓷业公司。向培良8岁进入醴陵遵道会小学学习，1918年考入长沙省立第一中学。1923年考入北京私立中国大学，后在北京世界语专门学校攻读。在此期间，从事文学创作，是"狂飚社"主要成员，后又参加鲁迅主办的"莽原社"。鲁迅曾对他寄予希望，后向培良因自己的独幕剧《终夜》未在《莽原》刊登，对鲁迅进行讥讽，受到鲁迅指责。1925年5月，向培良到河南开封编《豫报》副刊。1927年4月，应潘汉年之邀，到武汉任国民革命军（北伐军）总政治部机关报《革命军日报》副刊《革命青年》主笔。1929年夏秋之间，去上海南华书店任总编辑，出版自己主编的《青春月刊》。1931年夏，在长沙一边教书，一边组织青春文艺社，出版《青春周刊》。从1932年春天开始，先后任教于武昌艺术专科学校和汉口市立职业学校。1935年暑期以后，先后任上海市教育部督学、上海美专教授和南京国立戏剧学校研究实验部主任。全面抗战爆发后，随南京国立戏剧学校迁往长沙，率领学校剧团到湘南一带宣传抗日。1938年4月，国民政府教育部成立巡回戏剧教育队,向培良任第一队队长。"剧教一队到过河南、陕西,多在湖南、广西,走遍了湘江流域和广西的大部分,极少在大城市,而长在小县份和乡村,前后五年多,从未给自己卖过门票,以演庙台和露天戏为主,五百多场公演,绝少有都市的时髦观众。我对话剧的优点和缺点有了很深的认识,因之探讨我国戏剧的优点,而注意研究中西戏剧的异同。"①

1943年夏,戏剧教育队由原来的五个合并为两个,仍然派充向培良任第一队队长。当时,他已深感国民党政府的软弱无能,便辞去了剧教一队队长职务,去广西桂林,任教于无锡国专桂校。

且说全面抗战爆发后,无锡国专师生内迁,经一路辗转奔波,于1938年2月9日抵达桂林,并租赁民房作为教室,正常上课,从此开始了国专的"桂校"时期。是年11月,广州、武汉相继失守,桂林吃紧,随之长沙在大火中几成焦墟,无锡国专由桂林再迁往冯振的家乡——广西北流县山围村,后又再迁往原无锡国专教授陈柱的家乡北流萝村。1941年9月,国专桂校再迁到新建成的校区——桂林西郊的穿山,在这里办学约有三年时间。向培良初到无锡国专桂校任教,便是在这穿山校区。他后来曾写文回忆说:"我在无锡国专九阅月,校址是桂林西郊穿山,每早每晚,我都眺望着山色,而每一次都给我以新的画图。"②在穿山校区,向培良住在学校提供的宿舍里,与当时也在这里任教的梁漱溟、阎宗临为邻:

……向(培良)读书最多,人最忠厚,无时下一般艺术家派头……后来他们的剧教一队同二队合并了,他便跑到无锡国专去教书。无锡国专是个很倒楣的学校,当时却有三个很好的老师,住在一排三间草房里。左边一间住的是阎宗临博士,一个苦读出来的学者,一个做人做学问都

①向培良:《向培良自传》,郭景华《向培良与鲁迅关系考论》文后"附",《新文学史料》2003年第4期。
②向培良:《广西行》,《旅行杂志》1949年第23卷第1期。

做得非常严肃和虔诚的天主教徒，山西人。中间住向培良。右边一间住的是乡村自治派首脑人物梁漱溟。①

　　说"无锡国专是个很倒楣的学校"，当是指学校在抗战时期，因受战局的影响，不断地转迁流离。向培良在国专桂校教散文、诗词等课。据同时在学校任课的饶宗颐回忆，向培良是个新文学家、小说家，但却在国专讲《楚辞》："（向培良）人很有意思，有思想，有个性，手拿一根文明棍。他不大欣赏胡适之。胡适之说没有屈原这个人，向公说：'我也认为没有胡适之这个人，胡适之？到哪里去了？'他并不是对《楚辞》有深度了解的人，但是他能用新文学理论来讲，所以在国专颇受学生欢迎。"②上课之外，向培良还请好友、著名戏剧家田汉来学校作演讲，宣传戏剧对抗日救国的重要性。桂南的同学拟以抗日内容编演粤剧，向培良也予以嘉许与鼓励。

　　1944年8月，日本侵略军攻陷湖南衡阳，至9月10日，桂林紧急疏散。于是国专桂校又从桂林穿山转迁到蒙山县文尔塘。其间，蒙山当地主要利用国专桂校的师资力量，创办了"黄花学院"，向培良为学员讲授法律通论。

　　1944年12月，日军攻陷新圩，逼近蒙山。当时学校师生大部分主张西去贵州贵阳，但也有一部分人认为西行不可能。意见不能一致，于是分成两支：一支转移至蒙山西面百余里之外瑶山金秀瑶族自治县；另一支先后历经蒙山县古苏冲、大塘乡、昭平县仙回乡鹿鸣村、昭平县北陀乡，最后于1945年3月重回北流县山围村。去金秀的这一支，由蒋庭曜率领，教师有向培良、俞瑞徵、冯静居、蒋庭荣等人。向培良后来写有《金秀小志》，详记其事，限于篇幅，这里只能摘引一些片段：

---

①萧铁:《欧阳予倩那老头》,《新闻天地》1947年第24期。
②饶宗颐述,胡晓明、李瑞明整理:《饶宗颐学述·动荡岁月》,浙江人民出版社2000年版,第17—18页。

　　（民国）三十三年十一月，我避兵自蒙山入金秀，同行有无锡国学专修学校师生及眷属二十多人，次年三月才出山。当时设冶局长欧阳革亭先生，是无锡国专的校友。这四个多月，是平生最艰苦也最多风趣的一个时期。

　　十一月初，日寇自湖南龙虎关侵桂，连陷平乐、荔浦、修仁，蒙山已经处在南北夹攻的形势，旦夕可以发生危险。国专同人，决定冒险西行。在隆冬微雨中向不可知的程途前进。两日到中良，我伤足不能行，在中良的一个学生凌超荣君家里住了一个月。十二月初，桂乐师管区的一个营长黄丽堂叛变，引荔浦敌人南下，我才又从中良深入瑶山。从中良到金秀设冶局约九十里，我和妻和两个孩子，一共走了五天！

　　…………

　　但如不略叙无锡国专在山中的生活，就不免太疏忽了。那时共有学生十二人（内女生一人），先生五人，职员一人。经费既经竭蹶，就派了一部分学生出去服务，当小学教员（全区共有中心小学三所，国民小学若干）。另一部分则从蒙山到象县，奔走几百里山路，贩运火柴、毛巾之类，这样维持学校，养活着先生们。星期六下午，大家都回来了，星期日和次日上午授课。其余的日子，则先生和没有出去的学生一道斫柴，内中有一位六十八岁的老先生俞瑞徵。大家寻梅，采集不知名的各种朱实，谈诗文，忘记了是在荒野的深山里面，而四方都是无尽的战乱。①

　　留驻在金秀瑶山的这一支，因该地高寒食艰，无法维持，最终也回到了北流山围。两处师生汇齐后，于1945年4月借山围磐石高级小学重新开学上课。据国专沪校学生李立德《无锡国专迁桂回忆录》一文中记：

---

①向培良：《金秀小志》，《旅行杂志》1947年第21卷第1期。按：上引文中的"欧阳革亭"应为欧阳革新（"新"一作"辛"），是无锡国专第十一班十四届毕业生，时任金秀瑶族自治县设冶局局长。

向培良撰《广西行》，《旅行杂志》1949年第23卷第1期

国专第二次迁来山围那年九月，磐石小学的桃花又盛开了。九月桃花开在岭南我也是第一次看见，实在奇怪，好似它看见国专这么多师生到来而特地破天荒地呈芳吐艳，表示高兴，表示欢迎。余老先生、向培良先生和我欣赏桃花，都觉得很奇怪，为什么九月开桃花？谈天气，谈花卉树木的生长特性。余老先生写了一首诗，诗云：

曾怜春色太匆匆，又向芳秋露浅红。一夜寒窗花满地，者回休怨五更风。

向先生也写道：

逐水桃花薄有名，秋娘虽老尚含情。而今嫁与陶彭泽，更向东篱斗菊英。[1]

抗日战争胜利后，国专桂校的师生于1946年6月复员回无锡，向培良也随之到了无锡，继续在该校任教。在无锡，他和以前的老友、戏剧史家周贻白

---

[1] 李立德：《无锡国专迁桂回忆录》，苏州大学（原无锡国专）广西校友会编《无锡国专在广西》，第209页。按：上引文中的"余老先生"，"余"应为"俞"，指在国专桂校教诗学的俞瑞徵。

重逢,并介绍周也到无锡国专任教。后来周贻白曾对人说,当向培良携着他的夫人和几个孩子转辗东来,到达无锡的时候,自己已不认得他了,"他们活像一批逃出来的难民,衣服又脏又破,头发不必说了。……他更向友人们借了不少参考书,用毛笔以正楷抄下来,他说没有资料,就不能教书"。①当时的无锡报纸《江苏民报》上,有一篇题为《剧运功臣向培良在国专》的专记,其中叙及向培良到无锡后在国专任教的状况:"……胜利后,应本邑国学专修学校之请,来锡执教,任'文学史'一课。向培良之演说,最令人动听,其语气之诚恳和清晰,冠于全校。他戴着深度近视眼镜,穿着制服,照常认真的工作写剧稿,然而已不复当年之豪迈矣!"②

1946年秋,向培良转任国立社会教育学院教授,结束了在无锡国专的任教生涯。据他在自传中说:"在无锡国专时代,我主要的经历是研究中国文学史,编有三厚册的讲义,但未成书。"1947年秋,向培良又兼任万岁剧团团长,后辞职回故里,在洪江洪达中学任教。新中国成立后,向培良先后在洪江、沅陵、黔阳等地中学任教。1958年,被错划为右派分子,随后又被定为"历史反革命",1979年给予平反。

向培良早年是莽原社和狂飙社的重要成员,小说集有《飘渺的梦及其他》《英雄与人》《从文学革命到十五年代》等,剧本集有《沉闷的戏剧》《光明的戏剧》《大时代的插曲》等。鲁迅曾说他是《莽原》的"中坚的小说作者",对于他的小说集《飘渺的梦》,鲁迅也曾给予这样的评价:"的确,作者向我们叙述着他的心灵所听到的时间的足音,有些是借了儿童时代的天真的爱和憎,有些是借着羁旅时候的寂寞的闻和见,然而他并不'拙笨',却也不矫揉造作,只如熟人相对,娓娓而谈,使我们在不甚操心的倾听中,感到一种生活的色相。但是,作者的内心是热烈的,倘不热烈,也就不能这么平静的娓娓而谈了……"③

---

① 梁郁:《〈缥缈的梦〉作者向培良先生》,《锡报》1947年1月19日第4版。
② 忠国:《剧运功臣向培良在国专》,《江苏民报》1946年6月22日。
③ 鲁迅:《中国新文学大系·小说二集序》,《鲁迅全集》第6卷,人民文学出版社1989年版,第254页。

向培良也是一位戏剧理论家,著有《中国戏剧概评》《戏剧导演术》《剧本论》《舞台服装》《导演论》《舞台色彩学》《艺术通论》等。《中国戏剧概评》是中国现代理论批评史上第一部戏剧批评著作,书中针对二十世纪二十年代现代戏剧在中国的发展状况进行了分析和探讨,介绍和评论当时的主要戏剧创作者和评论家如陈大悲、丁西林、胡适等,对于现代戏剧的内容、题材、舞台、化妆、演员等,都提出了较为独到的见解,对于现代戏与旧戏的区别以及现代戏剧在中国的发展道路和前景也进行了探讨。在戏剧观念上,向培良认为:"舞台是戏剧的本体,而演员的表演则更是舞台的中心。其他一切舞台艺术,都是环绕着这个中心而存在的。"①后来他的好友、戏剧史学家周贻白提出"戏剧非奏之场上不为功"的戏剧史观,在相当程度上便是受了"舞台是戏剧的本体"论的影响。

①向培良:《新的舞台艺术》,《矛盾月刊》1934年6期。

梁漱溟：『我生有涯愿无尽』

上篇《向培良："倒楣"学校的"好老师"》中叙及，向培良在无锡国专桂校穿山校区任教时，住在学校提供的宿舍里。一排三间的草屋，中间住向培良，左边一间住阎宗临，右边一间则住梁漱溟。

梁漱溟（1893—1988），名焕鼎，字寿铭，又字漱溟，后以字漱溟行，北京人。梁漱溟六岁开始读书，七岁入兼习英文的中西小学堂。九岁以后，先后入南横街公立小学堂、蒙养学堂、江苏小学堂（由旅居北京同乡会所办）和顺天中学堂读书。1911年，梁漱溟从顺天中学堂毕业后，参加中国革命同盟会京津支部，后在支部主办的天津《民国报》任编辑及外勤记者。1916年，任南北统一内阁司法部秘书，梁漱溟有感于名记者黄远生之死，作《究元决疑论》，发挥佛家出世思想。北京大学校长蔡元培见此文后，邀其到北大哲学系讲授印度哲学。1924年，他从北京大学辞职，赴山东主持曹州高级中学及重华书院，一年后因时局变化回北京，与熊十力在北京什刹海冬煤厂和青年朋友约十人同住共学。1931年，与梁仲华在山东邹平创办山东乡村建设研究院，梁漱溟任研究部主任。此后数年中，山东邹平、河北定县和江苏无锡先后举办了三次全国乡村工作讨论会。1937年全面抗日战争爆发后，他应聘为国防最高会议参议员。翌年初，为全国团结抗战，自武汉赴延安，曾与毛泽东多次长谈。1939年，去游击区巡视，前后八个月；与国共及第三方分别商讨如何避免内战，并与第三方人士组成统一建国同志会，第二年将此会改组为中国民主政团同盟。1941年,梁漱溟被派赴香港创办民盟机关刊物《光明报》,自任社长。年底,太平洋战争爆发,香港陷敌。1942年年初,梁漱溟从香港脱险,来到了广西桂林。

其时,无锡国专桂校正在桂林西郊的穿山办学,当时代理无锡国专校长的冯振听闻梁漱溟已到了桂林,便约请他到国专桂校讲学,梁应邀为国专桂校学生开设了"中国文化要义"和"中西方文化及其哲学"两门课程。后来他对此事有回忆说:

> 1941年3月底,我受民盟的同仁委托,由重庆经桂林出香港,筹办民盟的机关报《光明报》。我在桂林停留了五十多天,一方面想访访朋友,一方面筹集办报经费。到桂前我就听说冯先生带领无锡国学专修学校师生迁校到桂林,桂林因空袭紧张,冯先生又把学校迁到广西北流。因此我那次到桂林没有见到他。……当时太平洋战争已经爆发,香港于12月底沦陷。我几经受难,辗转于1942年2月初又回到桂林。当时,全国文化界名人大多聚集在桂林。冯先生也从北流迁回桂林穿山办学。他是无锡国学专修学校校长,闻说我已回到桂林,就多次致函邀我去讲学。盛情难却,我欣然从七星岩教育研究所搬到穿山去住,为国专开设了"中国文化要义""中西方文化及其哲学"两门课程。他知道我好静,特意安排我住在半山腰的房子里。我不食荤腥,他又嘱咐其夫人每餐另设素食,并亲自送来,日日如此,从未间断。记得在1943年重阳时,他在穿山特邀巨赞法师设素餐祝贺我五十一岁生日,并赋了七律一首赠我和巨赞法师:
>
> 恰已深秋月上弦,重阳时节菊花天。登高刚共灵山会,饮酒还同罗

梁漱溟在阎宗临手稿上的批注

汉筵。人似菊花终澹泊,寿如弦月渐团圆。明年此会加强健,月更光明菊更妍。①

　　在此期间,饶宗颐、巨赞、阎宗临和向培良等人也先后应邀到国专桂校任教。梁漱溟是阎宗临早年短暂就学重华书院时的老师,当年的师生此时在同一校任教,阎宗临得以常常向老师请益。②饶宗颐后来对梁漱溟讲学国专桂校的情形也有回忆和追述:"当时梁漱溟也在那里,后来他去重庆了。他住国专,不上课,一个礼拜作一次讲学,讲他的思想,我去听过几次。那时候梁已不搞佛学了,讲乡村建设,讲某些政治思想问题,《中国文化要义》就是在那里

①梁漱溟:《我和冯振先生》,党玉敏、王杰主编《冯振纪念文集》,广西师范大学出版社2000年版,第549—550页。按:上引文中说:"我不食荤腥,他又嘱咐其夫人每餐另设素食,并亲自送来,日日如此,从未间断。"阎宗临之子阎守诚所著《阎宗临传》一书中则记:"太老师(按:指梁漱溟)住的一间房离我们住的地方不远,他单身一人,因此,父母很自然地负责照顾太老师生活,一日三餐也就和我们在一起。"录以备考。
②参见本书中《阎宗临:"设法安定内心的纪律"》一篇。

写的。梁先生这个人很有正气,人很好。他讲东西文化,他对印度思想的了解比较一般,不过他很会抓问题。……他有一句话说得好:'我根本没有什么学问,我会抓问题,我就是从问题中读书、论学。'这完全是夫子自道,他的长处就在这里。"①

梁漱溟在国专桂校讲授中国文化要义、中西方文化及其哲学等课程,每周一次(每个星期天上午,讲课三小时左右),全校学生不分年级,都来听课;代校长冯振和桂林市一些社会人士也来听课,二三百人将一个木板结构的礼堂挤得满满的。据听课的学生后来回忆,梁漱溟讲课不用讲稿,也不带课本,分析问题,例证充分,深入浅出,鞭辟入里,语尽精微。讲课的礼堂同时也是饭厅,到了中午的时候传出饭香菜香,但听讲的学生没有一个去进餐的。

梁漱溟第一次讲课,是讲述他的自学小史。他首先说:有人说梁漱溟是哲学家、政治家、思想家。都不是。若有人问你们,梁漱溟是什么人? 你们应该这样回答:"他是一个有独立思想的人。"接着,他说:十六七岁时,中学毕业去考北京大学,未获录取。自此后,他天天蹲在北京图书馆里,以白开水送馒头或烧饼过日子,勤奋苦读,潜心研究中国哲学、佛学、先秦哲学思想。后来,写了一篇有创见的学术论文《究元决疑论》,发表在上海出版的《东方杂志》,北京大学校长蔡元培看了之后,立即聘请他到北京大学去讲授印度哲学。这样的一种自学的经历,国专学生听后,都感到很受振奋。

梁漱溟通过讲述中国文化要义这门课程,来阐明儒家的伦理学说。他认为:伦理是中国传统文化,同时也是儒家文化的精髓,是华夏民族的精神支柱。西方许多古老的封建国家早已解体了,中国自夏商至清代,已有四千多年的历史,封建主义时期最长,就是外族入侵之后,他们也会被华夏文化所同化,融合成一个伟大的中华民族,伦理就是融合过程的催化剂。"伦理"是梁漱溟讲"中国文化要义"的一个中心主题,他在讲这个中心主题时,除了从理论上阐述外,还举了很多生动的事例,借古喻今,深入浅出。他的结论是中国是

---

① 饶宗颐述,胡晓明、李瑞明整理:《饶宗颐学述》,浙江人民出版社2000年版,第15—16页。

一个具有深厚的以伦理为社会基础的国家,日本侵入中国,中国是不会被灭亡的。当时,第二次世界大战已进入第四个年头了,抗日战争已进入相持阶段。他这番话,给学生以极大的鼓舞。

梁漱溟在国专桂校讲学期间,虽然是住在学校提供的宿舍内,但他闭门谢客,集中精力撰写《中国文化要义》一书,平时很少见他出入校园。一些学生知道他的书法造诣很深,便试探性地上门求赐墨宝,没想到老师一一满足了学生的要求。他给学生周忠谋题的是陆游《杂兴》三首之一:"古寺高楼暮倚阑,野云不散白漫漫。好山遮尽君无恨,且作沧溟万里看。"给萧德浩题的是一副对联:"大地皆春龙天欢悦;六时恒吉日月光辉。"后来因为求墨宝的学生越来越多,不得已,梁漱溟才出了一个"安民告示",大意是诸君爱好书法,原是翰墨因缘,但此间同学众多,使我感到穷于应付,无益于人而有损于我,务请诸君见谅。

讲学之外,梁漱溟在无锡国专桂校成立校董会的过程中也起了很重要的作用。据他本人后来回忆:"为了筹集办学经费,他(按:指冯振)与我商量成立无锡国学专修学校校董会,由我出面请李济深担任董事长,并由我出面请白崇禧的老师、南京国民党中央委员兼广西省参议会议长的李任仁担任校董。担任校董的还有政界知名人士黄绍竑、刘侯武、黄星垣和我。通过这些人,广泛向社会募捐,为国专筹集了一大笔经费,兴建校舍,扩大招生,当时在桂林是搞得轰轰烈烈的。"①

梁漱溟是中国现代著名的爱国人士,也是享有盛誉的学者、哲学家和教育家。他曾给人题句:"我生有涯愿无尽,心期填海力移山。"这十四个字正是他一生愿望和不懈追求的真实写照。作为著名爱国人士,他一生都在为民族独立、国家富强而积极探索,努力实践;在此过程中,他同情并敬重中国共产党改造社会的精神和为之进行的努力,思想意识上的分歧并没有影响他在争取独立、民主的斗争和社会主义建设中成为中国共产党的朋友。作为学者、

① 梁漱溟:《我和冯振先生》,党玉敏、王杰主编《冯振纪念文集》,第550页。

哲学家和教育家,他一生撰述颇富,代表性的著作有《究元决疑论》《印度哲学概论》《唯识述义》《东西文化及其哲学》《乡村建设理论》《中国文化要义》《人心与人生》等。其中《中国文化要义》一书系统地分析了中国的文化精神、社会状况及其产生原因和发展历程,通过中西文化的比较研究,强调中国历史和文化的特殊性,被誉为中国文化研究和中西方文化比较的经典作品。《人心与人生》是作者晚年哲学和伦理思想的代表作。通过辨识人类生命(人类心理)与动物生命(动物心理)之异同,"旨在有助于人类之认识自己",同时"介绍古代东方学术于今日之学术界"。主张从人生论人心,又从人心论人生。从人生论人心属心理学之研究,从人心论人生则为人生哲学或伦理学,但侧重为儒家的伦理思想与人生哲学提供一个坚实的心理学基础。

朱大可：『朱十之后复见此才』

在网络上，可以搜索到两个名叫"朱大可"的人：一位是当代文化学者、评论家；还有一位是民国时期的学者、诗人，曾经任教于无锡国专沪校。本篇要介绍的，自然是后面一位。

朱大可（1898—1978），名奇，字大可，号莲垞①，以字行，浙江嘉兴人。朱家祖籍南京，因朱大可祖父朱筱亭曾为秀水县（今嘉兴）典史，遂寄籍嘉兴。父朱霖（字丙一），清末任宣平县知县。1905年，八岁的朱大可入书塾，从里中宿儒金梦周学"四子书"，又从其学诗。他后来在一篇文章中回忆这一段经历说："弟七八龄时，从里中金梦周师受'四子书'。师故宿儒，工诗、古文辞，教授之暇，吟咏弗辍。弟闻而好之，请受其业。师初弗许，曰：'孺子但能明经义、习史事、擅文章足矣，雕虫小技，可弗学也。'弟固请之，师乃稍稍语以声调对仗，并选唐宋人诗数十首授之，曰：'诗之为物，偶尔读之，亦足以陶淑性灵，发扬志趣；终身苦吟，殊无益也。'然弟自是颇好为诗，一日得'阿谁又倚楼，长笛声未歇'之句，师见之，叹曰：'是诗才也，恣汝为之，余弗禁矣！'弟乃悉发箧中所藏王渔洋、姚惜抱、曾文正选本读之，尤爱陶渊明、王摩诘、孟浩然诸家，

①二十世纪二十年代末，陈衍选清末民初旧体诗佳作辑为《近代诗钞》，朱大可是入选者中之最年轻者。陈鹤柴在《静照轩诗话》中赞誉朱大可说："朱十之后，复见此才。"朱十是同为浙江嘉兴人的清代著名诗人、词人、学者朱彝尊（号竹垞）。名词人朱祖谋赠朱大可以"莲垞"之号，以莲垞与竹垞相比拟。

常讽诵之,以为至妙。"①从1909年起,朱大可先后就读于秀水小学、禾郡中学、南京农业学校和北京某专门学校。1923年7月,朱大可主《新申报》副刊《小申报》笔政,每天于头条撰写一篇时评,张扬正义,针砭时弊。从1926年开始,朱大可又先后在上海务本女中、爱群女中、正风文学院、正始中学、比乐中学及无锡国专沪校、南通学院等院校任教。

朱大可应聘到无锡国专沪校任课,是在1940年秋天。说起来,无锡国学专修馆创办初期,朱大可就曾投考过该校,但限于名额,没有被录取。朱大可在国专沪校任教后,在一次座谈会上讲起这段往事,校长唐文治先生向他表示歉意,并祝贺他后来通过自己的努力,学有所成。还风趣地说:"昔人谓'试官无目',何况本人本属瞽叟,幸先生谅之。考试虽能选拔一般人才,而未必能得真才。入选者究属少数,向隅者多。采用考试,不得已也。然而,自学很不容易。"当他知道了朱大可是名书法家刘介玉的外甥,诗文书法皆曾得到舅父的指导,又曾从郑孝胥学习诗文后,就对在座的学生说:"为学须有师承,更需勤奋,食古而不泥古,有师承而不囿于师说。诸生闻朱先生之言,可以悟为学之途,应知自勉。"②

朱大可在国专沪校先后讲授过经学通论(一说是"经今古文研究")、书法学和诗词学等课程。无锡国专沪校学生陈以鸿1942年秋入校,在校学习三年,本一时由朱大可讲授经学通论课。朱当时四十几岁,已留着很长的须髯,一袭长袍,一双布鞋,行止从容,言谈风趣,一手板书写得端正挺秀,给学生们留下深刻的印象。本二、三时,朱大可讲授书法学和诗词学。在书法学课上,他不仅讲书法理论,还把家中珍藏的碑帖每次带一批来让学生们观摩,使学生们眼界大开。让陈以鸿觉得同样眼界大开的,还有诗词学课。朱大可教学生做诗,着重基础训练,这让一些还在初学阶段的学生得益非浅。例如朱大可曾出示自己只写了前两句或后两句的七绝四首,叫学生将全诗补全,以此

①朱大可:《与沈复戡论诗书》,《新闻报》1924年3月2日第11版。
②黄汉文:《记唐文治先生》,《江苏文史资料选辑》第19辑。

来教学生作旧体诗。陈以鸿几十年后还保存着当年的作业练习:

> 赤栏干外绿杨枝,枝上黄鹂不住啼。惊起闺中千里梦,难随明月到辽西。

> 娟娟明月照空廊,花影扶疏印一床。欹枕无眠春夜永,为谁晕泪作啼妆?

上两首是朱大可出前两句,陈以鸿续成后两句。

> 倚阑消受奈何天,杨柳东风别绪牵。记得去年三月半,玉骢嘶过酒楼前。

> 落花片片拂征衣,憔悴王孙恨未归。蛱蝶不知春已老,依依尤绕地枝飞。

上两首是朱大可出后两句,陈以鸿补前两句。另外朱大可还写出五七言单句,叫学生属对,作为学做律诗的基本功。例如他曾出五言"聚蚊声似雷",陈对的是"归雁形如箭";另一句七言"纨扇团团明月样",陈对以"皮鞋得得美人来",则近于开玩笑了①。

课堂授受之外,朱大可平时和学生也有不少的接触交流。有位学生,喜欢在课后向老师问这问那,有一次问到朱大可的师承。朱说,所学得之于舅父刘介玉先生为多;他并不讳言曾学诗于郑孝胥,并说至今写诗仍难免受其影响,但立身行事与郑"泾渭分明","清者自清,浊者自浊"。朱大可精擅书法,书名早著,很多学生请他书写扇面、册页、横幅、对联、屏条,他从不推却,不收润笔,不收礼物,连土特产也一律谢绝。少数学生还代别人"求赐墨宝",

---

①陈以鸿:《师门琐忆——纪念朱大可先生》,无锡国学专修学校上海校友会编《国学之声》总第20、21期。

朱大可著《莲垞古文字考释集》

他表示,只要不是"落水"的"新贵",发"国难财"的奸商,自当尽力为之。无锡国专沪校有学生社团中国史学会和中国诗学会。1941年11月下旬,两会共同请朱大可做一次书法讲座,学生去联系时,朱当场就答应了,并主动提出应分两次讲,一次讲实用的真书、行书,一次讲各体书法的鉴赏及门径。前一次日期订在12月10日,但12月8日太平洋战争爆发,日军侵入旧租界,人心惶惶,这次讲座只好另订日期①。

朱大可到晚年时,追怀其生平交往的师友,曾作《怀人诗二百首》,其中有一些是当年任教国专沪校时的校中同仁或学生,兹逐录于下:

太仓唐茹经校长文治(字蔚芝)

耆年硕德更鸿词,山斗高名四海知。只惜汉廷芳草创,蒲轮未及迓

---

①黄汉文:《缅怀朱大可先生》。按:此文中又记,太平洋战争爆发、日军侵入旧租界后不久,"我辍学回乡,这一讲座以后有没有举行,则非我之所知"。

经师。(作者自注:蔚老手创无锡无锡国学专修馆,余任分教十年。尝制长序赠余,极道相契之雅。卒年九十。)

嘉兴王瑗仲君蘧常;常熟钱仲联君萼孙(号梦苕)

江南二仲比羊求,文采同推第一流。只惜干戈傲扰后,更无三径共遨游。(作者自注:瑗仲、仲联合刻《江南二仲诗集》,余与二仲共事无锡国学馆有年,赏奇析疑,无日不见。惜自国学馆停办,瑗仲闭门养疴,仲联教授苏州,遂不获时时把晤矣。)

孤岛穷居只赋诗,比云琐尾彼流离。岂知中有春秋笔,奸不能雄合是雌。(作者自注:倭难期间,余与瑗仲俱困海上,每作诗歌以自排遣。一日君得《咏史》一律,有云"贼何可父终称子,奸不能雄合是雌",阖座传观,叹为名句。)

钱子行年将七十,依然下笔不能休。一篇感旧二千字,压倒江山万里楼。(作者自注:仲联近有长诗寄夏瞿禅,凡二百韵,老而益壮,洵奇才也。江山万里楼为君乡人杨云史所居。)

平湖胡宛春君士莹

老去填词白石仙,即论书格亦翩翩。笑他海上挥毫手,不学张颠便米颠。(作者自注:宛春久主杭州大学讲席。倭难期间与余共事国学馆,工诗词,尤工行楷,高风远韵,绝无霸气,当为近代第一好手也。)

苏州王蓏庐君謇(字佩诤)

此老高龄将杖国,出门安步尚当车。却愁邺架三千卷,他日终归卖饼家。(作者自注:蓏庐为章太炎先生弟子,笃好两汉诸子之学。生平不喜乘车,在沪主教沪江大学,学校离家几三十里,晨出暮归,皆由徒步,与余共事国学馆亦然。家中藏书甚富,每虑不能久存,果不数年,摧毁殆尽。)

丹徒鲍默厂君鼎（字扶九）

丹徒畸士鲍扶九，能读周秦以上书。讵意竟忘孟子语，岩墙不立岂欺余？（作者自注：默厂精通甲金文字，著述甚富，庐江刘体智所刻金石书籍，多出其手。与余共事国学馆，日夕相见，谈笑甚欢。晚年还乡，闻为败壁所压，受伤不治，亦文人之奇厄也。）

嘉兴江辛楣君文忠

辛楣诗法师涪老，无愧西江社里人。只惜雅音今不作，筝琶杂奏亦堪嗔。（作者自注：辛楣与茹松俱为无锡国学馆学生，辛楣初任教师，后忽弃去。其诗专学黄山谷，精深奥衍，夐异常流，诚后起之秀也。）

嘉兴沈侗楼君茹松

卅年不见沈茹松，画笔能追白苧翁。写我鸳鸯湖上住，鲈鱼莼菜正秋风。（作者自注：侗楼工画亦能诗词，余昔年尝取朱希真词"莼菜鲈鱼留我，住鸳鸯湖侧"之句，榜曰"莼留馆"。侗楼为作一图，烟波浩渺，仿佛故居。白苧翁为我乡张浦山先生别号。）

新中国成立后，朱大可任教于上海比乐中学，直至退休①。他的儿子朱夏曾在《莲垞遗著述略——纪念先父朱大可》一文中说："先父莲垞老人治学广博，著述宏富，身后遗稿，充盈数箧。"这些堪称"宏富"的著述，已经刊印问世的只是其中的一小部分。如《新注唐诗三百首》《历代小简》，是对唐诗三百首

---

①陆康《诗宗朱大可》（见陆康等著《上海人情》，上海文化出版社2014年版）一文中记："新中国成立后，（朱大可）任华东师范大学教授。"此说广为沿用，"百度百科"的"朱大可"词条也在姓名旁标署"原华东师范大学教授"。周海鎏编著《朱大可年谱长编》"1949年 己丑 五十二岁"中记："按：大可先生尝任'华东师范大学教授'之言，系误传。据大可文孙朱铉兄面告，解放后先生乃执教于比乐中学，直至退休。"

和古代书简的选注之作;《耽寂宧诗》《怀人诗三百首》,是他的旧体诗集①。许多年中,朱大可还在古文字学的领域中,沉潜含玩,进行深入的研究。有一年,曾是无锡国专沪校学生的陈左高去看望老师朱大可,朱对陈说:自己"独居斗室,与金石为伴,实不孤寂,廿多年来,沉浸于甲金文、石鼓文之探索,参之以清以来考古学家之著述,乐在其中,并不岑寂"。②2002年,朱大可古文字学研究的结晶之作《莲垞古文字考释集》由南岛出版社出版。此集将《古籀蒙求》《说文匡谬》《石鼓文集释》《周易复古篇》四种撰述汇为一编,《古籀蒙求》依清王筠《文字蒙求》之例,分象形、会意、指事、形声四类,采录约八百字,以钟鼎彝器为主,兼及甲骨文字,节录各家考释,益以作者之见,"聊为治甲金文者作入门之助";《说文匡谬》取《说文解字》与甲金文互校一过,凡形象不合者与说解之难通者,则匡谬发微,对约四百个字作了新的解释;《石鼓文集释》对石鼓文字一一辨证,取前人不同解识加以优选,而纠其偏失;《周易复古编》则专就《周易》的卦辞与爻辞,"视其象而玩其辞,就其占而察其变",对上经、下经,逐卦逐爻地作了解释。

---

①《耽寂宧诗》附于《朱夏诗词选集》之后,地质出版社1993年版,《怀人诗三百首》则为自印本。朱大可是著名诗人,一生诗作甚夥,《耽寂宧诗》和《怀人诗三百首》收录的只是其中很小的一部分。
②陈左高:《诗宗朱大可与古文字研究》,《文苑人物丛谈》,上海远东出版社2010年版,第129页。

饶宗颐："业精六学"的一代通儒

2004年,时已八十八岁高龄的国学大师饶宗颐创作了一幅以广西北流勾漏、桃源诸洞胜景为题材的国画,并在题款中写道:"抗战胜利之年,余执教国专,寓广西北流,历览勾漏、桃源诸洞之胜,有诗记之。顷追写其景,犹梦中事也。"一幅画,一段题款,揭出了他六十多年前曾任教于无锡国专桂校的一段往事。

饶宗颐(1917—2018),字固庵,号选堂,广东潮安人。早年先后就学于潮安城南小学和省立金山中学。饶宗颐的父亲饶锷是潮州著名学者,著述甚富。饶宗颐幼承家学,1932年其父病逝后,他续成了父亲生前未写完的《潮州艺文志》,刊载于《岭南学刊》。1935年,受詹安泰委托,代授国文课于韩山师范学校。此后又先后担任中山大学广东通志馆纂修、中山大学研究院研究员等职。全面抗战爆发后的1938年,中山大学迁往云南澄江,饶宗颐因病滞留香港,其间,先后参与了《中山大辞典》和《全清词钞》的编纂工作。

1941年底,香港沦陷,饶宗颐觉得没法呆下去了,便于第二年来到广东饶平的凤凰山,在朋友那里住,后来还在一个高中兼课。饶宗颐任职过的中山大学有朋友很关心他,经郑师许推荐,饶宗颐于1943年到当时在桂林西郊穿山的无锡国专桂校任教。

饶宗颐在国专桂校讲授古文字学和古典诗词等课程。当时听课的一些学生,后来对他授课的情形曾有所回忆:

当时我是五年制三年级学生，记得饶老师所上我班的课程是"古文字学"。这门课程不好讲授，因为没有现成教材，但饶老师自己编写，将一些古文字——讲解，力求深透。我班同学对饶老师所讲解的古文字，极感兴趣，认真学习。①

饶宗颐老师是1943年应聘到桂林无锡国学专修学校任教的，他在我们班讲授"历代散文""文字学"两门课程。上课时，饶老师讲解词义，清楚明了，举出许多例证，使人触类旁通，有时加入一些小故事，引起学生极大的兴趣，他的学问功底深厚，知识渊博，思维敏锐，是我们最敬爱的一位老师。②

1944年8月，日本侵略军攻陷湖南衡阳，9月10日，桂林第二次紧急疏散（第一次疏散是在该年初夏）。于是国专桂校师生开始了又一次的颠沛流离，而几年辛苦建成的穿山校舍后来也毁于兵燹之中。桂校的师生员工先是到了蒙山县文尔塘。到了12月，日军攻陷新圩，逼近蒙山。因意见不一致，学校师生乃分成两支：一支转移至瑶山金秀瑶族自治县，另一支先后历经蒙山县古苏冲、大塘乡，昭平县仙回乡鹿鸣村，昭平县北陀乡，最后于1945年3月重回北流县山围村。而留驻在金秀瑶山的那一支，因该地高寒食艰，无法维持，最终也回到了山围。两处师生汇齐后，于4月借山围磐石高级小学重新开学上课。

在这次国专桂校的迁徙流离中，饶宗颐没有随行。换句话说，在这一阶段，他离开了国专桂校。但在这阶段中，却又时常有几个国专桂校的学生伴随在他的左右。据国专桂校学生萧德浩、黄伟等回忆，1944年初夏，桂林第一

①黄伟：《阎、饶两教授避难蒙山追忆》，苏州大学（原无锡国专）广西校友会主编《无锡国专在广西》，第234页。
②萧德浩：《饶宗颐师避难蒙山追记》，《广西文史》2002年第2期。

次疏散时,国专桂校宣布提前放假,许多学生纷纷离校。大约是在7月初,饶宗颐和学生黄伟一起南下蒙山避难。到蒙山县城后,他们住在黄伟家开办的书店——三民石印局中,前后约有四个月。饶宗颐住下来后,每日看书、写诗、读报,很少闲游,有时找学生或朋友了解战事消息。学生萧德浩的族伯萧绍美是蒙山县修志局局长,饶宗颐从修志局借来《永安州志》(蒙山县旧称永安州),对蒙山县的历史、地理、政治、经济、民风、习俗作了初步的了解,很感兴趣,于是有去金秀瑶区访问之举。1944年7月8日上午,饶宗颐和学生萧德浩、黄伟、黄水新从县城出发,第一天经过天堂山、旱峡、新墟峡、金鸡隘,晚上住在忠良乡车田村的同学凌超荣家里。第二天,在凌超荣带领下,一行五人走访了岭祖瑶区的多个村寨,晚上住乡公所歇息。第三天,一行人即告别岭祖回到了县城。这次访问瑶山,经行之处,饶宗颐写有多首诗,后来都收录到了他的《瑶山集》中。

到了1944年9月,桂林第二次疏散,冯振带领部分国专桂校师生从水路经阳朔、留公塘、平乐转陆路,最后也来到了蒙山县,并在距离县城十余里的东乡文尔塘复课。这时候的饶宗颐虽然也在蒙山,但他并未回到国专桂校任教,而是参与了新创办的黄花学院的教学工作。据谢天球《无锡国专迁来蒙山办学及黄花学院简况》一文中记:

> 由于一些名家学者的到来,蒙山也"借东风"。由何觉夫、孔宪铨(蒙山初级中学校长)发起创办"黄花学院"。……"黄花学院"的校务由教务长何觉夫负责,担任教学的有当时疏散来蒙山的著名史学家简又文,无锡国专的饶宗颐、赵文炳、周培克、向培良教授。他们均义务任教。何觉夫讲授英语,简又文讲授史学通论,饶宗颐讲授文选、诗选、文字学等课程,他到堂最多……[1]

---

[1]谢天球:《无锡国专迁来蒙山办学及黄花学院简况》,《蒙山文史》总第3辑《纪念抗日战争胜利五十周年专辑》,第118—119页。

1944年国专桂校教职工合影，二排右五为饶宗颐

可惜好景不长。一个多月后，日军攻陷新圩，逼近蒙山，黄花学院不得不停办，国专桂校师生再次走上迁移之路。而这一次饶宗颐仍然没有随行，而是和赵文炳及国专学生贾辅民避难到了蒙山文墟镇的龙头村，并在村中李氏祠堂办私塾谋生。其间，还有个名叫陈文统的青年拜他为师，学习制诗填词，这个陈文统就是后来成为著名武侠小说作家的梁羽生。饶宗颐后来回忆起这段经历，说：

来到桂林的第二年，日军猛攻桂林，无锡国专的近百名师生及家属由桂林南迁蒙山。之前我已判断日军将攻陷桂林，因而已先行离桂林到蒙山。从桂林逃难到蒙山的有简又文、赵文炳等，在蒙山县开设"黄花学院"。我又在一个"李家祠堂"教一些学生，也有一些无锡国专学生追随我，在当地边听课，其实也可以说是学生边带着我不断逃难吧。当时，有一位青年学生陈文统是简又文朋友的家人，他拜我为师学制诗填词，他就是后来著名的香港武侠小说家梁羽生，他与池田先生曾对话的金庸先生原都为《大公报》同事，后来先后写作武侠小说，成为名作家。[1]

————

[1]饶宗颐、池田大作、孙立传：《文化艺术之旅》，广西师范大学出版社2009年版，第28页。

再说无锡国专桂校师生经过艰难的颠沛流离,最后又回到了几年前曾经的办学点——无锡国专代校长冯振的家乡广西北流县山围村,于1945年4月借山围磐石高级小学重新开学上课,冯振再次聘请饶宗颐到山围任教。饶宗颐后来回忆说:"冯振心先生与陈柱(柱尊)是同乡。冯在北流恢复国专,就把我请去了。这个时期,蒋石渠也来了,巨赞和尚也在那里,他后来做佛教学会副会长。巨赞是江阴人,可能是地下党。我和巨赞能讨论一些东西。校长冯振心,我也偶尔和他谈谈学问,他是很得中庸之道的,人非常好……蒋石渠先生字写得好,因为他受过沈寐老(沈曾植)的熏陶,他与王蘧常都是及沈老之门的,完全写沈老那种字体,几乎可以乱真……"①

在北流县山围村,国专桂校的师生们迎来了抗战胜利的消息,激动万分,欣悦万分。1945年10月10日,饶宗颐和巨赞法师等人登临北流山围的磐石山,并赋诗唱和,表达对抗战胜利的欣喜之情。饶宗颐诗曰:

> 亭亭磐石山,娲皇昔所捐。其下临清流,独立得天全。斩新日月明,特地出坤乾。壮哉南方强,曾经百炼坚。仰攀若顶天,我意欲无前。俯视万人家,原畴何田田。佳节近重阳,吹帽秋风颠。清淡心无义,独喜僧皎然。二年客桂东,与山久结缘。此石尚玲珑,山公所心传。何当江南去,载将入画船。②

巨赞法师和诗曰:

> 避寇入山围,游观乐已捐。匈奴忽解甲,金瓯缺复全。发高一舒啸,慨慷动坤乾。崩榛纷塞路,荒砦壁尚坚。乱离信已久,远溯卅年前。今

①饶宗颐述,胡晓明、李瑞明整理:《饶宗颐学述》,浙江人民出版社2000年版,第17—18页。
②饶宗颐:《登磐石山同巨赞上人》,饶宗颐著《清晖集·瑶山集》,海天出版社2011年版,第169页。

当时命改,生意满园田。饶子饶清趣,当风喜欲颠。新诗效敕勒,警句共鞾然。蒋子勤掇拾,情深木石缘。二生亦矫健,绝尘道可传。会当倩画笔,描写付归船。①

抗战胜利后,国专桂校的师生们积极筹划,准备返回无锡复校。饶宗颐说:"其实我可以同去江南。"但这时候他接到了广东文理学院院长罗香林的电报敦请,而自己的老友简又文刚被任命为广东文献馆馆长,所以他最终决定学期结束后即回广州。于是,饶宗颐和国专桂校的师生们依依惜别,国专桂校教授兼总务主任蒋庭曜作《送饶固庵》以赠之:"犹忆穷山访我时,漫天烽火赋新诗。堂堂真有不亡在,蹙蹙已成靡所之。差喜今朝得归去,相看吾道任驱驰。赠君一语应须记,草长江南与子期。"②

后来饶宗颐在回首这一段人生经历时,说:

　　……我在国专时期也没有写书,那是一个流离失所的时代,不过增加了很多诗料,《瑶山集》就是这段生活的记录。这段生活值得留念,可以令人知道天宝之乱是怎么一回事,可以知道杜甫是怎么生活的。我那时用老杜的方法,用老杜的语言写了些诗,把老杜诗多读了几遍,也可从中看见那个时代的面影,个人在那个乱世中的感受。生命中有这样一段经历也好,很值得宝贵的。③

后来钱仲联在为《选堂诗词集》作序时,也对《瑶山集》给予了很高的评价:"……而选堂先生《瑶山》一集,尤其独出冠时者也。时先生方都讲粤西,甲申夏,桂林告警,西奔蒙山,蒙山踬陷,窜身荒谷,两入大瑶山,与峒氓野父

①巨赞法师:《乙酉国庆,登北流山国之磐石山,用饶固庵教授韵,时同执教于无锡国学专修学校》,巨赞法师著《灵隐小志》附录《如是斋诗钞》,宗教文化出版社2018年版,第83页。
②蒋庭曜:《送饶固庵》,《无锡国专在广西》,第265页。
③饶宗颐述,胡晓明、李瑞明整理:《饶宗颐学述》,第18页。

2004年，饶宗颐以广西北流勾漏山胜景为题材创作的国画

相濡呴。……长吟短咏，出自肺肠，入人肝脾。……今诵《瑶山》一集，所以感不绝于余心也。是集也，盖继变风、变雅、灵均、浣花以来迄于南明岭表义士屈均山、陈独漉、邝湛若之绪而扬之，其谁曰不然?"①

　　1946年至1948年，饶宗颐任广东文理学院教授;1949年10月移居香港，后历任香港大学中文系讲师、高级讲师、教授，主讲诗经、楚辞和六朝诗赋、古代文论及老庄哲学。1978年退休后，曾先后在法国、日本及中国的澳门、香港的多所大学担任客座教授。

　　饶宗颐一生为学，学术规模宏大，著述极丰，先后刊行有八十多种，涉及的学术领域甚广。举其要者，主要是以下八个门类:一是敦煌学，著有《敦煌本老子想尔注校笺》、《敦煌曲》(与 Paul Demiéville 合著)、《敦煌曲订补》、《敦煌白画》、《敦煌书法丛刊》、《敦煌本文选》等;二是甲骨学，著有《殷代贞卜人物通考》《巴黎所见甲骨录》《欧美亚所见甲骨录存》等;三是词学，著有《词籍考》《全明词》等；四是史学，著有《选堂集林》《中国史学上之正统论》《潮州志汇编》《九龙与宋季史料》等；五是目录学，著有《潮州艺文志》《香港大学冯平山图书馆善本书录》等；六是楚辞学，著有《楚辞地理考》《楚辞书录》《楚辞与词曲音乐》等；七是考古学、金石学，著有《韩江流域史前遗址及其文化》《唐宋墓志》《云梦秦简日书研究》《随县曾侯乙墓钟磬铭辞研究》《楚帛书》《星马华文碑刻系年》等；八是书画研究，著有《黄公望及其富春山图》《虚白斋书画录》等。其治学特点，能留意新发现之资料，开辟新课题，或深化旧课题，并且持续探索；在方法论上，从"二重证据法"到"三重证据法"再拓展到"五重证据法"，不断拓展和建构考证方法与理论的多维空间；又能融通学问与艺事，打破壁障。饶宗颐在诸多学术领域都取得了卓越成就，是学界公认的"业精六学，才备九能"的一代通儒。

阎宗临：『设法安定内心的纪律』

在本书的《向培良："倒楣"学校的"好老师"》一篇中曾叙及，向培良早年是现代文学社团"狂飙社"的成员。在狂飙社中，向培良有一位"总角交"①，后来又同在无锡国专桂校任教，而且是比邻而居，这人就是阎宗临。

阎宗临（1904—1978），字琼琳，又名已然，晚年自号铁牛老人，山西五台人。阎宗临七岁入五台县中座村小学学习，十五岁就学于川至中学，后转学至崞县中学。1924年夏，从崞县中学毕业后，先考入了梁漱溟在山东曹州办的重华书院，不久又入北京朝阳大学学习，旋因经济问题而退学，到《国风日报·学汇》当校对。在此期间结识了景梅九、高长虹等人，加入文学社团"狂飙社"，并在高长虹的介绍下，与鲁迅、郁达夫交往。后来阎宗临在回忆文章中说："我觉着：鲁迅伟大的精神，有如一座高山，风雨吹荡他，云雾包围他。但是，人们在那里呼吸时，比别处更自由、更有力。纯洁的大气，洗刷思想的污秽。"②从1926年1月到1938年8月，阎宗临在欧洲生活了近十三年。先是在法国做工，后于1929年6月入瑞士弗里堡大学哲学文学院学习欧洲古代文化及历史，并于1933年7月获瑞士国家文学硕士。其间，结识了当时住在瑞士的法国文学大师罗曼·罗兰，为他讲解鲁迅的作品。阎宗临还翻译了罗曼·罗

---

①1942年，向培良在给阎宗临的中篇小说《大雾》所作的序中说："我和作者是总角交，永远怀着深挚的友情。"

②阎宗临：《回忆鲁迅先生》，《山花》1972年第1期。

兰的《米开朗琪罗传》，而由罗曼·罗兰为之作序。1933年9月后回国，在北平中法大学服尔德学院任教授，讲授法国文学。第二年10月，再返瑞士，在弗里堡大学任中国文化课教授，同时在大学研究院攻读博士学位，1936年获瑞士国家文学博士学位，博士论文题为《杜赫德的著作及其研究》。回国后，历任山西大学历史系教授兼系主任、广西大学教授等职务。

1943年春，阎宗临转到桂林师范学院史地系任教，并与妻子梁佩云一起在无锡国专桂校兼课，阎宗临讲授二、三年级的外国史及西洋文化史，梁佩云讲授教育学及女学生的家政课。当时的桂校国专设在桂林西郊的穿山，学校还为阎宗临一家提供了宿舍，省去了租房的费用。在一排三间的草房里，左边一间住的是阎宗临，中间住的是向培良，右边一间住的是梁漱溟。梁漱溟是阎宗临早年短暂就学重华书院时的老师，在国专桂校任教时单身一人，因此，阎宗临、梁佩云夫妇很自然地负责照顾梁的生活，一日三餐都在一起。当时，梁漱溟正在写作《中国文化要义》，阎宗临也在写作《欧洲文化史论要》，有这样便利的条件，阎宗临得以常常向当年的老师请益。很多年以后，梁漱溟还保存着阎宗临的当时的两份"作业"，"作业"后有梁后来加的批注，一份的批注曰："右为阎宗临在桂林穿山国专与我一次谈话后所写示者。其所见自足参考，非同俗流之昧于中国文化价值者。"另一份曰："此卅三年(1944)在穿山国专，宗临写示，其见解非时下之人所有也。"①

国专桂校学生萧德浩，后来对阎宗临在国专桂校任教的情况有如下的回忆：

> 1943年先师(按：指阎宗临)及师母梁佩云受聘于无锡国专，举家住进无锡国专，阎师讲授二、三年级的外国史及西洋文化史，梁师母则教授教育学及女同学的家政课。那时，我正在二年级，亲聆阎师的教诲。当时使用的是普通高中的外国史课本，阎师上课时，并不是照本宣科，以他

①阎守诚：《阎宗临传》，三晋出版社2014年版，第155—156页。

的博学多才和在国外多年研究的成果,结合课本内容,先举一例历史事件来讲述,然后才提高到理论上来分析、论述,使学生对陌生的外国史先有一个感性认识,而后才提升到理性认识,通过生动活泼的课堂教学,使学生获得丰富的外国史的知识。过去,我们对外国历史文化是一无所知的,经阎师在课堂上的讲授,打开了我们的视野,洞开脑中知识大门,对巴比伦、埃及、古罗马、拜占庭等历史文化,有了初步的理解,冲破孤陋寡闻的黑圈,懂得人类社会历史文化的发展是多元性的。同学们每听完阎师的一堂课,就如同享受了一顿丰盛的营养大餐。同学们十分欢迎阎师的讲课,阎师已成为同学们非常敬佩的老师。[1]

1944年8月,日本侵略军攻陷湖南衡阳,9月10日,桂林紧急疏散,国专桂校的师生分期分批向广西蒙山县转移。阎宗临、梁佩云夫妇带着五个孩子,由家在漓江岸边的学生开船接送到平乐,再转荔浦,住在学生廖泽深家。后从荔浦换乘木炭汽车到蒙山,先住在学生萧德浩家,后又住在学生黄伟家。10月,国专桂校在蒙山文尔塘锺家重新开课。国专桂校在文尔塘上课有两个多月,参加学习的有从桂林随校来蒙山的学生和几位蒙山籍的学生,还有文尔塘锺家在外地读书的几位学生,有三十多人。人数虽然不多,但学习生活,均和在桂林穿山时一样,早上早操,日间上课,晚上自修,课程设置均照旧日的规定。教授们生活非常清苦,授课却很认真。学生在这四周沦陷、烽火连天的日子里仍是勤奋读书,早操后书声琅琅,晚上小楼的教室里灯火荧荧,保持和发扬无锡国专一直以来的艰苦勤奋的学风。而阎宗临于教学之余,在文尔塘完成了他的《罗马史稿》一书的写作。在此书的序中,阎宗临写道:

　　长衡战起,如货物疏散至荔浦,以家累不能移动;继而湘战波及桂

---

[1]萧德浩:《缅怀恩师阎宗临教授》,任茂棠、行龙、李书吉主编《阎宗临先生百周年诞辰纪念文集》,山西人民出版社2004年版,第74—75页。

阎宗临在蒙山文尔塘完成了他的《罗马史稿》一书,图为该书自序手稿

林,形至怆惶,荔浦又在疏散,不得已退蒙山。经此变更,使我了解许多事实,较读数百卷书更为有益。所谓历史亦不过此种事实之积累,不断的演变而已。

一个读书人,在那离乱之时,外面秩序破坏,如度沙漠中迷路的生活;而可求者,只有设法安定内心的纪律,埋头工作。我运用这种愚蠢的认识,试将所授罗马史,整理成书。这并不是一种如何新奇的著述,这只是一个清苦的中国教授,苦守他战时的岗位,养着五个孩子(他们合起尚不到二十岁),对他职责的一种解脱,诚如罗马民族的精神,永远在奋斗着。①

"一个读书人,在那离乱之时,外面秩序破坏,如度沙漠中迷路的生活;而可求者,只有设法安定内心的纪律,埋头工作。"这不仅是阎宗临对自己、也是对无锡国专师生在抗战中艰苦卓绝而弦诵不绝精神的一种写照。

到了12月,日军攻陷新圩,逼近蒙山。因意见不一致,国专桂校师生分成

---

① 阎宗临:《〈罗马史稿〉自序》,阎宗临著《阎宗临文集》卷二,商务印书馆2019年版,第5—6页。

两支：一支由蒋庭曜、蒋庭荣率领，北上忠良，经大瑶山，过柳州，原计划到贵阳、重庆，但他们走到大瑶山时，柳州已沦陷，西去的路被截断，只好滞留在大瑶山，于1945年又回到北流县山围村复课。另一支由冯振、吕逸卿及阎宗临率领，先后历经蒙山县古苏冲、大塘乡，昭平县仙回乡鹿鸣村，昭平县北陀乡，最后也于1945年3月重回北流县山围村。而阎宗临、梁佩云夫妇到昭平县北陀乡后，应邀在昭平国立中学任教。1945年8月，日本投降，阎宗临随昭平国中迁回县城；不久后，重回桂林师范学院任教。1947年8月，阎宗临赴广州，在中山大学历史系任教。1950年8月，改任山西大学历史系主任；1953年冬，调任山西师范学院副教务长。1961年，山西师范学院复归于山西大学，阎宗临此后便一直在该校工作。

阎宗临一生的主要撰述，最后汇为四卷本的《阎宗临文集》，由商务印书馆于2019年印行，其中第一卷收录了《杜赫德的著作及其研究》《近代欧洲文化之研究》《欧洲文化史论要》《巴斯加尔传略》四种著作；第二卷收录了《罗马史稿》《希腊罗马史稿》《欧洲史要义》《世界古代史参考资料》等作者生前未刊的"讲义四种"；第三卷是作者几十年中发表的数十篇学术论文；第四卷分为"文献整理"与"文艺创作"两部分，前者收入作者辑录的《清初中西交通史料汇集》以及《身见录》《北使记》《西使记》《佛国记》四种文献的笺注，后者收入散文《波动》、小说《大雾》及其他文艺作品共九种。这些撰述的内容，比较集中于几个方向：一是对欧洲各国和地区文化特点的研究，包括英国、德国、法国、俄国、意大利、西班牙、巴尔干等，这些研究既是对第二次世界大战出现问题的分析，也是阎宗临多年来对这些国家文化和民族性的思考，其中部分文章后来结集为《近代欧洲文化之研究》一书。二是对欧洲文化形成和发展的论述，集中反映在《欧洲文化史论要》一书中。三是关于清初中西交通的研究，主要是利用欧洲各地收集的有关档案资料，写了不少传教士与清初清廷关系的文章。阎宗临是中国现代世界史学科的开创者之一，他的这些研究性撰述，吸取了西方的文化精髓，从整体上理解和把握了中西两种文化的内涵。这些撰述是有才气的史著，是既有见识又文采横溢的著作。

王佩诤：『扶轮风雅见襟期』

1933年10月21日上午，国学大师章太炎应无锡国专校长唐文治之邀请，坐火车由苏州至无锡进行讲学活动，当日下午在无锡国专讲"适宜今日之理学"，10月22日下午在无锡国专讲"中国人种之由来"，10月23日上午在省立无锡教育学院讲"农村教育家对于将来中国农政上应有之准备"，随从的弟子中，有时任苏州振华女学副校长的王佩诤，他也是这几场学术演讲的记录者之一。

王佩诤（1888—1969），原名鼎，字培春，后改名謇，字佩诤，常以字行，江苏吴县（今苏州）人。王佩诤早年拜同里经学家沈修（字绥郑）门下，后来他著《续补藏书纪事诗》一书，首列的第一人即为沈修，并在文中回忆往事说："沈绥郑本师（修），承陈硕甫（奂）南园扫叶山庄之绪，教授门弟子必以硕甫先生《诗毛氏传疏》为主，而参之以王石臞《广雅疏证》、郝兰皋《尔雅义疏》、段茂堂《说文解字注》三书。不才束发受书，即粗识考据门径，实由先生启之。"①后来他又列于章太炎、金天翮、黄摩西、吴梅诸先生门下，学业日进。1915年，王佩诤从东吴大学文科毕业，先后任苏州女中教务主任和苏州振华女校副校长。在振华女校任职时，现代著名作家、翻译家杨绛正在该校读书，她在《记章太炎先生谈掌故》一文中说过一件趣事：1926年，学校请章太炎来校演讲，杨绛奉王佩诤之命，在讲台右侧很突出的部位做记录，可是因为既听不懂他的杭

①王謇著、李希泌点注：《续补藏书纪事诗》，书目文献出版社1987年版，第1页。

州官话,更听不懂章太炎所讲的内容,所以在众目睽睽之下,一字未记,成为人们一时的笑谈。1928年,王佩诤回到母校东吴大学授本国文学课,同时还担任省立苏州图书馆编目主任并编辑馆刊。1937年全面抗战爆发后,王佩诤移居上海,曾任上海震旦大学、大同大学、东吴大学法学院等院校教授。

本篇的开头曾叙及,1933年10月下旬章太炎到无锡国专举行学术演讲活动,王佩诤是随从弟子之一;时间过去了十几年,大约是在抗日战争胜利后,王佩诤又成了无锡国专沪校的兼职教授,讲授目录学、中国学术史、曲学等课程。国专沪校的学生黄汉文、陈左高、杨廷福、陈祥耀和沈燮元等都听过王佩诤的课,并在后来的回忆文章中有所叙及。如黄汉文《记唐文治先生》一文中记:"我于抗战胜利后复学,老的兼课教授离校了,又来了好多位新的。我选读过黄云眉教授的中古史,胡曲园教授的论理学(按:即逻辑学),王佩诤教授的中国学术史……"①又如沈燮元曾先后就读于国专无锡本部和国专沪校,后来在别人对他进行访谈时,问及"当时你们无锡国专的老师中,哪几位先生对您的影响比较大",沈燮元说:"两个,在上海是王佩诤先生,他先跟金松岑,后来师从章太炎。无锡是周贻白先生。……周老师对我的影响主要是在戏曲小说方面,王老师对我的影响主要是版本目录学方面。"②

在教过的众多学生中,对老师王佩诤留下了更深刻的印象、日后有更详尽的回忆的,有两个人:

一个是曹道衡。曹是1946年9月进入无锡国专沪校就读的。在第一学年里,他见到了王佩诤先生,王是苏州人,与曹道衡的三舅父潘景郑同出于章太炎门下,所以很照顾曹。那时王佩诤教高班生的选修课,曹道衡暂时还不能去听,但有时会到教师休息的地方去请教。王佩诤很平易近人,总是给曹道衡很多教诲,对他说:"学国学要打好基础,主要应阅读群经、诸子、古史、

①黄汉文:《记唐文治先生》,《江苏文史资料选辑》第19辑。
②王锷:《智者乐 仁者寿——沈燮元先生访谈》,杜泽逊主编《国学茶座》第10期,山东人民出版社2016年版,第159页。

《文选》。"王佩诤知道曹道衡读过一些经书和《史记》等史书，就很强调应好好读《文选》，而且还认为《文选》的下半部尤应细读。曹当时并不理解他的意思，只是照着去做。等到过了几十年回过头再去看，体会到他是针对当时文科学生的情况而发的。因为解放前的一部分大学生，一般会在教科书中读到某些六朝以前的诗赋，却很少读过骈文，即使读过，也只有一二名篇。为了叫曹道衡读《文选》，王佩诤还亲自开列了一份书目，曹正是从这书目中知道了"李善注""五臣注"以及梁章钜、胡绍煐等人的著作。不过，由于经济条件所限，曹道衡手头只有一部当时世界书局影印的胡克家刊本《文选》；五臣注本自然没有见过，连六臣注本也只是在姨丈顾廷龙主持的合众图书馆里见到过四部丛刊影宋本。在国专沪校就读的第一年中，曹道衡虽然还不大清楚怎样才能把文史之学学好，但在像王佩诤这样的老师的循循善诱、指导点拨下，毕竟长了许多知识。

另一个是范敬宜。前文叙及，杨绛曾写有《记章太炎先生谈掌故》一文，而范敬宜看到此文后，勾起了对往事的回忆，专门写了《从章太炎想起王佩诤》一文。据该文中记，抗战时期王佩诤迁居上海，担任震旦大学等几所大学的教授，因课程太忙，便委托范敬宜的母亲帮他批改学生作文。那时范敬宜只有十三四岁，经常由其把改完的作文卷子送到王佩诤家，就这样认识了这位前辈。说来凑巧，后来范敬宜考取了无锡国专沪校，而王佩诤也在该校兼课，讲授目录学等课程，这样范就成了王的学生。因为王佩诤和范敬宜的外祖父是忘年之交，范一直按辈分称呼王为"太先生"。在范敬宜的印象中，王佩诤为人耿介绝俗，具有许多中国读书人的特点。第一是绝少坐车，每天上下班，不论路途多远，都是安步当车，而且行走如飞。第二是常年一袭灰色派力司长衫，即使盛夏也从不着"短打"，上课时汗流浃背，也不宽衣。第三是上课从来不带讲义，一上讲台就海阔天空，旁征博引。他讲目录学，课本用的是张之洞的《书目答问》，但讲的多是课本以外的知识。一个学期下来，《书目答问》只讲了个开头，"杂说"倒是记录了一大本，让范敬宜觉得受用匪浅。第四是好买旧书，遇到珍本，不惜倾囊。他和上海旧书店的主人交往密切，并为每

王佩诤以自己的名片作为"介绍信",介绍学生范敬宜去见上海合众图书馆总干事顾廷龙。名片反面是范敬宜儿子四岁时的"涂鸦"。

家旧书店都作了一首七绝,记其店名、地点、老板姓名、特点等,成为书林佳话①。此文之外,范敬宜又在《一张名片五十年》一文中记,王佩诤博闻强记,藏书极丰,课堂上旁征博引,海阔天空,引发了范敬宜对版本、目录的浓厚兴趣。王见范好学,便对他说:"我介绍你去见一位年轻学者,他也是苏州人,现在任合众图书馆馆长。他如果赏识你,也许等你毕业后可以留你当图书馆员。"范敬宜喜出望外,当场要求王佩诤引荐,王佩诤从怀里掏出一张名片,在上面写下了作为"介绍信"的两句话:"兹介绍范君敬宜趋前,乞赐教为祷。合众图书馆顾起潜先生(按:顾廷龙字起潜)。"范敬宜"接过了这张名片,却始终没有去拜见顾廷龙先生。可能是因为年轻,有点怯场;也可能因为后来兴趣逐渐转移"。但他却将这张名片保存了整整五十年。1996年,范敬宜见到了顾廷龙,双手递上这张名片。顾廷龙问范敬宜,为什么把这张名片保存了五十年,范说:"第一,为了纪念前辈提携后进的高风亮节;第二,为了保存一个永远的希望;第三,我有个'坏'习惯,不轻易丢掉故人的手泽。"②

①范敬宜:《从章太炎想起王佩诤》,范敬宜著《敬宜笔记》,文汇出版社2002年版,第20—21页。
②范敬宜:《一张名片五十年》,范敬宜著《敬宜笔记》,第16页。按:后文又记:"顾老摩挲着那张发黄的名片,忽然发现它背面歪歪扭扭画着两个小人在太阳下手舞足蹈,便问我这是什么。我告诉他:这是我淘气的儿子四岁那年乘我不备在上面乱画的,当时我气得把他狠狠打了两下。顾老笑了,用一口吴语说:'冤枉杀哉!冤枉杀哉!'"

新中国成立后，王佩诤任华东师范大学教授和上海文物保管委员会编纂。王佩诤博学多才，善治周秦诸子，长于版本、目录、金石之学，精熟吴中文献掌故。一生撰述甚丰，已刊行者有《宋平江城坊考》《盐铁论札记》《续补藏书纪事诗》《民国吴县志校补》和《瓠庐笔记》等。其中《宋平江城坊考》是对南宋绍定二年碑刻《平江图》的研究专著。《平江图》刻绘了苏州城区平江府治所在地，标明了苏州的城垣、河道、官衙、寺观、桥梁、坊巷，而城外诸胜，则简略示意。《宋平江城坊考》对《平江图》中已经标明的，都参照旧志，一一加以精细考证；凡宋绍定二年以后续立的坊表、桥梁、官宇，为图中所不载的，也加以说明，真正做到了"务使语不离宗，证据确凿，无一语无来历，无一字之杜撰而后安"①。《续补藏书纪事诗》是王佩诤晚年的著作之一。清末叶昌炽曾著《藏书纪事诗》，嗣后伦明续著有《辛亥以来藏书纪事诗》。受伦明著作的启发，王佩诤再著《续补藏书纪事诗》，全书记录、品评了近现代以江浙沪为中心的一百三十余位藏书家的藏书事迹，所记多为近现代藏书中心地区的藏书家，且书中保留了大量为他书所未见的第一手资料，具有很高的文献价值②。除了上述已出版的著作外，王佩诤还有许多未刊行的稿本。2016年，国家图书馆出版社将王佩诤的四十九种手稿本，辑集为《海粟楼丛稿》影印出版，全书共十二册，内容分为五个部分：群书笺识、史志、杂稿、题跋萃锦和钞纂。

---

① 陈从周《〈宋平江城坊考〉序》引王佩诤语，王佩诤《宋平江城坊考》卷首，江苏古籍出版社1999年版。
② 王佩诤《续补藏书纪事诗》之后，又有周退密、宋露霞著《上海近代藏书纪事诗》，王佩诤亦名列其中，其纪事诗曰："续补藏书纪事诗，扶轮风雅见襟期。虫沙猿鹤空前劫，一老胡天不愁遗。"

周贻白：案头场上一大家

大约是 1946 年五六月间的某一天，在无锡惠山的山坡上，出现了两个兴致勃勃的爬山者，一个是不久前刚随国专桂校师生从广西北流县辗转来到无锡的向培良，另一个是他的老友周贻白。

周贻白（1900—1977），曾名周一介，湖南长沙人。周贻白的父亲周观光是做买卖的，又是湘剧票友，受其影响，周贻白从小在心里就埋下了戏曲的种子，后又曾跟着湘剧武生潘复阳习武。1916 年，在长沙长郡中学读高中二年级的他因父亲去世后家中生活困难而辍学，进厂当了一名地毯学徒工；此后又先后进入"长沙社会教育新剧团"（该剧团后全班加入"豫园京剧班"）和"樊锦山马戏团"流浪演出。1927 年 5 月，周贻白来到上海，参加了田汉组办的"南国电影剧社"，在这里他还认识了任戏剧顾问的欧阳予倩。1929 年 4 月，周贻白来到福建泉州，在西隅师范学校和其他中学教授国文。1935 年春，他来到上海，寄居在自强小学三楼的一个亭子间里，开始从事中国戏剧史的研究。全面抗战爆发后，周贻白加入上海戏剧界救亡协会，与欧阳予倩一起从事京剧改良运动，并从事电影和话剧创作。1939 年，参加阿英主编的《文献》杂志的工作，并任新艺话剧社编委会主任委员。1941 年，随中国旅行剧团北上。自 1942 年初到 1945 年 8 月日本宣布投降，在三年多的时间里，因为受到日伪特务的监视，周贻白一直蛰居在无锡。这期间他为中国旅行剧团写了一些剧本，在报刊上发表了一些考证文章，典当了一些书籍、衣物，以此来维持家庭生活。另一方面则以守代攻,更加专心致力于中国戏剧史的研究。

抗战胜利后,周贻白仍然客居无锡。1946年第11期的《海晶》周报上有篇耐宜写的《周贻白安闲梁溪》的人物特写:

> 名剧作家周贻白,以《金丝雀》一剧蜚声艺坛。胜利后遄赴梁溪,有人以为周为惠泉山下人,实则非是。周籍湖南,其夫人则耐宜同乡也。周喜清净,深爱太湖风景之清幽,以海上尘嚣,故现卜居于惠泉山麓。闻方着手撰制剧本,其居处离城颇远,平日绝少入城,偶于晴朗假日,独往公园散步,闲眺游鱼,仰望白云,不知者以为来自作间之庄稼人,又孰知其为一代剧乡名家也。①

1946年6月,无锡国专桂校的师生复员回无锡,在桂校执教的向培良也随之到了无锡,继续在该校任教。向培良与周贻白是湖南同乡,也是一对老友,周贻白早期的两本戏剧史著作《中国戏剧史略》和《中国剧场史》当年就是向培良约写的。向培良到无锡后,与老友重逢,分外亲切,也分外高兴。据赵景深《记向培良》一文记:"国专搬回无锡时,他(按:指向培良)常与周贻白晤面,国专与周寓相距甚近,无锡又没有多少朋友,所以他们俩的来往很密……"②当时的报刊上,有人还报道了两个老友一起兴致勃勃爬山吟诗的情景:

> 在南京访了中旅唐槐秋,正好撞着周贻白,一淘拉到无锡去,巧不巧向培良也从内地来,执教于无锡国学专修学校。于是一股兴致就游全山、锡山(在惠山的旁边)。惠山一共有九个山峰,所以又名九龙山。无锡人生平以爬过几次全山为荣,就是一口气爬过几次九个山峰。……爬

---

① 耐宜:《周贻白安闲梁溪》,《海晶》周报1946年第11期(1946年5月2日)。按:此文中说周贻白"胜利后遄赴梁溪",不确,周贻白在抗战胜利前的三年一直居住在无锡。
② 赵景深:《记向培良》,《申报》1946年10月14日。

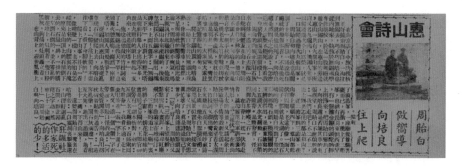

耐宜:《惠山诗会——周贻白做向导,向培良往上爬》,《新上海》周刊 1946 年第 24 期

上了锡山顶,向培良说:"贻白你对于无锡比我熟,你就暂做向导。当然,不足与导社的向导员相比并论。"周贻白倒亦爽气,马上就执行起职务来了。他说:"锡山本来产锡的,后来忽然采不出锡来。掘出块碑来,上面五个字'无锡天下平'。山顶上的龙光塔是从前科举人才出得不多,就在九龙山的头上树起一支角来,就是这座塔。"他念起他做的竹枝词来:"无锡能叫天下平,也同篝火听狐鸣。岿然一座龙光塔,知阅人间几战争?"……在山脊上一起一伏的走着,谈起丽尼在军训部的情形,谈起孙伏园在衡山与太太的情景,又谈起余上沅、欧阳予倩等戏剧生活。周贻白恋恋不舍的贪望着太湖,竹枝词又溜出嘴来了:"水光翻动五湖天,绝妙苏诗石上镌。几朵白云随浪涌,依然风景似当年。"接着三茅峰又到了,周贻白的文思真忙坏了,真是诗逢知己千首少,向培良连连的点头说:"好,好!"周贻白又来了:"三茅峰上望吴舲,点点云帆入画屏。两岸红尘飞不到,渔翁家住绿杨汀。"……还听得周贻白嘴里在咕噜着:"白云洞里掣签还,山径纤回乱石间。默记归程之字路,摇车七十二条湾。"①

---

①耐宜:《惠山诗会——周贻白做向导,向培良往上爬》,《新上海》周刊 1946 年第 24 期(1946 年 6 月 2 日)。按:1946 年春,周贻白曾费时一月,撰成《无锡景物竹枝词》108 首,后刊于 1948 年《无锡导游》一书中,作者有小跋云:"中华民国三十五年春,雨窗无事,藉以遣闷,费时一月,共得诗百零八首。此道久疏,趁韵而已。"上引文中叙及的四首也都被收入其中。

当时周贻白赋闲在家,向培良便介绍他到无锡国专任教,讲授修辞学和目录学等课程。1947年1月,向培良又介绍他兼任苏州国立教育学院教授,为戏剧教育系学生讲授中国戏剧史。

周贻白在无锡国专教过的学生中,有冯其庸。冯其庸最初知道周贻白的名字是在抗日战争后期,大约是1944年末或1945年春。那时他在无锡当小学教师,平时喜欢跑到旧书店看书,有一次买到的几本线装书上都有"贻白藏书"的图章,经了解,知晓当时周贻白生活很困难,经常卖书度日。1946年,国专桂校复员回无锡,冯其庸考进该校,不久周贻白也来校任教,冯成了他的学生。冯其庸选修了周贻白开设的目录学课,但在多年以后,对这门课上讲的内容,冯其庸已记不得了;没有忘记的,是老师待人坦率诚恳的态度,以及他当时正在认真地为中华书局写《中国戏剧史》稿子的情况。那时冯其庸与另外几位同学经常到他家去玩。他常常放下写作,与学生们谈做学问的事。

另一名教过的学生是沈燮元。沈燮元和冯其庸都曾先后就读于国专无锡本部和国专沪校,沈燮元后来说,在无锡国专的老师中,对自己影响最大的,"在上海是王佩诤先生,……无锡是周贻白先生","周老师对我的影响主要是在戏曲小说方面,王老师对我的影响主要是版本目录学方面"。[1]沈燮元是无锡人,周贻白当时住的地方和他家相距很近,只隔了一条河,来去非常方便。那时学校里并不是天天有课,沈燮元有空,时常去周贻白家,海阔天空,无所不谈。沈当时正读王国维《宋元戏曲史》和《曲录》,同时又找到了姚燮《今乐考证》和黄文旸《曲海总目提要》,真可谓"左右逢源",遇到有看不懂或者自己觉得有些模糊的地方,就向周贻白质疑问难,周总是不厌其详,谆谆教导,使沈燮元受益匪浅。

教学、撰作之余,周贻白还曾带了不少学生去看演剧九队《丽人行》的演出。1946年9月,在周恩来的指示下,演剧九队从四川万县经武汉辗转来到无

---

[1] 王锷:《智者乐仁者寿——沈燮元先生访谈》,杜泽逊主编《国学茶座》第10期,山东人民出版社2016年版,第159页。

锡。1947年2月,演剧九队接受了排演田汉新作《丽人行》的任务,由洪深担任导演,这是演剧九队历史上的一件盛事,也是无锡近代文化史上值得一书的一件事。据冯其庸后来回忆,因为周贻白、向培良与田汉、洪深都是熟识的朋友,所以就带了不少无锡国专的学生,到演剧九队的住处——秦淮海祠堂去拜访他们,听田汉他们讲排演的情况;之后,还请田汉到学校来与师生座谈。

在无锡国专和苏州国立教育学院任教期间,周贻白于授课之余,撰写了不少关于戏曲、曲艺、小说的学术文章,发表在各种报刊上,如写了三十余篇关于明清杂剧和传奇的评论(新中国成立后收为一集,题为《曲海燃藜》,由中华书局出版),此外还撰写发表了《蒲松龄的聊斋俚曲》《聊斋志异来源及其影响》《武王伐纣平话》《红拂记与红拂三传》《顺治出家与吴梅村清凉山赞佛诗》等论文。1947年,经过十年斟酌,三易其稿,他的《中国戏剧史》也终于定稿。

1948年1月,周贻白应香港永华电影公司之聘,与欧阳予倩同赴香港,担任该公司的编导员。1950年1月,他回到北京,参加筹备中央戏剧学院的工作,此后便一直在该校任教。

周贻白是一名剧作家,曾创作了许多话剧、电影剧本。但他更是中国戏剧史的研究大家,在这方面的研究成果颇为宏富。其中属于中国戏剧史的专著共有7种:《中国戏剧史略》《中国剧场史》《中国戏剧小史》《中国戏剧史》《中国戏剧史讲座》《中国戏剧史长编》和《中国戏曲发展史纲要》。《中国戏剧史略》和《中国剧场史》是周贻白青年时期的撰作,篇幅比较小,都是十万字左右。《中国戏剧史》是周贻白"十年斟酌,三易其稿"的力作,同行学者赵景深在为此书作的序中说:"到现在为止,我们还不曾有一部比较完备的中国戏剧全史。有之,自周贻白《中国戏剧史》始。"[①]此书在当时未及印行,仅在抗战胜利后用缩编和纲要的形式出版了一本《中国戏剧小史》;到1953年,《中国戏剧史》才由中华书局印行。1957年夏季,周贻白受中国戏剧家协会之邀,作了十次学术演讲,辑为《中国戏剧史讲座》出版。《中国戏剧史长编》则是对《中国戏

---

① 赵景深:《〈中国戏剧史〉序》,《中央日报》1947年7月18日"俗文学"副刊。

剧史》进行修改、增订而成。1961年4月,周贻白参加高教部召开的文科教材会议,会上决定由他编写专门供戏曲院校使用的"中国戏剧史"教材,于是他整理以前在中央戏剧学院和上海戏剧学院成人编导班上的讲稿,撰成《中国戏曲发展史纲要》。七部专著撰写于不同的时期,繁简详略有差,切入的角度也不尽相同,但体现了一些共同的特点。周贻白注重对中国戏曲全史的研究,注意到社会经济、政治与戏曲发展的关系;对戏曲艺术源于人民的创造,民间戏曲与宫廷演剧之间的对立统一、交流变迁的规律,以及戏曲艺术综合发展的特点等问题,都做出了比较科学的判断和探讨。周贻白特别强调"戏剧非奏之场上不为功"的"场上戏剧"观念,密切联系舞台演出实践,重视实际调查。这种研究方法纠正了以往只重考据和文辞的偏颇,对中国戏剧研究从文学本体到艺术本体的转变起到了关键作用。

朱东润：传记文学的一代大师

1910年夏天，上海高等实业学堂小学部学生朱世溱毕业了，继续读中学的费用却没有着落。该校监督（校长）唐文治先生专门叫儿子唐庆诒写信把朱世溱从家乡召回上海。朱世溱回到学校见到"唐老师"，唐用那特有的太仓口音说："唔，你老弟就在中学好好读书吧，学费在我这里。"

这位朱世溱，就是三十多年后在仍由"唐老师"任校长的无锡国专任教的朱东润。

朱东润（1896—1988），名世溱，字东润，后以字行，江苏泰兴人。朱东润六岁时入私塾，读《龙文鞭影》等蒙学书，九岁时入泰兴当时称为"蒙学堂"的初等小学，后又入襟江小学。1907年秋，得族人资助，赴上海投考邮传部上海高等实业学堂（原名南洋公学）小学部，被录取。入学的第三年，参加全校性的国文大会，被监督（校长）唐文治先生评为小学部第一名，以得到的四元奖金买了一部《经史百家杂钞》。1910年夏秋间，朱东润从小学部毕业，读中学的经费无着，后由唐文治资助学费，升入中学部继续学习。1913年秋，朱东润入留英俭学会，赴英留学，次年进入伦敦西南学院读书，课余从事翻译，以济学费。1916年回国后，任上海《中华新报》地方新闻编辑。此后先后任教于广西省立第二中学、江苏省立第七中学、南通师范、武汉大学（抗战爆发后迁至四川乐山）和重庆中央大学。

抗战胜利后的1946年6月，朱东润与中央大学师生集体返回南京，差不多同时，无锡国专的桂校分部也从广西回无锡。回无锡后，抗战期间曾代理无锡国专校长的冯振给朱东润写信，希望他能去无锡兼课，朱东润的想法是自己"受（唐文治）老师知遇比振心更早，当然谈不到推却"，后来他在自传中回忆此事说：

> ……秀若考学校时，曾经投考无锡教育学院。那时冯振心在无锡国学专修学校担任校务主任，我托他照料。虽然没有考取，但是振心的照料是异常周到的。事后他来了一封信，希望我去无锡兼课，又说这所学校是唐蔚芝老师办的，应当共同维持，不能让它中途停顿。道理是正确的，作为学生，我受老师知遇比振心更早，当然谈不到推却，但是能不能兼课，必须征求伍叔傥的同意。
>
> 伍叔傥很坦率地说："大学教授按原则是不能兼课的，但是现在工资是固定的，物价却在不断上涨，要不兼课也办不到。我自己是在外地兼课的，只要不在南京，我一切不过问。"
>
> 在这样的情况之下，我就接受了振心的提议，每两星期去无锡一次，虽然忙一些，问题不大，好在这时的大学教授，为生活所迫，都已经不像教授了。每星期除教课以外，没有研究任务，一般人也不搞，所考虑的只是在物价飞涨中维持自己一家艰苦的存在。
>
> 从南京到无锡，每天火车是准点的，票价也便宜，因为一般物价尽管不断飞腾，但是车、船、邮电要涨价必须由局到部，逐步申请，手续很不简单，因此显然远远落在一般物价之后。我从南京到无锡，一般都是坐二等车——现在称为软席——主要是借坐车的三小时，作为备课之用。[①]

朱东润到无锡国专兼课后不久，其次子朱君遂也考进了无锡国专。本来是约定每两周去无锡一次的，因为儿子去了，朱东润不放心，改为每周一次，

---

① 朱东润：《朱东润自传》，华中科技大学出版社2019年，第317—318页。

这样就成为每周三天在宁，三天在锡。准备功课的时间多半在车厢里。到了1947年，因受中央大学派系斗争牵连，朱东润遭解聘，遂于秋后赴无锡专任国专教职。

朱东润在无锡国专任教期间，先后开设过史记、史通、杜甫诗、中国文学批评史和传叙文学等课程。对朱东润在国专执教的情况，不少学生后来都有过很详尽具体的回忆，如冯其庸《怀念朱东润老师》一文中记：

> 朱先生讲《史记》，主要是据他的著作《史记考索》，但他特别重视原著的阅读和讲解。因为不阅读原著，根本就谈不上研究。印象最深的还是先生讲《项羽本纪》。当时我把《项羽本纪》几乎都背熟了，由《项羽本纪》联系到《报任少卿书》。我深深被司马迁的遭遇和他的"疏宕有奇气"的文章所震动了，他的"死有重于泰山，有轻于鸿毛"的震聋发聩的语言，启发着我当时的心灵。
>
> ……朱先生开的"杜诗"这门课，也是我十分喜欢的。事实上，无论是《史记》也好，杜诗也好，在以前我早已都粗粗地读过了，但听朱先生讲课就不大一样了，一则可以从朱先生的讲解中辨正自己过去的理解，误者正之，是者定之；二则是朱先生的讲解，可以顿开我的茅塞，例如我自己读杜诗的时候，只知道仇兆鳌的《杜诗详注》是集大成者，拼命死读；朱先生的讲解则不然，往往征引各家，细加评析，而且他特别推重浦起龙的《读杜心解》，讲课时常常引用，这样也就引起了我的兴趣，买了《读杜心解》的木刻本来认真阅读。①

1948年度的毕业生陆振岳在《缅怀朱东润师》一文中写道：

> 东润先生，是我生平最为崇敬的师长之一。先生最早的名著是《中

---

①冯其庸：《怀念朱东润老师》，冯其庸著《剪烛集》，青岛出版社2014年版，第106—107页，

国文学批评史大纲》，传记文学更是一代大师。先生又精擅书法，篆隶行草，卓然大家。

我在没有见到先生之前，已略知他的名声。1946年9月考入无锡国专，先后听过先生讲授史记、史通、杜甫诗、中国文学批评史和传叙文学（即习称的传记文学）等课程，系统地领受过他对于研究文学和史学的教诲，自感颇受启迪，并由此摸索到一点门径。

由于我讷于言，又不善于交际，在研习中遇到问题是通过君遂学兄的帮助，口头或书面向先生请教，还求他赐书对联和条幅。对此，先生总是有问必答，有求必应……

还在无锡国专读书的时候，我感到自己形象思维的能力差，想研习诸子之学，后来又想学历史，以此去请教先生，想得到他的指点，他给我指出：不要过早地作专门化的研究，应当遵循由博返约的原则。说到专，文、史、哲包含的内容都很广博，毕生的精力，也只能通其中一两个或几个专门。大体说来，人们常说文史不分家，这虽然不很科学，但的确它们之间是互相联系的。谈到史，搞文学的人应懂史，搞哲学的人，不了解史学也是不行的。并列举了极有说服力的例证。有兴趣先学学史，由此入手是可以的（大意如此）。这一席话，对于一个初学者听来，眼睛为之一亮，懂得了治学必须扩大眼界，而首先又应打好扎实的基础。①

另一名无锡国专学生陈弢在《深切怀念朱东润先生》一文中记：

……我是先生在无锡国专任教时期的学生。由于和先生的长子（按：应为次子）君遂同窗共读，加之又是邻县同乡，因而我获先生教益的机会较多。先生给我的印象也特别深刻，至今回忆起往事来，还历历

①陆振岳《缅怀朱东润师》，《泰兴文史资料》第6辑《纪念朱东润先生专辑》1989年版，第77—78页。

在目。

那时,先生的起居室就在我们宿舍楼的下面。他起身很早,每当我们早读时,就看到他已在校园里打太极拳。晚饭后,是先生的行食时间,大多沿着校门前的一条小河绕一个大圈子回来,而后就开始晚间工作。除了这早晚两次的"日课"和去课堂讲课外,他几乎整天都在伏案工作,或练字,或写作,或攻读。他那勤奋工作、学习的精神,令人肃然起敬。在他的潜移默化之下,我们在学习上也就不敢懈怠了。

先生讲课的风格独特,总是自编讲义,从不用别人的课本,而且决不照本宣科,从开始上课直到下课,旁征博引,口若悬河,音调铿锵,娓娓动听,引人入胜。板书时,中、英文并用,龙飞凤舞,整齐划一,既快又好。先生在古诗文的诵读上也是一绝。他每讲完一首杜甫诗,总要吟诵一遍。对每首诗的重音、顿音、滑音、颤音以及拖腔等都运用得恰到好处。随着诗歌内容的不同,有的雄浑恣肆,高亢急骤,酣畅淋漓;有的则婉转缠绵,慢声柔气,一唱三叹。以情带声,声情并茂,具有极强的艺术感染力。先生对古诗文的诵读师承唐文治校长,唐校长又师承桐城派的吴汝纶,是从姚鼐"阳刚阴柔"文气说一脉相承而来的。

先生待人接物不仅极其诚恳而且尤重礼貌,即使是对自己的学生也是礼貌有加。学生向他致敬时,他总要以深度的鞠躬回礼。同学中有人到他宿舍请教,他总先要给学生倒上一杯茶,请学生坐下,对所提问题也是不惮其烦地予以指导。有一次和我谈起我的家乡溱潼时,还特地告诉我"溱"字有两读,作为古水名就应该读 zhēn,并举《诗经·郑风·溱洧》诗为例,扩大了我的知识面。先生有时还把自己发表了的学术论文的抽印本分送给学生,以示鼓励。先生的《公羊探故》一文发表后,我也曾分得一份。[1]

---

[1] 陈弢:《深切怀念朱东润先生》,《泰兴文史资料》第 6 辑《纪念朱东润先生专辑》,第 139—140 页。

朱东润执教无锡国专时,其子朱君遂也在该校就读。朱君遂快毕业时,朱东润将旧作《木芙蓉歌》写成篆书屏条以赠。图为部分"木芙蓉屏"。

1949年秋,朱东润次子朱君遂在无锡国专毕业。朱东润说:"我的子女受过高等教育的不少,但都没有像君遂这次毕业给莲舫和我的喜悦大。我为他写了四条屏幅,写的是《木芙蓉歌》,篆书……"①《木芙蓉歌》是朱东润的旧作,抗战时期,他随武汉大学迁入四川乐山,一去多年,乃作此诗寄给妻子,所以起句就是"江南风急凋玉树,江北魂消无觅处",道出了当年山河残破、社会动荡的景象。这篆书的四条屏风是朱东润平生极得意的作品,在裱糊店里经装裱后挂上墙,曾经轰动了当时的无锡书法界。

同样是在1949年秋,朱东润由无锡国专转任私立无锡江南大学教授,后又在齐鲁大学、之江大学任教。从1952年起,长期任教于复旦大学中文系。朱东润是中国古典文学家和传记文学作家。现代文化大家钱锺书在写给王水照的信中说:"郭、朱(按:指郭绍虞和朱东润)二老,当代著宿,学问笃实,亦京华冠盖中所无也。"在传记文学作品方面,朱东润著有《张居正大传》《陆游

---

① 朱东润:《朱东润自传》,第340页。按:引文中的"莲舫"是朱东润的妻子。

传》《梅尧臣传》《杜甫叙论》《陈子龙及其时代》《元好问传》以及《朱东润自传》和为夫人邹莲舫所撰《李方舟传》等。这些著作多选取对国家、民族作出各种贡献的人物作为传主,表彰他们的气节、风骨以及济世救时的涉世热忱;作品总是从历史、时代的大背景中来展现传主的一生行迹和内心世界,呈现出气度恢弘、高屋建瓴、用笔雄放的风格。与他的传记创作互为表里的是他的传记理论研究,如《中国传记文学之进展》《传记文学之前途》《传记文学与人格》《八代传记文学述论》等,为有中国特色的中国传记文学学科的建立奠定了基础。在中国文学批评史领域,朱东润著有《中国文学批评史讲义》《中国文学批评论集》等,前者为中国最早的文学批评史专著之一。朱东润与郭绍虞、罗根泽一起,成为开创当今中国古代文学理论批评史研究的"华岳三峰"。

童书业：终身追求唯有学问

本书的《吕思勉：通贯的断代史大家》一篇，叙及在国专沪校开设史学特别讲座的吕思勉，学问精博，且有过人的记忆力；在国专沪校的课堂上，还有一位也是讲授史学课程且记忆力惊人的，那就是童书业。

童书业（1908—1968），字丕绳，号庸安，浙江宁波人。祖父童祥熊，曾任清政府安徽道员。童书业六岁开蒙，由祖父教读《诗经》，七岁起随家庭教师读经史古文数载，遍读四书五经以及《周礼》《仪礼》《公羊传》《穀梁传》《孝经》《尔雅》《老子》《孙子》等经典。十六岁时，进入父亲在上海开设的会计师事务所任练习生。从1928年起，先后任国民政府财政部书记官、安徽当涂县政府课员、浙江象山渔业管理局文书、浙江省立图书馆附设校印所校对员、惠兴初级女子中学教员等职，公余自学不懈，治经史渐取古史辨派门径，以顾颉刚为私淑之师。1935年暑假后至北京，协助顾颉刚做研究工作，代编或两人合作撰述多种。1936年秋，入京华美术学院国画系一年，又开始致力于画史研究。1939年春，由吕思勉介绍，任光华大学历史系讲师，讲授中国历史地理课程，这是童书业在大学任教之始。1940年，任私立齐鲁大学国学研究所（所长顾颉刚）名誉研究员。抗战胜利后的1946年，上海市立博物馆正式复馆，童书业任历史部主任。因博物馆微薄的工资无法维持五口之家的生活，1947年初在复旦大学历史系代课，讲历史地理；暑假后又由魏建猷介绍兼任无锡国专沪校教授，先后开设春秋战国史、秦汉史、史学通论、世界通史等课程。

很多年以后,一些听课的学生在撰述中曾回忆起童书业在无锡国专沪校授课的情形。如冯其庸在口述自传中说:

> 教课上面还有一位童书业先生,教秦汉史,1949年以后到山东大学了。童先生是一个落拓不羁的人。他讲秦汉史,也是不带一张纸,就一口袋粉笔。我是1948年年初去的,还是冬季,他穿的衣服,里面是一个棉袍,外面是一件罩着棉袍的罩衣,罩衣比棉袍短一大截,穿着一双胶底的运动鞋,就来上课了,但是他上课讲的秦汉史所有的资料都在他脑子里。他板书很快,《左传》怎么讲,《国语》怎么讲,他马上就在黑板上写出来。他安排两个学生在旁边给他做记录,他口述,学生随时记录。等到这学期讲完了,他把这个讲课的讲义整理一遍,后来出了《秦汉史》,到现在还经常印。
>
> 童书业先生跟王蘧常先生一样,大家对他也是佩服得不得了。别的课程经常爱听就听,不爱听就走了,但是一到王先生、童先生讲课大家没有一个人走的。[1]

国专沪校的女学生萧善芗则回忆道:

> 给我印象最深的是复旦大学胡曲园教授和在历史博物馆工作的童书业教授。……童书业教授是位很特殊的先生,给我们史地组学生讲"春秋史"。他不修边幅,常蓬松着头发,穿一件极为普通的旧长衫和一

---

[1] 冯其庸口述、宋本蓉记录整理:《风雨平生——冯其庸口述自传》,商务印书馆2017年版,第58—59页。按:冯其庸先生在《回忆母校——刘桂秋著〈无锡国专编年事辑〉序》中记:"特别是童书业先生讲秦汉史,也不用教材,有两位同学给他作记录,他所引各种典籍,全由他默记板书,而且写得极快,有一次他讲到秦代的物价,多少钱一石米,忽然插入一句'合现在的金圆券(国民党通货膨胀后的一种货币)多少万元',引得学生轰堂大笑。他后来出版的《秦汉史》,就是在当时讲课记录的基础上整理出来的。"可与上引文互参。

双鞋头已经有破洞的球鞋，手拿一支粉笔走进教室，神态十分严肃。他讲课时年代记得特别清楚，史实更不容置疑，还会不时背上一段《左传》，让同学们特别感兴趣。①

两个人回忆老师授课的情形，其共同之处，一是言其不修边幅（"落拓不羁"），二是言其记忆力过人。就后一点而言，这是作为学生在课堂上所感受到的老师的一种"风神"；而在这"风神"背后，则有作为讲授者为此所付出的持续不懈的努力。童书业后来长期任教于山东大学历史系，同样也听到很多人夸他"有超人的记忆力"，他自己却说："我在山东大学历史系先后开设过十几门课程，每次讲课前都把所要讲授的内容默诵一遍，准确地计算和把握讲授时间。由于对讲授内容烂熟于心，加之表达上条理清晰，逻辑严密，所以开设的课程都能受到同学的欢迎。……不少人常常夸赞我有超人的记忆力，这种记忆力虽亦与天赋有关，但更主要的是靠后天的训练而成。一个人学术成就的大小，天资固然是不可缺少的条件，但更要看他是否具有认真的工作态度和刻苦的治学精神。"②

在国专沪校教过的学生中，有一位是曹道衡。童书业对曹道衡后来的治学、研究，在方法论上产生过不小的影响。曹道衡在国专沪校读书的第三年，要写毕业论文，内容是关于西汉的盐铁政策的，大约写了两万字，是由童书业进行指导的。童教曹要熟读《汉书》《后汉书》《盐铁论》，还叫他读《华阳国志》和《水经注》等书；此外，还引导他读一些当时人的论著，其中有吕思勉的《秦汉史》和《中央研究院历史语言研究所集刊》上所载劳榦的几篇文章。许多年以后回过头来看，曹道衡觉得那时写的论文还很幼稚，但通过童先生的指导，自己多少摸到了一些治学的门径。童书业的记忆力特别强，能背诵许多典

---

① 萧善芗：《琐忆无锡国专那些年那些事——〈无锡国专〉补遗》，《文汇报》2020年7月31日。
② 童书业：《童书业（自述）》，国务院学位委员会办公室编《中国社会科学家自述》，上海教育出版社1997年版，第826页。

童书业著作集

籍;在讲授春秋战国史时,他常常大段大段地背诵《左传》。那时,曹道衡正在温习《尚书》,苦于《尚书》的艰涩,难于背诵。童书业对他说:"《尚书》是难背,但读熟了,反而更不易忘记。"童叫曹取《尚书》来,任选一篇,结果选了《大诰》,童从头至尾地背了一遍,一字不差。童书业还给他讲了不少有关《尚书》的问题,特别是伪《孔传》和蔡沈《集传》的问题。他认为蔡沈虽为宋人,很多地方依据伪《孔传》,却也有胜过伪孔之处。例如《大诰》"弗吊,天降割于我家不少,延洪惟我幼冲人……"几句,蔡传把"延"字属上句读,是从马融说。曹回去查了一下《尚书正义》,果然有这情况。通过这些指点,曹对汉人和宋人解注的优缺点,多少有了些概念;后来读到杨树达《曾星笠〈尚书正误〉序》中说的"汉儒精于训诂,而疏于审辞气;宋人颇用心于辞气矣,而忽于训诂,读者两慊焉"的话,也就有更多的休会。童书业特别强调读书要精读,不赞成随便浏览、不求甚解。曹道衡第一次点读完《汉书》时,感到还很茫然,提不出问题,便把这情况向老师说了。童书业说:"秦汉以后的史籍,需要深入探讨,才能发现问题。因为那些问题一般在深层,不是读一遍就能发现的。你现在读《汉书》还不熟,还不能从这一篇联系那一篇,怎能发现问题呢?"于是曹道衡就再次细读《汉书》。曹道衡研究魏晋南北朝文学史时,对那一部分的正史和《通鉴》都反复通读;对那个时期主要作家的集子还曾手抄过好多部。这些做法都源于老师童书业当初的指点启发,这些指点启发对曹道衡后来的研究工作有很大帮助①。

新中国成立后,童书业一直在山东大学工作,任历史系教授、副主任、古代史教研室主任等职。童书业之女童教英有介绍其父生平学术的一篇文章,题目是《童书业:对社会绝无功利要求,终身追求唯有学问》。"对社会绝无功利要求,终身追求唯有学问"两句话正是对童书业一生为人、为学的最好写照。童书业专于先秦史,对春秋史的研究造诣尤深,同时兼治中国绘画史、瓷器史和历史地理等。在先秦史、春秋史研究方面,有《春秋史》《春秋左传研究》《先秦七子思想研究》《春秋史料集》等著述行世。《春秋史》是我国现代研究春秋史的第一部学术著作,全书体系缜密,取材严谨,以春秋史为主体,上溯西周史概况,殷商以上历史则以附注形式择要列举近人及本人的重要考辨成果。现代著名历史学家吕思勉曾评价此书说:"以余所见,言春秋者,考索之精,去取之慎,盖未有逾于此书者矣。"②此书首次出版于1946年,一直到1989年,著名历史学家、古文字学家李学勤还说:"就专著而言,迄今还没有代替建国前出版的童书业《春秋史》这一部书。"③《春秋左传研究》是童书业对自己一生研究古史传说、西周春秋史成果作出的总结,扎实的史实考据与辩证发展的观点紧密结合,使此书得以"保存太古传说、西周春秋史事之完整体系"。在中国绘画史、瓷器史和历史地理方面,童书业撰有《唐宋绘画谈丛》《童书业绘画史论集》《中国瓷器史论丛》《童书业瓷器史论集》《中国疆域沿革略》《童书业历史地理论集》等著作。在对绘画史、瓷器史的研究上,童书业认为:"研究绘画、瓷器的画家、鉴赏家,虽在绘画技法,古画、古瓷的鉴赏方面造诣皆颇高,却可惜不懂历史,不能以发展的观点探讨绘画、瓷器史,对于有关的许多问题,往往不能放到具体的历史环境中进行考察,不能前后比较、贯通

---

① 童书业对曹道衡的教诲指导,又参本书《曹道衡:中古文学研究的开拓者》篇。
② 吕思勉:《〈春秋史〉序》,童书业著《春秋史》卷首,山东大学出版社1987年版。
③ 李学勤:《先秦史》,肖黎主编《中国历史学四十年(1949—1989)》,书目文献出版社1989年版,第114页。

研究,因此挖掘不深,甚至出现错误。有些研究历史的人,虽有发展的观点,但对绘画技法,古画、古瓷赏鉴不甚了然,同样也大受限制。"①而童书业自己既是历史学家,又是绘画行家,且兼涉博物考古,在绘画史、瓷器史的研究上占有很大的优势。他用治史的方法,依据大量原始的资料,去探寻把握绘画、瓷器的发展演进的历程,往往能多所发现,多所创获。以研究历史的方法并结合考古鉴赏的方法来研究绘画史、瓷器史,形成了童书业绘画史、瓷器史研究的一大特点。

---

①童教英著:《从炼狱中升华——我的父亲童书业》,华东师范大学出版社2001年版,第106页。

巨赞法师：爱国爱教的典范

　　在无锡国专三十余年的办学历史上，曾分别有过一位僧人教师和一位僧人学生，僧人学生是后来任无锡祥符寺监院的无相法师，僧人教师则是巨赞法师。

　　巨赞法师（1908—1984），俗姓潘，名楚桐，字琴朴；法名巨赞，字定慧，江苏江阴人。巨赞法师出生于江阴要塞镇贯庄村的一个小康家庭，八岁时依私塾先生读四书、五经，旋入贯庄小学就读。1924年考取江阴师范，毕业后，又在上海大夏大学读书。1929年，回江阴担任金童小学校长。1931年，经太虚法师介绍，至杭州灵隐寺依却非老和尚披剃出家。当时，他用骈文写了一篇《出家志愿书》，写了四个志愿，其中一个是"改革佛教"，太虚法师看后很赏识，评语中有"斯亦有志于道之士，得其师导，可臻上达"之语①。同年，在宝华山隆昌寺受具足戒。1932年，入南京支那内学院深造。巨赞法师自1931年出家，到1937年以前，究心法义，遍览群经，对法相、唯识、天台教观、华严义理、四论、禅宗等致力尤多。全民族抗日战争爆发后，专门在世间学问上用功，除研治先秦诸子、宋明理学之外，抛荒了的英文、日文也开始温习，又新学德文，希望能看康德、黑格尔、马克思和恩格斯的原著。1939年，巨赞法师组织南岳佛道救难协会，办训练班，结业后组成佛教青年服务团，积极参加抗日救亡运

_____

①巨赞法师：《巨赞自述》，全国政协文史资料委员会编《中华文史资料文库》第18辑，中国文史出版社1996年版，第540页。

动。1940年7月至广西桂林,担任广西佛教会秘书长,与道安法师创办《狮子吼》月刊,继续宣传抗日救亡的爱国精神和佛教革新思想。1942年离开桂林,来到桂平西山,任龙华寺住持。1945年离开桂平西山,前往广西北流县,任教于当时在北流县山围村办学的无锡国专桂校。

巨赞法师任教于国专桂校,是受抗战时期的无锡国专代校长冯振的邀请。据冯振之子冯郅仲在一篇文章述及:"家父(按:指冯振)与巨赞法师的深厚情谊,可以追溯到抗战时的桂林甚至更早。巨赞法师1931年在杭州灵隐寺出家,家父则在1933(年)到西湖游览过,他们那时是否相识,已不得而知。但在抗战期间的桂林,家父与巨赞法师已经过从甚密。"①早在1942年3月6日,冯振即曾邀请巨赞到国专桂校做学术演讲,演讲的题目是"佛教与中国"。这次演讲,主要是就两个问题来讨论:一是佛教西来以前,中国文化的动态。就地理条件和考古的发现,证明我国文化很早以来就可以、并且已具有其独立的开展。二是佛教的本质。佛教以缘生之理,说明宇宙人生生灭起伏的原因,这是儒家所未讲、阴阳五行家以及道教徒讲而未通的地方。其实佛家的所谓戒律,就是儒家的礼,不过因为两家理论深浅不同,应对进退的限度也因之而异罢了。"中国不会完全脱离农业,人也一定要那么做,儒术将会永远流传下去,道教也不易被消灭,佛教自然陪着他们长此终古。"②国专桂校学生庞心逸听后,赋《巨赞法师来穿山国专讲经》诗一首,以志其感:"保家卫国全民兴,热火穿山热炎情。巨赞法师心不静,也来宣讲救国经。"③1943年重阳节,为庆贺梁漱溟五十一岁生日,巨赞法师邀请梁漱溟及冯振至月牙山登高,

---

① 冯郅仲:《故人谊重追先哲 始信生应多读书——记家父与巨赞法师挚交的二三事》,《广西文史》2012年第1期。

② 巨赞法师:《佛教与中国——三月六日于无锡国专讲演稿》,《狮子吼》1942年第2卷第1期(1942年4月1日出版)。

③ 庞心逸:《巨赞法师来穿山国专讲经》,苏州大学(原无锡国专)广西校友会编《无锡国专在广西》,第288页。按:同书中庞心逸《抗日期间无锡国专迁桂回忆》一文亦记:"国专从北流复迁回桂林,同学增多了,学校兴盛了。教授有来自桂林各大专院校兼课的,有学者专家来讲学的,如巨赞法师讲'佛学',邀请田汉先生来讲'戏剧与抗日运动'。"

冯振又在穿山设素膳宴请两人,并赋诗一首:"恰已深秋月上弦,重阳时节菊花天。登高刚共灵山会,饮酒还同罗汉筵。人似菊花终淡泊,寿如弦月渐团圆。明年此会加强健,月更光明菊更妍。"①

巨赞法师应冯振的邀请,到时在北流县山围村的国专桂校任教,是在1945年的春季。巨赞在1945年底致瑞今、广义二法师的信中,曾叙及自己受邀至国专桂校任教之事:"瑞金(今)、广义二法师道席:不通音问久矣。胜利之后想已回厦,一切情形如何? 彼于沦陷之时,甘为敌用之佛徒近作何状?弟子去年入桂,紧张时本拟赴贵阳转重庆,交通阻塞未能如愿。桂平沦陷,避难瑶山,未逢敌匪,一切平安。今春以敝校之招,来任专任教授,讲中国哲学史、佛学概论等科,待遇同大学教授,故生活起居均适,本学期结束即迁回无锡……"②

巨赞法师到山围时,正是无锡国专经过蒙山逃难,分期分批到山围集中重新复课之后。当时国专桂校师生主要借用磐石山脚下的磐石山高小的校舍落脚,校务议事主要在冯振家的花厅进行。冯振家所住的"沙梨园"中有藏书楼,1938年无锡国专第一次南迁山围时,藏书楼的一楼曾供携家眷的钱仲联、蒋庭曜两教授居住;二楼则曾用作女生宿舍。1945年巨赞法师到山围后,

①冯振:《重九为梁漱溟先生五十一岁生日,既同赴巨赞法师月牙山登高之约,乃以素膳宴于穿山,赋此祝之》,冯振著《自然室诗稿》,广西师范大学出版社2017年版,第231页。按:《自然室诗稿》中系此诗于1943年,梁漱溟《我和冯振先生》(见《冯振纪念文集》)一文中亦记:"记得在1943年重阳时,他在穿山特邀巨赞法师,设素餐祝贺我五十一岁生日,并赋了七律一首赠我和巨赞法师……"冯郅仲《故人谊重追先哲 始信生应多读书——记家父与巨赞法师挚交的二三事》将此事系于1942年,误。

②《无锡国学专修学校巨法师致瑞今、广义二法师函》,《佛教公论》1946年复刊号。按:此信末尾署"卅五年十二月十九日","卅五年"(1946年)当是"卅四年"(1945年)之误,《佛教公论》复刊号印行于1946年4月1日,不可能收录巨赞写于1946年12月19日的信。如写于1945年12月19日,则信中所述"今春以敝校之招,来任专任教授""本学期结束即迁回无锡",皆与事实相符。又按:上引文中巨赞说自己在国专桂校"讲中国哲学史、佛学概论等科",冯郅仲《故人谊重追先哲 始信生应多读书——记家父与巨赞法师挚交的二三事》则说巨赞在国专桂校"教的是古文选和诗词选",录以备考。

即寓居藏书楼的二楼上。每逢上课,巨赞法师便步行到磐石山学校去,所以村里都知道冯振家住了一位高僧。巨赞法师的素餐由冯振夫人甘兰言亲自烹饪,专人送到法师的卧室供他用餐。每次午饭后,巨赞法师都要下楼到花厅的帆布躺椅上休息片刻,与冯振夫妇交谈。有时看见冯郅仲姐弟三人,便把他们叫过去,用浓重的江浙口音给他们讲佛教的故事。

巨赞法师于1945年春至国专桂校任教,担任的应该是"1944学年"下学期的课务。这一学期结束后,学校又给他致送了"1945学年"的聘约。这份聘约书被收录于《巨赞法师全集》第一卷,从中可以了解国专桂校续聘巨赞任教的有关细节,同时它也是有关无锡国专校史的一份珍贵的实物资料。兹录聘约书内容如下:

私立无锡国学专修学校聘约 第 号

兹敦聘释巨赞先生为本校专任副教授,并订定聘约如左:

一、薪金每月国币贰百陆拾元,加成数及各项津贴,每月约国币陆仟四百玖拾元,按月致送。

一、每周授课十二小时。

一、聘期自民国三十四年八月一日至三十五年七月卅一日止。续聘于期满一个月前另订新约。

一、其他事项,依照本校教职员服务通则办理。

一、应聘书请于接到聘约后一星期内签订送还,逾期作不应聘论。

另附本校教职员服务通则。

代理校长 冯振

中华民国三十四年七月

巨赞法师得学校聘约,续任国专桂校"1945学年"的教职,已是在抗日战争胜利之后。这一年的10月10日,饶宗颐和巨赞法师等人登临北流山围的

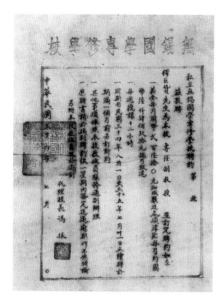

无锡国专给巨赞法师的聘书

磐石山,饶宗颐作《登磐石山同巨赞上人》,巨赞法师和作《乙酉国庆,登北流山围之磐石山,用饶固庵教授韵,时同执教于无锡国学专修学校》,表达对终于迎来抗战胜利的无限喜悦之情①。

1946年2月,国专桂校师生离开北流县山围村,开始复员回无锡。经过一路的辗转奔波,在该年的6月15日,国专桂校师生全部返归无锡,并开始上课。巨赞在《我的回忆》一文中记:"……这时,无锡国专从桂林移到北流开课,校长冯震(振)是北流人,打听到我在桂平乡下避难,就请我去无锡国专教书,一直到日本投降,无锡国专搬回无锡,我就从广西回到杭州。"②

巨赞法师回到杭州灵隐寺后,担任浙江省佛教会及杭州市佛教会秘书长;1948年,受聘为武林佛学院院长。1949年4月,巨赞从香港抵达北京,出席了中国人民政治协商会议第一届会议,并于10月1日参加了开国大典。1952年参加筹建中国佛教协会并一直担任副会长,又曾兼任中国佛学院副

①参见本书《饶宗颐:"业精六学"的一代通儒》篇。
②巨赞法师:《我的回忆》,刁萦梦等《桂林旧事》,漓江出版社1989年版,第328页。

院长。

巨赞法师是现代爱国高僧,他对佛教的贡献主要表现在推动佛学研究和佛教改革两个方面。在前一方面,他精研三藏,博通二乘,并熟读儒道经典。熟读的佛教经典有七千余卷,写下的笔记有三百多万字,学术论著一百四十七篇,被后人汇为《巨赞法师全集》出版。他对佛教有一套完整的看法,将佛教分为理论、历史、经籍、史传、宗派、人物、制度仪轨、文化艺术和圣地等组成部分;他对印度佛教特别是大乘两个主要派别——中观和瑜伽行派有系统和深入的研究;他尤其注意中国佛教的问题,对中国佛教史上重要经籍、宗派、思想、人物、儒释的关系等都做过较为深入的学习和研究。在后一方面,巨赞法师是一位解行相应的佛教改革家,他把毕生的精力奉献给了佛教的改革和复兴事业。在大学读书时他就参加了共产党领导的民主革命活动,即使在出家后也丝毫没有改变他的初衷。所著《新佛教概论》一书,认为我国过去的佛教和封建主义血肉相连,佛教徒的思想行为在不同程度上受到封建主义的影响,表现出十分迷信落后的特点;因此要排除佛教中的迷信毒素,剔除其糟粕,吸收其精华,必须用科学的历史观点,在理论方面研究大乘经理,才能弃伪扬真,澄清思想,发扬菩萨的积极精神,无我除执。此外,对于僧伽制度、僧伽教育的改革、人才的培养、经典文物的整理、佛教界的因循守旧观念等也都有所阐述。

学生篇

1920年12月19日，无锡国学专修馆在无锡、上海、南京三地同时招考首班新生。在上海考点，有两位嘉兴籍的学子参加考试，一位是王蘧常，另一位是唐兰。

王蘧常（1900—1989），字瑗仲，号明两，浙江嘉兴人。王蘧常三岁由其母教以方字，并辨四声，四岁从伯父步青公读《文字蒙求》等启蒙书。五岁以后，读四书与《毛诗》；七岁后，读《礼记》《尚书》《左传》等。又学习作诗，年终得十余篇，当时颇有神童之誉，其父为题曰《毂音集》，意谓如鸟雏离壳初鸣，其音微弱，尚不能成韵。十岁时，入富阳县学学习了不到一年。十三岁，入嘉兴高等小学，因成绩优异，一年后即越级入浙江省立第二中学。入学前，曾将省立第二中学教师刘子庚所著《中国文学简史》加以注释，刘子庚见后大喜。十九岁时，王蘧常在上海哈同花园拜沈曾植为师。

王蘧常十六岁时，曾看到过唐文治所著的《人格》一书，当时就对唐非常景仰。1920年，施肇曾、陆起发起创办无锡国学专修馆，延请唐文治出任馆长。本文开首叙及，是年12月19日，王蘧常和唐兰在上海考点一起参加首班新生入学考试，考题有二：一为"於缉熙敬止"，二为"'为生民立命，为万世开太平'论"。答题时，王蘧常见坐在旁边的是一位头发斑白的五十多岁的老先生，老是看自己的文章，看一下，写一下，因为害怕最后两人的卷子雷同，王蘧常便改用古文字来写卷子，最后他和唐兰都被录取了。去无锡第一次见到唐文治先生,唐问他:"你为什么在作文上写了古里古怪的字?"王蘧常告以原因,唐听后哈哈大笑,非常和蔼可亲。①

1921年2月27日,无锡国学专修馆正式开馆。开学那一天,唐文治对学生训话,希望学生能为圣为贤,其次要为豪为杰,王蘧常听后很受感染。当时校中由唐文治亲授经学与理学,由朱文熊、陈柱授子学及文学。三位先生中,王蘧常自觉"受教于唐先生者至深且大,经学理学外,尤深得于其论文及读文、作文之法"。几十年以后,他回忆起唐先生对学生谆谆教导、诲人不倦的情形仍是记忆犹新:

> ……唐先生督教严,经文必以能背诵为度,常面试,一差误,则续续试不已,必无误乃已。经义不拘汉宋,唯其是。理学重朱子,兼及阳明,谓虽相反,亦相成。考核尤重月试,不限于经、史、子,亦重文学。等第分超、上、中,每发表,唐先生中坐,秘书在左唱名,遂起立致敬听评语。评有眉评与总评,如解牛,无不中肯,听者忘倦。尤喜奖假,我尝作《观浙潮赋》,拾古人江海赋之辞采,以蛟螭鼋鼍喻军阀之内战,翻江倒海,民不聊生。唐先生书其后曰:"极挥霍离奇之能事,物无遁形,木玄虚、郭景纯应避其出一头地。"又曰:"写此题,不能再好矣!"一堂皆惊。虽明知溢美过情,然经此鼓舞,令人感奋不能已已。②

课堂授受之外,唐文治还让学生走出校门,或从校外名师问学,或征访稀见古籍。从1923年3月起,王蘧常与同学毕寿颐、蒋庭曜、唐兰、侯堮、吴其昌

---

① 王蘧常应考及用古文字写卷子事,见其所撰《唐老夫子对我的感染》一文(《唐文治先生学术思想讨论会论文集》,苏州大学1985年铅印本)。按:王蘧常《毕君贞甫传》(见王蘧常著《抗兵集》)一文中记无锡国专本次招考新生,"与试者凡千余人,多瞠目腐豪莫能下,君(按:指毕寿颐)独绵绵若不可穷,同坐者皆惊视。君惧为所袭,改作古籀文,尚书(按:指唐文治)得卷,大异之"。这里所记的考试时因怕旁边人偷看而改写古体字的是毕寿颐而非王蘧常本人,与《唐老夫子对我的感染》一文所记不同,录以备考。

② 王蘧常:《自述》,王元化主编《学术集林》(卷三),上海远东出版社1995年版,第291页。

和白虚等七人奉唐文治之命,定期去苏州向经学大家曹元弼(唐和曹是当年就学于南菁书院时的同门)学习《仪礼》。王蘧常后来曾回忆说:"(曹)目短视,不能寸,又不御镜,阅书多,鼻常黑。语必文言,讲授时,旁征博引,尤称郑玄,必曰郑君。一席话,即一篇诂经文也。"一个学期下来,王蘧常与诸同学根据曹元弼讲授《礼经》的内容纂辑成《礼经大义》数卷付刊,这是王蘧常服膺郑玄之始。同年10月,王蘧常与唐兰、吴其昌、吴宝凌、戴恩溥等五人又奉唐文治遣派,赴宝应刘启瑞家分抄清代学者王懋竑、朱泽沄的《朱集签注》,七日而成。回无锡后,王蘧常遵唐先生之嘱,理而董之,厘为四卷,草创凡例,定名为《朱子全集校释》。

无锡国学专修馆第一班学生中,王蘧常和唐兰都是浙江嘉兴人,同乡而又为同学,都沉潜学业;同时两人又极富个性,在日常生活中却不拘形迹,馆中同学改用明末清初"归(庄)奇顾(炎武)怪"之说,称他俩为"王奇唐怪"。当年的《申报》上即有一篇《王奇唐怪》的人物特写:

我在南国读了本刊木木君《我所知道的王瑗仲》一篇,使我想起了十年前王奇唐怪的一句话。唐就是王氏的好友唐景兰(按:唐兰又名唐景兰),现任北京大学的教授。他们都是嘉兴人,从小在一起,少年时非常淘气,现在居然大家是大学的名教授了。尤其是唐氏,很有龚定庵的风味,几个月不洗脸,几个年头不洗澡,胡子养得长长的,后来不晓得怎样,头面都蒙住了黑气,一块一块的怪难看,他却依然如故,有人劝他洗刷,他说:"天生黑于予,洗刷其如予何?"平时喜穿马褂,大热天亦是如此,有一天逢着大雨,黑色全褪在白衫上,染成一件天然马褂,他爽性把马褂脱掉,依然长揖公卿,行所无事。他援学问,无所不通,就是医卜星相,奇门遁甲,也能够谈谈,真是怪极了,王氏常常笑他是异端。王氏喜欢着西装,谈阳明学,唐氏又笑他是洋八股。他们同在无锡读书的时候,常常登山临水。有一天雅兴大发,在热闹的街市上,公然大唱杜工部的诗歌,路人多疑心他们是疯子,同行的人多溜走了,但是他们还是旁若无人。他们都喜欢写古字,往来的信札,都写龟甲文或钟鼎文,有人笑他们不通,他们亦满不在乎。王氏白天里常常合着眼,跟不相干不合意的人谈话,总是呼呼的睡去,只有跟唐氏谈天说地,可以好多夜不睡。他们举动离奇到如此,无怪他们的乡人说他们是王奇唐怪了。我曾经流寓过他们的故乡,而且跟唐氏有半面之缘,作此一篇,读者诸君,或者可以当江湖奇人传罢。①

1924年1月1日,无锡国学专修馆举行第一届第一班学生毕业礼。对于王蘧常来说,在国专就读虽只有短短的三年时间,但却收获满满,成绩斐然。在上一年的6月,学校曾"选择甲班两年、乙班一年之成绩较优者""每课以前列三名为率",选编《无锡国学专修馆文集初编》刊刻印行。全书四册,共收录国学专修馆第一班和第二班学生的文章及诗赋147篇,其中收王蘧常作品25篇,在数量上居所有入选学生之首②;这25篇作品每篇都有唐文治写的评语,从中可见唐对这位弟子的奖掖勖勉之意,如评《〈大学大义〉后序》曰:"《周易》为文王之遗经,《大学》为文王之师范,义虽攸殊,道归一贯。作者胸有璇玑,故能善于傅会。崇德广业,企予望之!"评《"好人之所恶,恶人之所好,是谓拂人之性,灾必逮夫身"论》曰:"大气包举,精理缜密,出入经史,以我驭题,杰作也!"评《屈原论》曰:"一唱三叹,哀怨之音溢于弦外,如读欧阳公《琴说》。曲折处均用白描,绝不露才锋,斯为隽才。"

到了毕业考试,分经、史、子、文四门,王蘧常于"文"作《太极赋》一千数百言,唐文治在陈柱的评语之外又加评云:"融贯中西,包罗古今,前人未有也。"又据王蘧常后来回忆:"……唐先生又诱使诸同学治学,各就性之所近。于是毕寿颐治《诗》与《文选》,唐兰治《说文解字》,蒋庭曜治前、后《汉书》,吴其昌

---

①士:《王奇唐怪》,《申报》1937年4月5日第14版。

②在入选作品数量上居第二到第五位的是:毕寿颐,16篇;蒋天枢,13篇;唐兰,11篇;蒋庭曜,11篇。按:1926年12月编印出版的《无锡国学专修馆文集二编》一书中又选录王蘧常作品9篇。

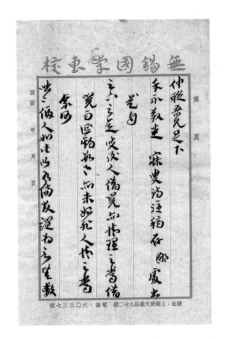

王蘧常致钱仲联信。此信写于二十世纪四十年代王蘧常执教于国专沪校时期,用的是"无锡国学专校"的信笺

治宋儒五子外诸家年谱(毕业后,改治钟鼎、甲骨文),我则治三代史。及毕业,皆裒然成巨帙。……我则成《商史纪传志表》若干卷、《夏礼可征》二卷、《清代艺文志权舆》十六卷,时《清史稿》尚未问世也。"①正因为在学业上的优异特出,在当时流传有"国专三杰""唐门三鼎甲"等美誉,王蘧常皆名列其中;而"而国专同学之中,群推王蘧常先生为首座"②。

毕业后,经唐文治先生的推荐介绍,王蘧常至唐兼任校长的私立无锡中学任教。1925年,王蘧常被聘为无锡国学专修馆讲师,讲授子学。1927年至

①王蘧常:《自述》,第291页。
②"国专三杰"见吴令华《沸血胸中自往来——追忆父亲吴其昌教授》:"他(按:指吴其昌)的博闻强记,才思敏捷,与王蘧常(瑗仲)、唐兰(立厂)同被称为'国专三杰'。""唐门三鼎甲"见钱仲联著、周秦整理《钱仲联学述》:"我(按:指钱仲联)……当时与首届学员王蘧常、二届学员蒋天枢齐名,号称'唐门三鼎甲',而国专同学之中,群推王蘧常先生为首座。"

上海,先后任教于私立光华大学附中、私立复旦大学、大夏大学、私立之江大学、交通大学、暨南大学等校;1939 年 3 月,无锡国专沪校成立,王蘧常任教务长。①据曾在国专沪校就读的陈左高回忆,王"任国专教务长时,唐文治校长已年迈,校务悉由先生(按:指王蘧常)仔肩。所订课程设置方案,首先要求学生能通读经史子集原著,并延多方专家,开设文字、训诂、声韵、版本目录、古书校雠等课,使之掌握有关知识和技能,为今后独立研究创造条件。一时培养成才者,何啻数百。"②在抗战时期的艰苦岁月中,除了以坚韧的毅力坚持办学,王蘧常还表现了威武不屈的民族气节。1942 年 8 月,汪伪南京政府"教育部"强行接管上海交通大学,改名为"国立交通大学",时在交通大学兼任教授的王蘧常与同事五人辞去交大教职,人称"反伪六教授"。到了大约 1943 年秋前后,有人写信邀请时任国专沪校教务主任兼教授的王蘧常任伪中央大学文学院院长之职,王回函拒绝,并借用唐代诗人张籍的诗题,作《节妇吟》以自明其志,诗的最后说:"富贵有时尽,此情无尽时。江山有时改,此心不可移。"唐文治先生闻知后大为赞赏,并风趣地说:"瑗仲已成王寡妇了。"③抗战胜利后,唐文治为王蘧常的文集作序,在序中表彰了王蘧常抗战时期的"志节激昂",并在文中再一次揭橥了"人生当世,气节而已矣。士大夫所负之责任,激励气节而已矣"的旨意。④

1949 年,无锡国专改名为私立中国文学院,王蘧常担任副院长,每两周由上海去一次无锡,处理院务。1951 年以后,长期任教于复旦大学中文系、哲学系。王蘧常一生著述闳富,2022 年,复旦大学出版社编纂出版了《王蘧常文

①抗战时期,因收入低微,生活困难,大学教师常在几所不同的学校同时担任教职。故上述王蘧常在上海担任的教职,在时间上多有交叉重叠。

②陈左高:《访王蘧常教授》,陈左高著《文苑人物丛谈》,上海远东出版社 2010 年版,第 138 页。

③陆汝挺《回忆唐文治(蔚芝)先生二、三事》(《无锡文史资料》第十二辑):"……王蘧常先生不就伪交大职,专任国专教务长,有《节妇吟》,先生(按:指唐文治)大为赞赏,常称'瑗仲已成王寡妇了'。"这里的"不就伪交大职务"当是"不就伪中央大学之职"之误,笔者所撰《无锡国专编年事辑》(修订版)一书中对此事有考订辨正。

④唐文治:《嘉兴王君瑗仲文集序》,唐文治著《茹经堂文集六编》卷四。

集》共十二册，收录了王蘧常所撰作、笺注、编纂的著作十四种，包括史学著作《秦史》《中国历代思想家传记汇诠》及《沈寐叟年谱》等五种年谱，子学著作《诸子学派要诠》，笺注类著作《顾亭林诗集汇注》《梁启超诗文选注》，自撰诗文别集及诗话作品《明两庐诗》《新蒲集》《抗兵集》《国耻诗话》等。这些著作涉及到先秦史学、诸子学、诗学、谱传学和文献学等诸多研究领域，体现出王蘧常学术研究的整体特点——通贯性和整全性。而复旦大学哲学学院院长孙向晨认为："先生（按：指王蘧常）身上的通贯和'整全性'，其实反映的是一种对于中国传统学问的见解。国学本就是一个有机的整体，在今天反而被现代学科分类标准而分割得'身首异处'。"学术研究之外，王蘧常又是一位书法大家，其章草被誉为"当代独步"。

唐兰：
古文字学一大家

前篇《王蘧常：唐门弟子的"首座"》中叙及，无锡国学专修学校首班学生中有两个人被馆中同学称为"王奇唐怪"，"王奇"是指王蘧常，而"唐怪"则是指唐兰。

唐兰（1901—1979），又名佩兰、景兰，号立厂（又作立庵），浙江嘉兴人。幼年家境贫困，父亲唐熊征先以挑担售卖商品，后来以开小水果店为生。少年时期的唐兰曾在嘉兴乙种商业学校学习，后又从嘉兴国医馆馆长陈仲南学中医，并在城内项家荡开设景兰医院行医，其后又在上海著名作家陈栩主办的栩园编译社学习诗词。

唐兰与王蘧常一起参加无锡国学专修馆的招生考试，成绩公布后，唐兰列第五名，王蘧常列第七名，双双被录取。入学后，两人的关系自然较一般的同学更为密切。上一篇《王蘧常：唐门弟子的"首座"》中曾叙及，从1923年3月起，两人与其他几位同学曾奉校长唐文治先生之命，定期去苏州向经学大家曹元弼学习《仪礼》。同年10月，两人与其他三人又奉唐文治遣派，赴宝应刘启瑞家分抄清代学者王懋竑、朱泽沄的《朱集签注》。回无锡后，王蘧常遵唐文治之嘱，整理成《朱子全集校释》，唐兰则作《〈朱文公文集校释〉跋》，文末云：

　　兰于秋间受唐师命，从诸同门过录此书于宝应刘氏，归而既排比成帙,因窃读之,颇疑其即《文集注》,既探获诸证,可信为非谬,以告师。师曰:"有是哉！汝曷记其后,使夫求《文集注》者,求诸此书而无疑也。"遂私记大概如上。①

在唐兰就读无锡国专期间,最可值得关注留意的,是他作为一个年方弱冠的在读学生,便与"甲骨四堂"中的两位——罗振玉和王国维②,或书信往来,或当面请益,讨论交流有关甲骨文、古文字学方面的学术问题,并亟受罗、王两人的称赏。在《〈天壤阁甲骨文存并考释〉序》一文中,唐兰曾记其在无锡国学专修馆就学期间"初知有甲骨文字,取罗氏所释,依《说文》编次之,颇有订正。驰书叩所疑,大获称许,且介之王国维氏。余每道出上海,必就王氏请益焉。"③在《罗振玉王国维往来书信》一书中,收有两封罗振玉致王国维书,内容即涉及罗振玉向王国维推荐唐兰事。一为1922年6月15日函:"……唐君字立庵,弟已致书,属渠专谒左右(公能再以一书与之更佳)。此君后来之秀,不可不一见也。"二为1922年7月初函:"携李唐君(原整理者注:因唐兰系嘉兴人,携李为嘉兴古名,故以称),后来之秀,其人家贫笃学,有书致公。若到沪,请接见。弟前寄《书契考释》等书,祈赠与为荷,《切韵》并乞与一册,唐君当甚感也。"④

在罗振玉的推荐介绍下,唐兰从1922年开始与王国维书信往来,向其有所请益,或与其讨论有关学术问题。开始通信时,他是无锡国学专修馆的二

①唐兰《〈朱文公文集校释〉跋》,唐兰著《唐兰全集》(一),上海古籍出版社2015年版,第44—45页。

②"甲骨四堂"指中国近现代研究甲骨文的四位著名学者:罗振玉(号雪堂)、王国维(号观堂)、郭沫若(字鼎堂)、董作宾(字彦堂)。唐兰后来曾描述说:"卜辞研究,自雪堂导夫先路,观堂继以考史,彦堂区其时代,鼎堂发其辞例,固已极盛一时。"(见唐兰《〈天壤阁甲骨文存并考释〉序》)

③唐兰:《〈天壤阁甲骨文存并考释〉序》,唐兰著《唐兰全集》(六),第194页。

④罗振玉、王国维著,王庆祥、萧立文校注《罗振玉王国维往来书信》,东方出版社2000年版,第533、537页。

年级生。王国维去世后的1927年,唐兰曾将王国维从1922年到1925年给自己的八封信札发表在《将来》杂志,后以《王静安先生遗札》为题,收入《唐兰全集》第十二卷。他在"题记"中说:"壬戌初秋,始访先生于沪上,辱不弃鄙陋,抵掌而谈,遂至竟日,归而狂喜,记于先生所赠《唐韵》后叶,以为生平第一快事。"①

这里姑举八封信札中的几例,以见两人书函往来、讨论学术的情景之一斑:1922年8月15日(壬戌年六月二十三日)王国维复唐兰信:"辱手书,敬审疏通知远,先治小学,甚佩甚佩。雪堂来书亦甚相推服,并有书籍相赠,寄在敝寓。唐写本《切韵》(系弟录本),乃京师友人集资印之,以代传写,敝处尚有之,亦俟尊驾过沪时奉呈……"1922年9月21日(壬戌年八月初一日)致唐兰信:"……所询诸书,则《字镜》有《古佚丛书》本,《倭名类聚抄》有杨星吾刊本。丛书本不能另售,杨本亦不易即得。然此种于《说文》所补无多,盖展转援引,未可遽以为据也。《切韵》《唐韵》,其价值仍在音韵学上,而不在所引古书,不知兄以为何如。"1923年5月4日(癸亥年三月十九日)致唐兰信:"……承校《生魄考》误字,甚感。近刻《集林》,于'六月乙亥朔'业已校正。其'己丑'当作'乙丑',则校时未觉其误,承示乃知之,惜已铸版,无从追改矣。承教以《生魄考》中疑义七条,读之至为愉快。其中'殷时置闰不在岁杪'一说,尤合于历意,钦佩之至。……以后兄有所见,仍希时时见示,于彼此均有裨益……"②

1923年,王国维在给商承祚的《殷墟文字类编》作序时说:"今世弱冠治古文字学者,余所见得四人焉:曰嘉兴唐立庵友兰,曰东莞容希白庚,曰胶州柯纯卿昌济,曰番禺商锡永承祚。立庵孤学,于书无所不窥,尝据古书、古器以校《说文解字》。"③王国维说这些话时,唐兰还是无锡国学专修馆的一个在读的学生。

①唐兰:《〈王静安先生遗札〉题记》,唐兰著《唐兰全集》(十二),第16页。
②王国维著《王国维全集》(第15卷),浙江教育出版社2010年版,第845—850页。
③王国维:《〈殷墟文字类编〉序》,方麟选编《王国维文存》,江苏人民出版社2014年版,第715页。

1923年6月，无锡国专选编一、二班学生优秀课卷为《无锡国学专修馆文集初编》刊刻印行，其中收唐兰作品十二篇，收录作品数量排在全部学生中的第四位。十二篇作品，每篇都有唐文治先生的评语，如评《拟刻十三经读本序》曰："文径清澈，渊思入微，一变平日之面貌，可谓聪颖绝伦。"《经正则庶民兴说》一文评语："造语如子，成一家言。"评《读〈月令〉(一)(二)》曰："孔子曰'道之以德，齐之以礼'，孟子曰'谨庠序之教，申之以孝悌之义'。道也，教也，所谓训也；齐也，所谓练也。《月令》一书有法令而无教化，所以为专制之根荄也。唯其书多采古礼，故后儒称引之耳。文能洞见本原，用笔亦曲折古奥，洵能善读书者。"评《裁兵议》曰："变裁兵为教养，识解既高，行文古雅绝伦，亦复秩然有序，此才固未易得也。"评《谈经拟枚乘〈七发〉》曰："志大学博，充而学之，他日之经师也。"①这些评语都对唐兰的作品给予了较高的评价。

实际上，这些作品都还只是根据老师布置的题目所作的一些课卷；在馆三年的学习生活，沉浸醲郁，含英咀华，唐兰和他的不少同学都已经有了一些初期的治学成果。同为专修馆第一班学生的王蘧常在《自述》中记："唐先生又诱使诸同学治学，各就性之所近。于是……唐兰治《说文解字》……及毕业，皆裒然成巨帙……唐有《说文唐氏注》"；而据唐兰自己后来的回忆，这一时期的研学成果并不只是对《说文解字》的研究："……(民国)九年冬，尽弃所业，就学无锡。同学有熟习段注《说文》者，余由是发愤治小学，渐及群经。居锡三年，成《说文注》四卷，《卦变发微》《礼经注笺》《孝经郑注正义》《栋宇考》《闾阓考》各一卷。"②

唐兰于1924年初从无锡国学专修馆毕业后，经罗振玉介绍，到天津周家渊家当家庭教师。二十世纪三十年代初，授课于东北大学。"九·一八"事变后至京，代顾颉刚讲《尚书》于燕京、北京两大学，后讲金文及古籍新证，又代董

①《唐兰全集》第一卷"论文集上编(1923—1934)"共收录唐兰作于就读国专期间的论文十四篇，其中除刊载于《无锡国学专修馆文集初编》的十二篇外，还有两篇是原刊于《无锡国学专修馆讲演集初编》中的《婚礼概论》和《整理我国古代名学之方法》。

②唐兰：《〈天壤阁甲骨文存并考释〉序》，唐兰著《唐兰全集》(六)，第194页。

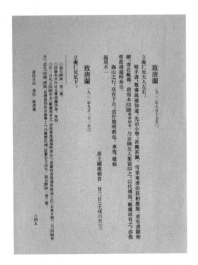

王国维致唐兰信。当时唐兰还在无锡国学专修学校读书。

作宾讲甲骨文字,并应聘在师范、辅仁、清华、中国诸大学讲授古文字学及《诗》《书》和三礼。1936年,受聘为故宫博物院专门委员。全面抗战爆发后,赴昆明任教于西南联大。抗战胜利后,任北京大学教授,代理中文系主任。1952年,调入故宫博物院,曾先后任设计员、研究员、学术委员会主任、陈列部主任、美术史部主任、副院长等职,并任中国科学院历史研究所学术委员。

　　唐兰一生治学,博学多通,撰述宏硕,在他身后编纂印行的《唐兰全集》共十二卷,所涉内容包括中国文明起源、先秦史地与文献、侯马盟书、石鼓文、敦煌遗书、诗词等许多方面。即以诗词而论,低他两级的国专同学钱仲联曾评价说:"嘉兴唐立庵兰,锡山唐师蔚芝门下同学也。又曾受业于金甸丞,为沈寐叟再传弟子。诗功极深,同门中除王瑗仲蘧常外,无人能及。"①"甸丞门下嘉兴唐立厂(兰),工倚声,诗亦步趋宋贤,参以玉溪。与海藏诸老唱和,北方诸名宿皆推服之。"②但他最大的成就当然是在甲骨文、金文、古文字学的研究方面,代表性著作有《殷虚文字记》《天壤阁甲骨文存并考释》《西周青铜器铭

————————

① 钱仲联:《梦苕庵诗话》,齐鲁书社1986年版,第81页。

② 钱仲联:《十五年来之诗学》,《私立无锡国学专修学校十五周纪念册》。

文分代史征》《唐兰先生金文论集》《古文字学导论》《中国文字学》等。《殷虚文字记》是一部专门考释甲骨文字的著作,该书先摹字形,次举辞例,然后分析字形及偏旁,并考证增附不同偏旁后的文字与本字音、字的联系,充分运用偏旁分析的方法对甲骨文字进行研究,并对一些具有典型意义的文字阐明其从甲骨、金文一直到小篆字形变化的轨迹,最后再将文字置于卜辞中检验。正是由于唐兰对古文字的形体有科学而深刻的理解,并掌握了正确考释古文字的方法,因此所得独多。《天壤阁甲骨文存并考释》所收皆王懿荣旧藏甲骨,旁征博引,考订翔实,显示了唐兰深厚的旧学底蕴。《西周青铜器铭文分代史征》是一部体大思精之作,该书以周王世系为纲,拟对武王至幽王的铜器,先分代,继而考史。已作之武王、成王、康王、昭王诸王皆有总论,所列诸器先作释文,再行考释;穆王未作完,唐兰便与世长辞。但已成的部分中,对不少器铭的考释有独到而精辟的见解。《古文字学导论》界定了古文字学的研究范围;全面梳理了古文字学的历史;对文字起源和演变进行了阐释,突破了传统的"六书"说,提出了"三书"说,即象形、象意和形声。该书还系统论述了古文字研究的意义和方法以及相关的注意事项,提出辨识古文字的四种重要方法,即对照法(或比较法)、推勘法、偏旁的分析、历史的考证,尤其是偏旁分析法对批量认识古文字有重要意义。当代著名古文字学家裘锡圭评价此书说:"这本书奠定了现代意义的文字学的基础,同时也使古文字的研究开始走上科学的道路。""其书第二部分阐明研究古文字,主要是考释古文字的方法,特别强调偏旁分析法和历史考证法的重要性,此书标志着现代意义上的古文字学的建立。"[1]在古文字学研究的基础之上,唐兰又对中国文字学的学科体系进行了全面思考,所撰《中国文字学》一书,共分为五个部分,包括前论、文字的发生、文字的构成、文字的演化和文字的变革。《中国文字学》是在《古文字学导论》原有框架之上,就中国文字整体研究而进行的丰富和完善。[2]

①裘锡圭:《二十世纪的汉语文字学》,转引自唐兰著《唐兰全集(一)》"前言"。
②参黄益非:《天下谁人不识君——唐兰先生生平及学术贡献》,《大众考古》2015年第8期。

吴其昌：『沸血胸中自往来』

当代学者胡文辉在他的《现代学林点将录》的"地镇星小遮拦穆春——唐兰"一篇的开头记："吴世昌曾对唐（兰）作大言：'当今学人中，博极群书者有四个人：梁任公，陈寅恪，一个你，一个我！'虽属友朋间的戏语，亦非尽虚言。"①实际上，对唐兰说这话的并非吴世昌，而是他的兄长吴其昌。吴其昌和唐兰是无锡国专的同班同学兼挚友，才会有这种私下的"戏语"。

吴其昌（1904—1944），字子馨，浙江海宁人。吴其昌出生于一个平民家庭，自幼酷爱读书，十一岁受教于桐城派古文家张树森，是张的三个古文高足之一（另两位是吴的表兄、现代著名诗人徐志摩以及许国葆）。吴其昌家中贫困，十二岁丧母，十六岁丧父，1917年从硖石高等小学毕业后，便开始了自学之路。他的弟弟、后来成为著名红学家的吴世昌曾回忆说："我们家里读书的风气是我的四哥（按：指吴其昌）搞起来的，他十来岁就看完了《三国志演义》，小学毕业以后，他不肯像别人家的孩子那样去学生意。有一次，他从'敬惜字纸'的一米多高的大废纸篓中拣到半部《传习录》，大好之，看得寝食俱忘，后

①胡文辉：《现代学林点将录》，广州人民出版社2010年版，第377页。按：胡文辉书中注明这段话出自周一良《毕竟是书生》，查《毕竟是书生》（北京十月文艺出版社1998年版）第11页中记："唐（兰）先生后来曾告诉我，吴其昌先生曾对他壮语：'当今学人中，博极群书者有四个人：梁任公，陈寅恪，一个你，一个我！'"据此，可知是《现代学林点将录》在引述《毕竟是书生》中的内容时，将"吴其昌"误作"吴世昌"。

来又弄到一本上海缩印的《经义述闻》，他又如饥如渴把它看完了。不久父亲去世，族中一位伯父推荐他这十六岁的孩子到杭州一富商家中教更小的孩子……"①

　　1921年，17岁的吴其昌考入无锡国学专修馆，成为第一班学生。馆长唐文治先生怜其年少孤露，告诉他说："嘉兴唐立厂（兰）、秀水王瑗仲（蘧常）、武进蒋石渠（庭曜）、无为侯云圻（堮），之数子学问行谊，皆可为汝师，汝其友而师之。"②故吴其昌于上述诸同学始终以兄长事之，而与王蘧常、唐兰尤为相善。王蘧常后来在《海宁吴子馨教授传》一文中对吴其昌在无锡国专读书时的情状有生动的描述：

　　　　……十七受业太仓唐尚书师之门，与余及唐立厂兰善。初至，夸布衣，负巨篑，踉跄行大雨中，直入横舍上坐，即发书读。与人不款曲，舍中人皆目笑，君自若也。十余日，始狎语，博闻强识，喜为通俗文。论必称时贤，余与立厂大诟之。立厂刺刺举先儒治学法，君低首不复言。自此遂治经及小学，既又好读有宋诸子书，考其史事至勤，作程明道、李延平、谢显道诸年谱，《朱子著述考》，《两宋学术史》，各若干卷。予谓理学而尚考据，自君始。立厂笑为外道，不顾也。常以闲道自诡，与人论经，一宗朱子，不合辄上气。予与立厂著《淫诗辨》，破朱子《集传》之说，君终不服。尝作《朱子理学讲义》，累数十万言，立厂举班孟坚刺傅武仲语，君立刊削，一夕定。……有林某嘤唶宿儒，恃才欲诎君，终莫能难。③

　　在国学专修馆期间，吴其昌为学甚勤。他与班上学友奉唐文治先生之命，定期去苏州向经学大家曹元弼学习《仪礼》，赴宝应刘启瑞家分抄清代学

①吴世昌：《罗音室学术论著》第一卷"前言"，中国文艺联合出版公司1984年版。
②吴令华：《海宁吴其昌教授年谱》，吴其昌著《吴其昌文集 诗词文存》，三晋出版社2009年版，第312页。
③王蘧常：《海宁吴子馨教授传》，王蘧常著《抗兵集》，新纪元出版社1991年版，第44—45页。

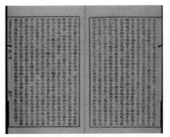

吴其昌《屈原论》,刊于《无锡国学专修馆文集初编》,唐文治先生评语:"拔剑斫地歌莫哀,吾能拔尔郁塞磊落之奇才。"

者王懋竑、朱泽沄的《朱集签注》。每值休假,必怀炊饼进入各公私图书馆,终日不出,三年如一日;寒暑假则至富阳请益于夏震武先生。1923年6月,学校选编一、二班学生优秀课卷为《无锡国学专修馆文集初编》刊刻印行,其中收吴其昌作品两篇,一篇《释知觉》,唐文治评曰:"剖析精微,笔力矫健。陆士衡云'论精微而畅朗',斯文得之。"一篇《屈原论》,唐文治评曰:"拔剑斫地歌莫哀,吾能拔尔郁塞磊落之奇才。"①据说吴见此评语曾为之呜咽流涕。

在馆就读的第三年,吴其昌开始在报刊杂志上刊发自己的文字。1923年8月28日《新闻报》的第5版上,刊有《教部抵押〈四库全书〉之密谋》,中云:"《四库全书》为我国国粹之一,原有三部,今仅存两部,系完全无缺者。其一藏北京之文渊阁,其一藏杭州之文澜阁,尚有一部残缺不全、由热河运来者,今亦在京。日人窥伺此书已非一日,年来三菱、大井、大仓各大富豪,累次派人来京运动有力者,商以一部让之,卒以兹事关系重大,无人敢有冒此大不韪者。乃日来都中盛传,教育次长陈宝泉以部员索薪甚急,如不设法敷衍,则自

---

①这两句是借用杜甫《短歌行赠王郎司直》中的"王郎酒酣拔剑斫地歌莫哀,我能拔尔抑塞磊落之奇才"。按:王蘧常《海宁吴子馨教授传》云:"辛酉壬戌之际,边事渐亟,君拟上当路书,缊缊数千言,不终朝而具草。尚书激赏,改杜语谓之曰:吴生拔剑斫地歌莫哀,我能拔尔抑塞磊落之奇才。时君年最少,同舍生皆大惊……""拟上当路书",当为误记。后王蘧常在《自述》一文中,对此说有所修正,云:"……又吴其昌于天中节作吊屈灵均文,缊缊数百言。唐先生奇赏之,效杜老语曰:吴生吴生歌莫哀,我能拔尔抑塞磊落之奇才。吴为呜咽流涕……"

身地位,必难保存,而日本某富豪得此消息,以为有机可乘,特秘密派人与陈磋商借款,以《四库全书》为抵押。名为抵押,其实与以五十万元购买无异,据人云,陈已有承诺之意。都中爱护古物者,闻此极为愤慨……"见此报道后,吴其昌与同班同学侯堮合作撰成《保存四库全书之意见》一文,刊于《新闻报》1923年9月8日第3版。文章开头说:"《四库全书》为我国文化之大渊薮,即为我国古哲精神言论之所寄。吾国自有此书,始可留古哲精神言论于不蔽,而延吾固有之文化于亿万万年,是此书者,吾中国文明民族之导线也,凡属国民,宜共宝之。今日报载陈宝泉抵押《四库全书》一事,不啻摧残吾国立国之命脉,吾国人应知此书关系重大,非可以古物玩具目之也。"此后列举"必须保存要点"共五点:一、《四库全书》止此一部;二、《四库全书》多载佚书;三、国计根本不可藐视;四、最大版权不可放弃;五、国事多故易起争端。①同年10月,《学衡》二十二期刊载了吴其昌的长约二万言的《朱子传经史略》,对朱熹的经学著作及其在后学中的传授路径作了叙述,这是他正式发表的第一篇学术论文。

1924年1月,吴其昌从无锡国专毕业,经老师陈柱推荐,到广西容县中学任教。同年夏秋间,到天津,就周氏塾馆席。1925年,清华大学国学研究院开办,吴其昌以第二名的成绩考中,成为研究院第一届研究生,从王国维治甲骨文及古史学,从梁启超治文化学术史及宋史,备受两位先生奖掖;当时王、梁二人的讲稿也多由其记录整理发表。1928年,从清华国学研究院毕业后,吴其昌任天津私立南开大学教习,两年后转任清华大学史学讲师。从1932年起,担任国立武汉大学教授。1938年,武汉大学因抗战西迁至四川乐山,工作繁忙,生活清贫,原本体弱的吴其昌又染上了咯血症。据时为同事的方壮猷文中记,吴其昌"常于吐血之后,发炎之际,工作不辍,偶或晕倒,而稍息即强

---

① 至1923年9月19日,《新闻报》第15版又刊出《质问抵押四库全书之数次复函》,中云:"江苏省教育会前以报载教育部有以《四库全书》抵款之说,特函询陈宝泉次长是否确实,顷得复,谓:'以《四库全书》抵款之说,不特泉不知此事,即部员亦未尝提此事。'"按:《保存四库全书之意见》一文,又刊于香港《文学研究社社刊》1923年第13期。

起工作如常。家属友好有劝其节劳静养者，辄以'国难严重，前方将士，效命疆场，后方教授，当尽瘁于讲坛'为辞。盖君实一热血沸腾，而不及自计之爱国志士也。"①1943年底，吴其昌应邀承担《梁启超》一书的撰作，他因为要"少酬先师任公知遇之厚"，也是因为以民族文化建设为己任，不顾病势沉重，"受命奋兴，时病正烈，学校正课，至请长假，而犹日日扶病，搜集史料，规画结构，创造体例，起打草稿，虽在发烧、吐血之日，亦几未间断"②，在写完此书的上册后，终因病剧，于1944年2月23日辞世。

吴其昌是一位学人，也是一位"热血沸腾而不及自计之爱国志士"，在潜心学术研究的同时，一刻也未尝忘记民族安危。1931年"九·一八"事变后，吴其昌和妻子诸湘、弟弟吴世昌于11月20日中午到张学良官邸绝食请愿，计凡八十四小时；为声援吴氏兄弟，清华大学组织学生请愿团二百余人于24日赴南京，成为著名的"绝食哭陵"事件。从1932年到1936年的前后四年间，他著有《金文世族谱》《金文氏族疏证》《金文历朔疏证》《殷墟书契解诂》等书，在《金文世族谱》的序中说："前后四年之间，于禹域神州行将碎沦之日，冥心孤索我羲黄神胄之种姓族源，苦瀓烦悲，不可忍堪。《金文世族谱》乎？我乃自比于屈子《哀郢》、韩非《孤愤》之笺注也！"③1937年春，吴其昌患急性肋膜炎住院，作《武昌医院中疗肋膜炎》，诗曰："寂寞帘扉起暮埃，江城迢递卧荒莱。离离瘦骨媚孤影，劳劳人间滋百哀。忧国不辞身独瘠，忆辽常梦鹤重还。何须金篦苦针炙，沸血胸中自往来。"④

吴其昌在四十一岁时便英年辞世，而他生前治学勤奋，撰述甚丰，留下的著作仍有二百余万字之多。其治学的主要方向，一是甲骨金文古文字学研究。他认为传统的文献典籍对上古史的记述多有篡改伪造，不可尽信，故有

①方壮猷：《吴其昌教授事略》，夏晓虹、吴令华编《清华同学与学术薪传》，生活·读书·新知三联书店2009年版，第23页。

②吴其昌致潘公展、印维廉信，吴其昌撰《梁启超》卷首《作者小传》引，胜利出版社1944年版。

③吴其昌：《〈金文世族谱〉序》，吴其昌著《金文世族谱》卷首，商务印书馆1936年版。

④吴其昌：《武昌医院中疗肋膜炎》，吴其昌著《吴其昌文集 诗词文存》，第15页。

意以出土的甲骨彝器为基础,重建我国的上古史系统,计划从时间、地理、种族、语言、文字、制度等方面梳理先秦社会,著有《殷墟书契解诂》《金文历朔疏证》《金文年表》《金文氏族疏证》《金文世族谱》《金文名象疏证》等。二是朱子学、宋学研究,撰有《朱子传经史略》《朱子著述考》《宋代哲学史料丛考》等。当代著名学者李学勤指出:"吴其昌先生研究宋以来学术史,有一个非常有价值的观点。如《年谱》所载,1933年他为研究院同学高亨先生的《诸子今笺》作序,指出:'中华民族近古一千年来先哲学风之因革转变之动力是"求真"。'常有学者认为中国缺乏'为学术而学术'的'求真'精神,甚至以为这是中国未能产生近代科学的主因,吴先生的看法则刚好相反。阐述中国学术'求真'的优良传统,看来乃是学术史研究的要务。"①吴其昌在无锡国专的同班同学王蘧常说他"理学而尚考据,自君始",正是源于这种想要努力"求真"的精神。以朱子学研究为例,吴其昌从考据学的角度来加以研究,对朱子著述、朱子治学方法、朱子"格物致知"及其与科学的关系等方面都作了深入的考察探讨,开发出了一种朱子学研究的新思路。

---

① 李学勤:《〈吴其昌文集〉序》,吴其昌著《吴其昌文集 殷墟书契解诂》卷首,三晋出版社2009年版。

蒋庭曜：『浑身是胆有蒋侯』

和王蘧常一样,蒋庭曜也是无锡国专的首届毕业生,后来又长期在该校任教任职。

蒋庭曜(1898—1979),字石渠,江苏武进人。蒋庭曜出生于武进县东青乡代渡桥村,祖父和父亲均耕田务农,三叔蒋国贞则力田而兼读书,曾经从学于"江南名儒"钱振锽(号名山)。蒋庭曜从小的"读书之路"也是由三叔一手安排的,他七岁入蒙馆,十一岁从三叔负笈丁堰镇,十三岁始读唐诗,十四岁从三叔在家读古文、经书及《纲鉴易知录》等,十六岁在本村宗祠内从苏友禅读书。十九岁,到白家桥寄园从学于钱振锽,颇受其称赏。二十二岁,由钱振锽介绍,到常州城内史家弄胡贻舫家任家庭教师。

1920年12月,刚创办不久的无锡国学专修馆招考首批学生,蒋庭曜前往应考并被录取。但他"录取后颇不欲往,以为从名山先生后,不当再从他人学,家叔国贞尤反对,恐我沾染社会习气……寒假姑往国专视之,时国专已于阳历元旦开学,见唐蔚芝馆长甚朴素,并读其所著《人格》,与名山先生《良心书》仿佛,以为可以为师……"[1]。在经过一番犹豫之后,终于前往无锡国学专修馆就读,是为无锡国专的首届学生。在蒋庭曜的自订年谱中,对三年的国专学习生活,有如下的记载,虽然内容很简略,但却是研究无锡国专史很珍贵的第一手资料:

---

[1]蒋庭曜:《自订年谱》,稿本。

1921年,24岁。旧历正月十六日,馆东胡尚无拜年帖来,到城苏志澄同学处言其事,劝我往国专,遂归,携行李至锡,父亲亲肩行李,送我至车站。国专第一期免费供给膳宿,每月根据成绩发膏火费十元或八元、六元三等。我在三年中记得仅一次八元,余均十元。入学时立志苦学,少与人往来,以古贤哲自期。

1922年,25岁。暑假,开始作《两汉书经说考证》,以为汉代的隆盛由于以经学治天下……一直到抗战开始始停止……

1923年,26岁。唐先生命至苏州曹叔彦(元弼)先生处听讲《仪礼》,曹先生于经学甚湛深……当时同往听讲者有嘉兴王蘧常(现为上海交通大学教授)、唐兰(现为北京大学教授)、海宁吴其昌(已故)、太仓毕寿颐(已故)、无为侯埒(前辅仁大学教授)、同乡白虚共七人,因有"复堂七子"之称。每月到苏两次,时间共一学年。暑假后唐先生命至私立无锡中学教历史,每周三小时。

1924年,27岁。阳历元旦行毕业典礼,在无锡明伦堂由同学讲学三日,请知人士来听讲,以资宣传。我讲的是《孝经大义》和《左传》礼学……①

在临近毕业的1923年6月,无锡国学专修馆选编一、二班学生优秀课卷为《无锡国学专修馆文集初编》刊刻印行,其中选入蒋庭曜之文十一篇,按所收作品之多寡,为全部学生中的第五位。馆长唐文治先生在评语中,对这十一篇作品也给予了较高的评价,如评《〈大学大义〉后序》一文曰:"洞明《大学》古本源流,精心结撰,贯穿无遗,实事求是,吾道得一巨子矣。"评《释气》一文曰:"精理弥纶,内心独运,此文中大树将军也。"其实,这些文章都还只是蒋庭曜他们平时的"课程作业"。几年中,唐文治还诱导一些学生就性之所近,各治专门之学,"于是毕寿颐治《诗》与《文选》,唐兰治《说文解字》,蒋庭曜治前、后《汉书》,吴其

① 蒋庭曜:《自订年谱》,稿本。上引文中,"请知人士来听讲","知"后当脱一"名"字。

昌治宋儒五子外诸家年谱(毕业后,改治钟鼎甲骨文),我(按:指王蘧常)则治三代史。及毕业,皆蔼然成巨帙。……蒋则有《前后汉书引经考》……"①1985年,王蘧常写有《念同门知己》一诗,在诗序中,提及首届国专学生中与自己"最契者"有四人,诗曰:"九龙山下启高黉,往事如烟梦尚萦。一卷惊才拔吴子,孤灯煮字赏唐生。研经度万楼何在? 苦吟诚之斋已倾。太息墓门俱宿草,临风不觉泪纵横。"②第三句至第六句,分别指的是吴其昌、唐兰、毕寿颐和蒋庭曜(度万楼和诚之斋分别是毕寿颐和蒋庭曜的斋号)。将以上两则材料互相参看,可见蒋庭曜与王蘧常、吴其昌、唐兰、毕寿颐这五个人,既是国专首班学生中学业优异者,彼此之间又互为切磋砥砺、相投相契的好友。

从无锡国专毕业后,蒋庭曜与同班同学王蘧常、唐景升先后至唐文治兼任校长的私立无锡中学任教,蒋讲授历史、国文课程。三个同学在无锡中学"并屋以居",命其所居之室为"岁寒阁",蒋庭曜并作有《岁寒阁记》,中云:"屋中置三案,合而为一,环壁图书纵横,三人者暇辄相与鼎足坐,或论说书诗,或讲明师法,或平骘古今天下事,或探天地鬼神之奥,或究性命道德之原,一人有得,二人辄抚掌贺,有不语,语必三人同,否则默如也。"③这情景,仿佛是就学国专时同学间切磋研磨生活的延续。1929年,蒋庭曜去上海中西女学任国文、历史教员,次年转任大厦大学附中国文教员。从1932年起,任教于上海交通大学。1937年全面抗日战争爆发后,蒋庭曜率全家避难到湖南长沙;而此时的无锡国专,经过一路艰险备尝的迁徙,于1938年2月抵达桂林,开始了国专的"桂校"时期。在桂林,唐文治电召蒋庭曜,于是他独自离湘至桂,开始在无锡国专桂校任教任职。

在无锡国专桂校,蒋庭曜先后讲授过散文和书法等课程。对他在教学方面的情况,一些学生在日后曾有所记载,如庞心逸回忆道:

①王蘧常:《自述》,王元化主编《学术集林》(卷三),上海远东出版社1995年版,第292页。
②王蘧常:《念同门知己》,王运天著《王蘧常教授学谱》,自印本,第128页。
③蒋庭曜:《岁寒阁记》,《国学年刊》1927年第1期。

蒋庭曜(石渠)老师教散文和书法。他朗读课文,男高音,和唐老夫子同样一个江南调。读《赤壁赋》,清风明月,如历其境;读《出师表》,正气凛然。教书法,站桩姿势稳如泰山,提肘握管如千钧,他的教态很感染同学。[1]

张家从回忆道:

> 1944年下期我入国专时,桂林处于紧急状态,而蒋先生却泰然自若在木板建成的教室内(当时在穿山)上我们的书法课。他非常耐心地一行一行地看五十多位学生写毛笔字,还到我的座位来,特别指出:"写字要精神高度集中,纸要放正,左手平放纸的左边,右手紧握笔杆,拇指与另一手指之间一定要空着,头要抬高,总观写字的全局,下笔有神。"与此同时,蒋先生还亲自写了几行,他的字是那么健而有力,笔飞墨舞,独具创新风格,确是书法大家。[2]

无锡国专桂校开始时先在桂林市租赁民房上课,后来又先后迁往冯振的家乡北流县山围村和陈柱的家乡北流县萝村。由于萝村地处偏僻,交通不便,给聘请教员、购置图书、招收新生和增加设备等都带来了较大的困难。到了1941年,学校计划在桂林相地兴工,建筑新校舍。据蒋庭曜自订年谱中记,当时兼任国专桂校总务主任的他又被派兼桂林办事处主任,筹备兴筑新校舍和迁校事宜。1941年5月5日,他由萝村动身前往桂林,先在桂林城中寻找,结果是既无公共房屋可供学校之用,又无空屋可租;于是再到四郊看地,拟购建校舍。这样天天奔走,早出晚归,竟至于咯血。到了该年7月,终于在桂林东南、离市区十余里的

---

① 庞心逸:《抗日期间无锡国专迁桂回忆》,苏州大学(原无锡国专)广西校友会主编《无锡国专在广西》,第214—215页。
② 张家从:《学者专家 乐育英才——无锡国专迁桂回忆》,《无锡国专在广西》,第224页。

蒋庭曜《别桂林》三首之二手稿

穿山购地四十余亩,蒋庭曜自己绘图,招商承包。8月动工,9月完成一部分,学校由北流迁往穿山校区上课,同时继续扩大校园、增建校舍。在此过程中,从动工到前期工程完成,都由蒋庭曜一人监工,在荒山上建筑;有的地方的路甚至是蒋庭曜亲自动手开筑的,他经常是精疲力竭到了"四肢无力,几不能行"的地步。穿山校舍经过前后几期的建设,有礼堂、图书馆、教室、办公室、男女生宿舍、教工宿舍、运动场等,占地约三百亩,可容纳学生五百余人。国专校友王桐荪后来说:"在(抗日)战争时期,所有内迁的学校,像这样有一定规模自建校舍的是很少有的。如全国著名的清华、北大、南开三大学,它们迁到昆明后,采取联合办校,称'西南联大',校舍是由云南大学让给的。一个流亡中的国专,竟有志扎根在桂林,也是值得大书特书的。"①而国专桂校穿山校区的建设,蒋庭曜可说是厥功甚伟。

然而好景不长。1944年8月,日本侵略军攻陷湖南衡阳,至9月10日,桂林紧急疏散。于是国专桂校师生开始了又一次的颠沛流离。蒋庭曜于穿山校区的建设,付出的精力和心血最多,"三载经营,一旦弃去,不胜依依",他曾写有《别桂林》三首,其二曰:

①王桐荪:《冯振心先生和迁桂无锡国学专修学校——纪念冯先生诞辰一百周年》,党玉敏、王杰主编《冯振纪念文集》,广西师范大学出版社2000年版,第27页。

蹰躅穿山道,惆怅难为别。树木如人长,栋宇连云列。三载苦经营,沥尽心与血。一朝舍之去,中心如百结。柔条拂我衣,飞鸟号悲切。苍崖立我旁,忍与山灵诀? 行行复回顾,肝肠欲断绝。念兹丁阳九,世事那堪说。金汤百万重,顷刻付夷灭。胡为独恋此? 热泪徒哽咽。①

从穿山校区转移的师生员工先是到了蒙山县文尔塘。到了本年12月,日军攻陷新圩,逼近蒙山。因意见不一致,学校师生乃分成两支:一支由冯振率领,在12月10日日军陷新圩后由文尔塘转移到古苏冲;另一支则由蒋庭曜率领部分师生,步行至蒙山西面百余里之外的金秀瑶山瑶族自治县。不久桂林、柳州相继陷敌,西去之路断绝,于是这一支便逗留在金秀瑶山,继续定时上课。蒋庭曜在自订年谱中记:"(在瑶山)仍不断上课,暇则赤足草履,与同学一同上山砍柴。瑶山无菜可买,亲同学生种菜;经费困难,由同学同事中健者自蒙山负贩之桐木,利可一倍,因得维持。"他的《石渠诗存·劫中草》也有多首作品记录这一段时期的经历,如《瑶山示诸生》:"万里尘劫到荒遐,师弟相从似一家。昼出樵苏夜弦诵,米无半石书五车。敢将忧乐关天下,漫为风霜惜鬓华。名世英贤安有种? 丈夫志节自堪夸。"②而与蒋庭曜在国专桂校为同事的饶宗颐,写有《赠蒋石渠》一诗,中有"谁与玄黄兵马秋,力能犯难砥中流。浑身是胆有蒋侯,载书五车费九牛""同来诸生几辈俦,有如陈蔡从孔丘"等句,对蒋庭曜在极其艰苦的情况下无惧无畏、率师生不废弦诵的精神予以颂赞。③

抗战胜利后的1946年,国专桂校复员回无锡,蒋庭曜在这所学校任教、任职,一直到无锡国专被并入苏南文教学院。1956年,蒋庭曜调江苏省中教师训班任语文科教授兼任科主任。1957年9月以后,先后在无锡师专和徐州师专、徐州师范学院任教授。1922年,蒋庭曜还在无锡国专读书时,就开始撰写《两汉书经说考》,此课题的撰作过程前后长达十余年,一直到全面抗战爆发

---

①蒋庭曜:《别桂林》(三首之二),蒋庭曜著《石渠诗存·劫中草》,手稿本,又见《无锡国专在广西》。
②蒋庭曜:《瑶山示诸生》,蒋庭曜著《石渠诗存·劫中草》,手稿本,又见《无锡国专在广西》。
③饶宗颐:《赠蒋石渠》,饶宗颐著《清晖集·瑶山集》,海天出版社2011年版,第166页。

后才停止。此文分篇在《学术世界》上连续刊载,全文十余万字,对两汉经学作了周详的考证,对于考察与研究两汉文学、历史源流、真伪政治的演变都有较高的价值。但是,他的包括《两汉书经说考》在内的许多学术论著迄今尚有待整理结集。蒋庭曜的《石渠诗存·劫中草》收诗七十二首,这些作品和冯振《自然室诗集》、饶宗颐《瑶山集》及钱仲联《梦苕庵诗存》中的许多相关诗作一样,都是用诗的形式,真实而生动地记录了无锡国专迁桂办学的过程,是无锡国专西迁的"诗史"。

蒋天枢：「藏山付托不须辞」

《吴其昌：沸血胸中自往来》一篇中叙及，吴其昌作为无锡国专第一班第一届的学生，后来考取了清华国学研究院；到了第二班第二届的毕业生，有一个人也考上了，那就是蒋天枢。

蒋天枢（1903—1988），字秉南，江苏丰县人。蒋天枢出身于丰县蒋寨门村的一个书香门第，幼时在家塾受蒙学，所读有《幼学琼林》、《百家姓》、《千家诗》、《三字经》、四书、五经等，他"敏悟好学，悉能背诵"。辛亥革命胜利后，新式学堂逐渐兴起，蒋天枢进了丰县之南的砀山县杨氏小学。十七岁那年，经由在南京做事的堂叔蒋念泗介绍，进南京中学读书，勤勉刻苦，门门功课都名列前茅。他曾写有一文《读荀子的〈劝学篇〉》，立论正确，说理透彻，富有文采又充满感情，国文老师是学校请来的东南大学的教授，对此文十分赞赏，批了"烨烨煌煌，俨然作者"八个大字。

1921年12月，蒋天枢考取了无锡国学专修馆，成为专修馆的第二班学生。蒋天枢在无锡国专读书三年的状况，无论是他本人后来的回忆，还是其他文献资料的记载，都较少涉及。二十世纪七十年代，无锡国专后期毕业生陈左高曾多次致函蒋天枢，向他询问早期国专的有关情况，蒋在其中一封回函中说："国专招收第一、二、三届学生时，教师除唐文治老师外，其他仅太仓朱文藻（此名恐有误，盼询之瑗仲）、北流陈柱（柱尊）及陆景周，四人。实际上教师仅唐、朱、陈三人,陆是帮唐先生教课的。"①信中提及的"朱文藻"是"朱文熊"
之误,可见蒋天枢在几十年以后回忆往事,记忆已经比较模糊了。倒是低他
一届的钱仲联,后来在自己的回忆文字中,不止一次地记及蒋天枢。如
"(1924年)入国学专修学校后,开始读经史诸子、《说文》等书。与第一届同学
王蘧常、唐兰、吴其昌、毕寿颐,第二届同学蒋天枢等订交。"②又说:"我是于
1924年初以第一名的成绩考入无锡国专的。三年后,1926年冬,又以第一名
的成绩毕业,是国专第三届学员中的高材生。当时与首届学员王蘧常、二届
学员蒋天枢齐名,号称'唐门三鼎甲'。"③

　　说起这"唐门三鼎甲"是指哪三人,不同的文献记载中有不同的"版本"。
其中有文献记唐文治先生曾言:"吾唐门弟子中有三鼎甲,状元为王蘧常,榜
眼为陈柱尊,探花为钱仲联。"④但赵杏根在他写的《诗学霸才钱仲联》一书中
认为:王蘧常、陈柱、钱仲联三人都是唐文治的学生,"不过,陈柱是唐文治在
上海工业专门学校的学生,后来到无锡国专教书,成了钱仲联的老师,而王蘧
常、钱仲联,则是无锡国专的学生,把这三个人放在一起,不太协调",所以"唐
门三鼎甲"为王蘧常、蒋天枢、钱仲联的版本"较为顺"⑤。

　　前文说:"蒋天枢在无锡国专读书三年的状况,无论是他本人后来的回
忆,还是其他文献资料的记载,都较少涉及。"但也不是说完全没有。1923年6
月,无锡国学专修馆选录馆生的优秀课卷,编成《无锡国学专修馆文集初编》
出版,书前有唐文治序,卷首标明"馆长唐蔚芝先生鉴定",每篇后有唐文治的
简短评语。正文按经学类、史学类、理学类、政治学类、杂著类、诗赋类的次
序,共收录文章及诗赋一百四十七篇。其中收录蒋天枢的作品十三篇,兹先
将这十三篇作品的题目及唐文治先生的评语都移录于后:

①陈左高:《蒋天枢佚札(三通)》,《文教资料》2000年第3期。
②马亚中编:《学海图南录——文学史家钱仲联》,南京大学出版社2000年版,第305页。
③钱仲联著、周秦整理:《钱仲联学述》,浙江人民出版社1999年版,第14页。
④朱鉴岷:《唐文治生平事略》,《无锡地方资料汇编》第6辑。
⑤赵杏根:《诗学霸才钱仲联》,北京大学出版社2009年版,第41—42页。

《有为神农之言者许行自楚之滕论》：文气灏瀚，兼有精思。

《亲戚不悦不敢外交论》：气息深厚，笔墨沈挚。今之拂逆于庭闱、而欲奔走于社会者，读之能无爽然？

《拟〈韩诗外传〉五首》：语语如精金，必如此，方不愧斯题作手。

《与友人论学说文书》：钩元提要，是极有心得之作。

《释〈说文〉干支篇》：说解精审，足征听授心得。为学功勤，勉而不已，可成大家。

《岁寒然后知松柏之后凋也说》：于森然挺秀中，颇有旁礴之气，故佳。

《〈周南·召南〉大义》：义博思精，笔气轩昂。

《论礼》：简而备，精而炼。勉之不已，则其至古人何难焉！

《空谷寻兰记》：文笔尽秀，竟体芬芳，所谓入不言兮出不辞，乘回风兮载云旗者，请以移赠。

《拟重修锡山张中丞庙记》：慷慨悲歌，是伤时志士之所作。

《对客问》：虽未能脱去町畦，而运气奔放，言亦有物。"

《释气》：君子养气之功，约分三层：曰平旦清明之气，曰浩然刚大之气，曰中和纯粹之气。人之所以学道者在此，所以配天立命者在此。诸卷但知搬运气字，而不知归本于养气，深为可惜。此文略能见到，惜后路未能发挥尽致。《易》言："自强不息。"《诗》言："於穆不已。"是气旁礴，万古常存。惟望诸生勉之！

《拟屈原〈橘颂〉》：纷缊宜修，灵均之遗。

《无锡国学专修馆文集初编》一书的"凡例"中说："此编之选，每课以前列三名为率，其有未尽惬意者则阙之。或有佳卷不止此数，则亦割爱，昭慎选也。"说明每次课卷选的都是成绩排在前三名的（如有觉得"未尽惬意者"则不一定选满三篇）。本书所选，多数是国学专修馆第一班（甲班）学生的作品，一小部分是第二班（乙班）学生的作品。在此背景下，作为第二班（乙班）学生的蒋天枢入选作品有十三篇之多,排在所有学生的第三位,可见他当时的成绩非常优秀。再看唐文治先生对每篇作文的评语,也是亟表称赏,在《释〈说文〉干支篇》的评语中甚至说:"为学功勤,勉而不已,可成大家。"勖勉之意,溢于言外。所选文章中,有一篇是《拟屈原〈橘颂〉》,唐先生批曰:"纷缊宜修,灵均之遗。"或许他后来研治楚辞,即萌蘖于此。①

到了1926年12月,《无锡国学专修馆文集二编》刊行,此书沿用了初编的基本体例,共收录无锡国专前三届学生的文章一百二十八篇,其中有蒋天枢的作品五篇。这五篇作品的题目及唐文治的评语是:

> 《崇廉论》:气势严厉,最为称题之作。
>
> 《问今日中国之祸亟矣,或谓行联邦委员制可以救国,其说然欤?总统之制至于觊觎争夺委员制能免于争欤?议院卑污流弊于斯为极,选举法宜如何改良,方可渐臻妥善?兹事体大,宜各探本言之》:曲折透迤,气息弥复深厚,末段或以为迂,不知乃正本清源之法也。务望勉旃!
>
> 《参之离骚以致其幽、参之大史以著其洁论》:隽秀刻露,为文亦极致幽著洁之旨。入后更进一层,庶足语于韩子之因文见道也。
>
> 《藐姑射山仙人传》:内外朗澈,如不食人间烟火者。自是此题合作。
>
> 《秋月篇》:奇情霞举,逸兴云飘,而能折以天问,荡我古怀,是涤笔于金瓯玉碗来者,扑去俗尘,何止三斗!

唐文治先生的评语同样也对蒋天枢的五篇作品给予很高的评价。1925年1月,蒋天枢作为第二班第二届学生从无锡国学专修馆毕业。1927年4月,他参加了清华国学研究院第三届新生的入学考试并被录取,投入梁启超、陈寅恪两位导师门下,梁负责指导写作,陈负责授课。就读研究院期间的毕业论文《全谢山先生年谱》,因其考据精当而颇受梁启超称赞,1932年被收入何

---

① 《拟屈原〈橘颂〉》后被选入蒋天枢撰《论学杂著》(中州古籍出版社1985年版)。

蒋天枢著《楚辞校释》

炳松主编的《中国史学丛书》，由商务印书馆出版。1930年秋从清华国学研究院毕业后，蒋天枢先后任教于辽宁省第三高级中学、北平第一中学北平师范学校、北平春明中学、北平平民中学、开封高中和东北大学。1943年起，任复旦大学中文系教授；1985年后，转任复旦大学古籍整理研究所教授。

蒋天枢早期治学，曾分别研治过清代学术史、先秦两汉文学和《三国志》等。从二十世纪五十年代起，专研《楚辞》，所著《楚辞论文集》《楚辞校释》是其几十年探索研究心得之结晶。其治楚辞的特点，一是重视原始材料，根据先秦两汉时的典籍文献来探寻屈原生平与屈赋意义，脱落枝叶，正本寻源；二是以"古典"与"今典"相发明，尤其注重"今典"之阐发；三是注重把握屈原各篇作品之间的内在联系，相互发明，"从全部作品来研究局部"，以期获得对诗人本意之理解，进而补正史传之阙疑；四是从和作者时代接近的著作中来研究作者身世，来阐发屈赋之隐义。

蒋天枢在学界更为人所称道的业绩，更为人所钦敬的品行，是他对清华国学院老师陈寅恪先生的著作的整理和刊布。新中国成立后，他曾两次专程赴广州晋谒陈寅恪。一次是在1953年9月，这不是一般的谒师之行，而是关涉陈寅恪著作保存与流布的重要之行。另一次是1964年5月末,蒋天枢抵广州,为老师的七十五岁诞辰祝寿。在向老师辞行回上海前,陈撰《赠蒋秉南序》一篇和《甲辰四月赠蒋秉南教授》诗三首为赠。《甲辰四月赠蒋秉南教授》的第二首曰:"草间偷活欲何为,圣籍神皋寄所思。拟就罪言盈百万,藏山付托不须辞。"①这是陈寅恪在向蒋天枢作自己一生事业的"生命之托",把自己著述的整理刊布之事郑重托付给了蒋天枢。据陈正宏《蒋天枢先生与〈陈寅恪文集〉》一文记:"1973年是个连陈寅恪的名字都不允许正面提及的年岁,大病初愈的蒋先生却悄悄地开始了整理陈先生遗著的工作。……从1977年10月可以公开整理陈先生遗著,到1982年2月《陈寅恪文集》全套七种九册并附录一册出齐,短短四年零四个月的时间里,蒋先生的工作量却是大得惊人:他亲自校读了《文集》中《寒柳堂集》《金明馆丛稿初编》《金明馆丛稿二编》《柳如是别传》全部近一百五十万字的文稿,在1980年上述四部著作出版后,又逐字逐句地校改其中的排字之误,同时补辑陈先生遗文五篇入《金明馆丛稿二编》,使1982年版的《陈寅恪文集》成为不仅在遵守学术规范方面无懈可击,而且在文字校勘方面也几乎无错讹的真正的'精品'出版物。他又以朴学家的谨严与诚实,撰写了三卷资料详赡、排比有序的《陈寅恪先生编年事辑》,作为《陈寅恪文集》的附录,于1981年9月出版。""他把1977年以后那最可宝贵的十年中的绝大部分时间,都义无反顾地奉献给了陈寅恪先生遗著的整理工作,留给自己论著的整理修订时间则少之又少。"②1988年,蒋天枢辞世,同为清华研究院毕业生的姜亮夫在唁电中说:"义宁陈寅恪先生全集是您收集、编纂、考订,是我们同学中最大的成就者。"③

---

① 陈寅恪:《甲辰四月赠蒋秉南教授》,陈寅恪著《陈寅恪集·诗集》,生活·读书·新知三联书店2001年版,第151页。

② 陈正宏:《蒋天枢先生与〈陈寅恪文集〉》,夏晓虹、吴令华编《清华同学与学术薪传》,生活·读书·新知三联书店2009年版,第348—350页。

③ 陈正宏:《蒋天枢先生与〈陈寅恪文集〉》,夏晓虹、吴令华编《清华同学与学术薪传》,第352页。

钱仲联：『八百卷文章寿世』

钱仲联是中国古代诗文笺释学的一代大家，其一生与无锡国专的联系颇为紧密：他是无锡国专的第三届毕业生；二十世纪三十年代到四十年代，在无锡国专任教近十年；而他后来工作了四十多年的江苏师范学院（今苏州大学），其前身之一，即为无锡国专。

钱仲联（1908—2003），名萼孙，字仲联，后以字行，江苏常熟人。钱仲联从七岁时起，先后就读于常熟琴南初等小学、儒英高等小学和常熟县立师范。在琴南初等小学就读的第二年，父亲让他抄写祖父、晚清著名骈文家钱振伦的各种著述遗稿，持续了好几年，"就在这看似枯燥乏味的反复读写过程中，古奥艰深的旧体诗文由不懂到渐懂，由略知一二到较为广泛深入地理解掌握，由动手模仿习作到写得较为像样……坚实的旧学底子就这样日复一日地积累加固起来"。[1]十五岁在县立师范读书时，课余接触到不少名家诗集，能自写五言古律，他后来的旧体诗集《梦苕庵诗存》存诗即始于此年。1924年，十七岁的钱仲联考入了无锡国学专修馆，是该馆的第三班学生。

钱仲联在国学专修馆就读时，校中的执教者只有唐文治、朱文熊、陆修祜和陈柱四人。唐文治自教四书，自编四书新读本，吸收前人研究成果，每节有自己的阐说文字，讲解时再重点加以发挥，其特点是"善于疏通大义"。唐文

---

[1]钱仲联著、周秦整理：《钱仲联学述》，浙江人民出版社1999年版，第8页。

治曾得桐城吴汝纶先生朗读古文之传,教授古文时,示范朗读,抑扬抗坠,阳刚阴柔之文不同其调,号为"唐调",钱仲联他们都仿效其读法,每日渊渊金石声满天地。传授学问之外,唐文治尤其重视道德教育,以身示范,校园中对联有"栽培树木如名节"之语,礼堂中联语有"为天地立心,为生民立命,为往圣继绝学,为万世开太平"之语,这些都使学生们得到一定的熏陶。朱文熊教理学是讲张履祥、陆陇其的专集,讲古文用《古文辞类纂》,讲诗用《唐宋诗醇》,讲诸子自编《庄子新义》,讲课时分析细致,循循善诱,语多启发。陈柱讲文字学用段注《说文》,讲《诗经》自编讲义,厚厚盈尺,把清儒的解释,几乎全部编集在一起,钱仲联认为他的本事主要显在讲义上,讲课则显得较为随意。陆修祜则帮助唐文治教学生读古文。钱仲联后来总结国学专修馆早期的教学特点:一是教书又教人,但培养人才,却又不拘一格;二是教学方面重在教古籍原书,教学生掌握基本知识,即使编教材,也选录大量原著,结合理论,不是那种通论式的东西;三是重在自学,学生在学好课堂讲授内容的基础上,各就自己的爱好,主动自学,有时也得到老师的指授;四是重在启发;五是重写作;六是将在精而不在多。[①]

　　钱仲联在晚年自订的学术年表中记及,就读无锡国专时,"与第一届同学王蘧常、唐兰、吴其昌、毕寿颐和第二届同学蒋天枢等订交",这几人都是国专一、二班学生中的佼佼者。其中如唐兰,钱仲联在《梦苕庵诗话》中说:"嘉兴唐立庵兰,锡山唐师蔚芝门下同学也。又曾受业于金甸丞,为沈寐叟再传弟子。诗功极深,同门中除王瑗仲蘧常外,无人能及。"[②]而王蘧常更是唐门弟子中的首座,也是对钱仲联影响甚大的一位学长:"乙丑春始与瑗仲订交于锡山,商榷文字,益我者良多。是夏在家,有作必寄君,往返书札颇频。有一书批导利病,精极不刊,且可以药世之学西江派诗者。"[③]两人的交谊保持了一

①钱仲联:《无锡国专的教学特点》,《江苏文史资料选辑》第19辑。
②钱仲联:《梦苕庵诗话》,齐鲁书社1986年版,第81页。
③钱仲联:《梦苕庵诗话》,第114页。

钱仲联就读国专时撰写的《近代诗评》，刊于《学衡》杂志

生，1987年钱仲联八十寿诞时，王蘧常撰寿联以贺之："六十年昆弟之交，亲同骨肉；八百卷文章寿世，雄视古今。"上联记两人深挚的情谊六十年始终如一，下联赞钱仲联撰述成就卓绝。

1926年12月，包括钱仲联在内的无锡国专第三届学生毕业，此前，学校编印了《无锡国学专修馆文集二编》，钱仲联入选的文章有《周易言潜龙论语言求志古人萧然畎亩之中自任天下之重德行暗然世衰道微不知圣贤为己之学特慨叹之》《师严然后道尊道尊然后民知敬学论》《司马温公以荀文若为仁过管仲论》《孔教精义》《孔学救国论》《拟列董邵南赴河朔后致韩退之书》《曾涤生圣哲画像记书后》《飞行艇说》《观潮赋》和《由铁道至燕京拟班叔皮北征赋》等十篇。此外，毕业前夕，钱仲联还在《学衡》杂志第51期发表了他的第一篇学术论文《近代诗评》，文章先是站在中国诗学史的高度，指出"诗学之盛，极于晚清"，且"跨元越明"；接着总结出晚清以来中国古典诗坛上的四大流派，一是宋诗派，二是汉魏六朝派，三是唐宋兼采派，四是诗界革命派；比较真实、准确地揭示了从晚清直到当时古典诗坛的客观状况。

钱仲联在无锡国专毕业后，于1927年春赴上海，处馆于丝商施家，不久后改任经文公学教职。1929年,应上海交通大学教授金井羊之聘,往教其子女季美、新宇、平宇。1932年,任教于上海大夏大学。1934年下半年,应唐文治先生之召,回母校无锡国专任教。全面抗战爆发后,与部分无锡国专师生一起西迁广西桂林,在国专桂校任教。1938年7月,唐文治先生因年迈体弱且水土不服,从桂林回到上海,并办起了国专沪校;因沪校的专任教师乏人,写信命钱仲联回上海,钱乃从广西北流县萝村出发,于1940年阴历元月六日到上海,住进国专沪校校舍,开始任课。这样,钱仲联在无锡国专任教近十年,先在无锡本校,又到国专桂校,再到国专沪校,这样的经历在其他国专教员中是很少见的。

在无锡国专,钱仲联先后开设过文选、诗选和写作等课程。他在教学上投入了很大的精力和心血,从有助于学生研究和习作的教学目的出发,认真安排教学内容,保证重点,顾及一般,帮助学生掌握触类旁通、举一反三的本领。以诗选课为例,这门课每周三课时,共授三学期。第一学期采用《古诗源》为教材,讲述汉魏晋南北朝的作品,其中曹植、陶潜是讲述的重点。第二学期专讲唐诗,提到各家的影响时,略谈后代诗派。五古重点讲陈子昂、张九龄、李白、杜甫及王维、孟浩然;七古重点讲李白、杜甫;七律从杜甫讲起,除杜甫外重点讲韩愈、白居易、李商隐;绝句讲得较快,有时一节课讲十首。五律没有专讲,谈到前后及同时代的影响时说一下。第三学期的诗选课专讲宋诗,采用陈衍先生选的《宋诗精华录》为教本,而以自选的《宋诗选》作补充。在分析作品时,反对乱贴标签,而是主张从作品的本身出发予以评论。除此之外,他还每周抽出一节课讲清诗,通过系统的清诗教学,指导学生怎样向古人学习,从而提高写作水平。黄汉文是钱仲联在国专沪校教过的学生之一,他后来对老师钱仲联的执教情况有如下的回忆:

> 1940年2月,钱先生到上海分校任专任教授,教我们班级的文选和写作,又教诗选。这两门课都有二、三年级的同学选修,人数较多。钱先生既要顾及毕业班学生的提高,又要照顾初学诗的一年级学生,课内的文

卷较多,课外的诗歌习作也要请他评改。他对于学生的诗文习作改得很认真,又快又好,评语都很中肯。师母和子女都在常熟城内,他住在振如村教师宿舍,和学生宿舍前后门相对,都是租的民房。他要求严格,三年级同学都是他在抗战前教过的,名声相沿,大家都敬而惮之。

…………

钱先生之所授,我所以至今印象很深,除了教法以外,还和他的督促检查方法有关。他并不要求死记硬背,但学生能自觉地朗读诗文。国专每学期两次小考,一次大考。诗选课第一次小考是两道综合题:其中一题是试谈苏李赠答诗的真伪,结论不一定与老师所讲相同,但必须言之成理;另一题已忘。第二次小考是命题写诗,律诗或古风一首,或绝句二首。大考则既考诗(题目:《海西谣》),又有综合题——试比较谢灵运、谢朓诗作。面对这样的试题,学生必须在平时朗读原作。[①]

课堂教学之外,钱仲联还用了很多的时间精力,对国专学生课外的诗词创作进行指导。当时国专学生"嗜诗者至夥,互结为诗社",其中有沈讱、陈起昌、韩宝荣、戴传安、崔龙等九人结成的持恒诗社,有陈光汉、郑学韬、张广生、戴双倩、陈显道、周少云等八人结成的秋水诗社,有吴家驹、陈新猷、虞斌麟、郭文衡等八人结成的芙蓉诗社,有吴湘君等人结成的国风诗社,也有像彭天龙等爱诗而不入诗社的,都来请钱仲联予以指授点拨;各诗社每星期一次的社课,也常由他来命题。钱仲联在《梦苕庵诗话》一书中,也采录了许多国专学生的诗作,对这些作品进行评骘、揄扬。到了国专沪校时期,许多学生对钱仲联开设的诗学课极感兴趣,并进而成立了变风诗社,请王蘧常为顾问,钱仲联、郝昺衡、朱大可为导师。后来诗社成员的作品选集《变风社诗录》刊行,钱仲联为题七绝四首:

[①]黄汉文:《钱仲联先生的诗学、诗作、诗教》,马亚中编《学海图南录——文学史家钱仲联》,南京大学出版社2000年版,第33—36页。

云荒地老此山川,吟社伤心托月泉。不是陶家书甲子,更无人识义熙年。

三载曾歌行路难,楚囚相对尚南冠。文狸赤豹非人事,山鬼衣裳特地寒。

绝业名山未早成,风雷夜夜战心兵。袖间闲却凌云手,东抹西涂让后生。

满地江湖汐杜开,杜鹃红泪在西台。若为唤得春魂起,鼓吹中兴要异才。

1942年,钱仲联到汪伪政府治下的南京中央大学任教;1945年上半年,又任文学院院长。同年八月,日寇投降,抗战胜利,他遂办理交接,息影回乡。从1948年起,钱仲联先后在常熟县支塘中学、沙洲中学等校任教。1957年,被借调到扬州行政干部学校工作,第二年奉调南京师范学院工作。1958年秋,江苏师范学院(今苏州大学)重建中文系,钱仲联奉调前往,任古典文学教研室主任,此后便一直任教于该校。

钱仲联一生著作等身,其编校、笺注、撰作的著述主要有《人境庐诗草笺注》《海日楼诗注》《韩昌黎诗系年集释》《鲍参军集注》《后村词笺注》《吴梅村诗补笺》《剑南诗稿校注》《沈曾植集校注》《海日楼丛札》《牧斋初学集》《陈石遗诗论合集》《清诗三百首》《宋诗选》《宋诗三百首》《清诗精华录》《近代诗举要》《清文举要》《近代诗三百首》《中国近代文学大系·诗词集》《十三经精华》《清八大名家词集》《明清诗精选》《近代诗钞》《梦苕庵诗话》《近百年词坛点将录》《梦苕庵论集》《梦苕庵诗文集》等。钱仲联是中国古代诗文笺释学的一代大家,他在这方面的撰述,从数量到质量,堪称近代第一人。这些笺释之作,述其背景、释其古典、证其本事,都能得其大体,最近于传统笺注学的正宗。而他晚年主编的皇皇巨著《清诗纪事》,引书一千余种,收录五千余家,被称为"清代以来三百年的诗学渊薮"。

朱星：从书法神童到汉语专家

据《无锡国学专修学校概况》的"大事记"载，1927年1月，无锡国专招收第五班学生四十二人。这四十二人中，有一位是七岁时即能作大字榜书、人称"七龄童"的朱星。

朱星（1911—1982），原名朱星元，江苏宜兴人。朱星的父亲善岐黄之术，但因家境贫寒，无力培养儿子，所以朱星十岁时，其父就让他皈依天主教，"准备做洋和尚"[1]，在修道院预备班读拉丁文、法文《圣经》以及中学课程。朱星早年曾从宜兴名流储南强门下，学习古文、诗词、骈文。他从童年时起酷爱书道，七岁时即能作大字榜书，人称"七龄童"。1920年，九岁的朱星在上海参加鲁湘豫赈灾会，售字得千余元助赈。据当年的报刊报道：

> 北成都路广仁善堂鲁湘豫义赈会内，住有宜兴七龄童朱星元，字醒缘，书法笔力雄□，若有神助。自题："鬻字助振，纸墨等费，概由自备。"现已书就五言、七言对联二十余副。施子英先生见之赞叹不已，当即购去五言对联一副，出洋十元，又赠与纸笔费洋十元，七龄童辞谢不受，将款移助义赈。又孙慕韩先生购对联一副，出洋十元；焦乐山、盛泽承两先生各购对联一副，各出洋五元；盛太夫人嘱书堂名匾额，赠送润笔洋二十

---

①涂宗涛《愧乏史才为立传——纪念朱星先生逝世十周年》引朱星自述小传，《天津师大学报》1992年第6期。

北成都路广仁善堂卷前振会内住有宜兴七龄童朱星元字醒缘善法宽力推区者有神助自题鹗字助振纸墨等戏慨田目备现已寿就五言七言对联二十馀副施子英先生见之神叹不已当即购去五言对联一副出洋十元父赠与纸笔费洋十元七龄童辞谢不受将缺移助义贩父孙嘉瑞先生赚判联一副出洋十元焦乐山盛泽永甯先生各赠洋二十元一概移助灾贩元盛太夫人嘱书斋名置额赠送润笔洋二十元一概移助灾贩惟七龄童最喜书大字无论极大圆额市招均可书写笔资亦全数助贩世有爱神童卖之墨宝者幸勿交臂失之

《七龄童卖字助振》,《时报》1920年10月31日

元,一概移助灾赈。惟七龄童最喜书大字,无论极大匾额、市招,均可书写,笔资亦全数助赈。[1]

　　……父欲扩其见识,爰携君(按:指朱星)游上海。适鲁省荒灾,上海诸耆老设赈济会,以谋拯救,闻君至,即邀君参与,君慨然售字以资捐助。人既耸然异君之年弱而能书也,无不引为骇人听闻,是以来观者如堵,购字者莫不争先恐后。……当其书也,去其屦,跃登高台,观众延颈屏息之顷,从容优乐,挥毫自如,无不中节。尤可奇者,以小手紧执大笔,而浩然作二三尺方之大字。每逢臂不能及,往往以步伐进退之,铁画银钩,笔力千钧,观者始而动容,既而喝彩,称神童。[2]

---

[1]《七龄童卖字助振》,《时报》1920年10月31日。
[2]袁鹤年:《七龄童朱星元君进教述略》,《圣教杂志》第20卷第6期(1931年)。

朱星在上海售字助赈,幼龄作书而观者如堵,此事当年在社会上颇为轰动,也引起了无锡国专校长唐文治的注意,将朱星招入无锡国专就读。朱星后来回忆此事说:"……十五岁,不想出家,因能写文章及写三尺榜,称'七龄童书',得唐文治蔚芝先生(南洋大学创办人,清翰林,曾做礼部尚书,世称唐尚书)赏识,招入他在无锡办的书院式的'无锡国学专修馆'。……唐先生是有名的经学家,有《茹经堂文集》数十本及说经之书十余种,均私人木板印行(以此之故,平时应酬文章较多),我十七岁就给唐校长代笔写社会应酬文章。"①朱星就读国专时虽然才只有十五六岁,但奋勉有加,成绩卓著,同学都敬而爱之,师长也都很器重他,把他看作是个模范学生。平时因忙于功课,无暇为人作书,每逢星期日,求书的同学常常挤满了他的房间。朱星能文,亦能"武",嗜好拳术,又擅打篮球,曾任国专的篮球队队长。

朱星在无锡国专就读期间的情况,相关文献资料的记载(包括他自己和师长同学的回忆)很少。1936年6月印行的《私立无锡国学专修学校十五周纪念册》,记载朱星是第五班第五届毕业生,他的毕业论文题目为《屈宋赋真伪考》。在不多的文献资料中,特别值得一提的是,朱星年方十八,还未从无锡国专毕业,就已写有专著《中国近代诗学之过渡时代论略》并刊行。是书由无锡锡成印刷公司印刷,1930年1月付印,3月出版。封面由曾任无锡国专教授的陈柱题签,卷首有朱星的同乡兼同学沈骅青所作的序,序曰:

> 朱君星元,同邑莫逆友也。既将刊其近著《中国近代诗学之过渡时代论略》,而问序于余。余既读之毕,乃序曰:
>
> 朱君此作,独具卓识;虽云"论略",要以十八之年而得此,实出于天

---

① 涂宗涛:《愧乏史才为立传——纪念朱星先生逝世十周年》引朱星自述小传。按:上引文中说唐文治是"南洋大学创办人,清翰林,曾做礼部尚书,世称唐尚书",不甚确。唐文治曾任南洋大学校长,但不是该校创办人;又唐文治曾署理晚清政府农工商部尚书,而非礼部尚书。

禀者然也！盖朱君生而颖异，擅榜书，年七岁即提笔纵游南北，对客挥毫，掷跃立就，时号七龄童。故一时名士伟人，忘年订交者不可一二数。而金坛冯梦华先生尤赏识之，自叹不如，呼小老哥焉。年十五，肄业无锡国学院，爰更昕夕相对，益知朱君之为人，和蔼敦仁，深沈寡言，怀志自喜，不好诩其知能，于吟咏抑其末也。嘻！朱君之行，固非片言尽；而其名早闻海内，又毋容余嘐嘐也。特以悉君者莫余若，用敢为读是书、知其学而未知其人者告焉。①

沈序之后，又有朱星的自序，略叙作此书之缘由：

民国十八年寒假，自校返里，适遭大故，烈风冷雪，益增痛闷，乃间杂写以消忧，因成是稿，名曰《中国近代诗学之过渡时代论略》。"论略"云者，可知其意。老友沈骅青见而劝之付梓。余既辞且愧，沈君曰："学问之道，贵广切磋，今若公诸众正，不乃得乎？"余既为此志，复就正于师友，嘉规善训，实感我心。海内君子，尚希谅焉。②

"过渡时代"的概念，出自梁启超《饮冰室诗话》二集，梁启超认为中国千年以来为停顿时代，而晚清、民国间为过渡时代，即文学上白话诗胜出的新文学革命时代。《中国近代诗学之过渡时代论略》分绪论、本论、结论三部分。绪论研讨过渡时代的定义与中国文学过渡时代的情形；本论讨论过渡时代之人物，论及"过渡时代"的代表性人物为夏曾佑、谭嗣同、黄遵宪、蒋智由和梁启

①沈骅青：《〈中国近代诗学之过渡时代论略〉序》，朱星著《中国近代诗学之过渡时代论略》卷首。按：《私立无锡国学专修学校十五周纪念册·历届毕业生名录》记第六届毕业生有沈贯之，字华清，籍贯江苏宜兴，则沈骅清当即为沈贯之，比朱星低一届。

②朱星：《〈中国近代诗学之过渡时代论略〉序》，朱星著《中国近代诗学之过渡时代论略》卷首。按：袁鹤年《七龄童朱星元君进教述略》一文记："君（按：指朱星）性至孝，年十八，遭父剧变，情惨哀痛，不可言喻。"上引文中"适遭大故"当即指其父去世。

超五人；结论阐述当时所谓新学之诗及其优点与流弊。此书实际上相当于一篇论述诗学革命思潮与代表作家作品的长文，所论虽尚嫌浮泛平浅，但时有独特的见解，且富有浓郁的感情色彩。

1930年6月，朱星作为无锡国专第五班第五届学生毕业。22岁时，在上海美国天主教神父办的公撒格公学教国文，其间，从马相伯学文法学。1935年，马相伯介绍他到法国教会所办的天津工商学院女子文学系任教，并介绍他拜北京辅仁大学陈垣为师。1946年，他到北洋大学任教。这期间，他仍关心着母校的发展；1948年，听说母校有"文治学院之计划"，他在给校友会的信中，陈述了自己的意见和想法：

顷接第四期《国专校友》，备悉母校在进步发展中，甚为忻慰。文治学院之计划，甚盼京沪同学努力促其早日实现。兹贡愚见数点，以供校友商讨：

一、正科分中国哲学系、史学系、文学系（或文哲学系），定为四年制。

二、课程配合新旧，如文学则添新文学及西洋文艺思潮，并设外国语文选科；文字学亦须从古文字学讲到新文字（简字、注音字母、罗马字等）；哲学更须添新哲学，俾能温故知新，以免落伍陈腐之讥。

三、由教授领导同学多做些伟大的集体的编纂工作，如前朝《四库全书提要》《图书集成》等……，如此在学术上始有贡献，始可传吾母校之名于不朽。不然精力不能集中利用，各人只做些无聊之国学小丛书，甚无聊也。零篇断稿，确有价值者，可汇编为国专论学汇编或国专学志，分集刊行，内容当与各名大学"学志"相抗衡。如此亦为提高校誉之最好办法。

四、学校立场完全超然，无论言论、人事，不宜有一些党派偏向。盖母校立学已近一世，造就人才已遍全国，前辈之创业不易，而时局之动荡又如此,超然立场实为母校最好之态度也。①

新中国成立后,朱星先后任教、任职于河北天津师范学院、河北北京师范学院、中国大百科出版社和天津师范学院。1950年,他加入了中国共产党,由原来的一名天主教徒转变成为一名共产党员。

朱星一生劬学,博览群书,于经史子集、诗词歌赋及西方的古典哲学、逻辑学、艺术论等,都曾有所涉猎、有所研究,先后刊行著作三十多种。而其治学的主要方面,还是语言学的研究。朱星的语言学研究,从多面向、多层次展开,举其要者:一是古代汉语研究,著有《古代汉语概论》,内容翔实,材料丰富,许多年中一直是大学文科学生和中学语文教师学习古代汉语的重要参考书。二是语法学研究,著有《汉语语法学的若干问题》,介绍了汉语语法学的基本知识和历史发展,对汉语语法学史作了比较全面的交代。三是汉语史研究,朱星于1961年曾写出25万字的书稿交到出版社(书稿在"文化大革命"中散失),书稿中论证了《中原音韵》是在燕方言的基础上,经过南北朝、唐、宋逐渐发展起来的大都话,从而提出现代汉语普通话来源于古燕方言的论断。四是训诂学研究,著有《周易经文考释》等,以古文字学为考订工具,对《周易》的每字每句,一一进行考释。五是普通语言学研究,著有《语言学概论》,作为中学语文教师及师院中文系学生语言学入门的参考书,讲解简明通俗,紧密结合汉语实际。

---

① 《校友来鸿》,无锡国学专修学校校友会编《国专校友》第5期(1948年6月18日)。按:《国专校友》是一本油印的刊物,目前只见到第5期,故朱星信中提及的"文治学院之计划"的具体内容不详。

王绍曾：一生沉醉目录学

　　一个人的求学生涯中，有时碰到一位好的老师，会对他后面的人生道路产生决定性的影响。王绍曾在无锡国专就读期间，便是受老师钱基博的影响，从此走上了终身研治目录学的道路。

　　王绍曾（1910—2007），字介人，号介盦，又号霞客乡亲，江苏江阴人。王绍曾出生在一个农民家庭，母亲以养蚕为生。1927年，他以同等学力考入无锡国学专修学校，在就读的几年中，当时国专的教授有唐文治、朱文熊、陆修祜、钱基博、冯振、徐景铨、单镇和邓揖等人，而对他影响最大的是两个人：

　　一位是校长唐文治。王绍曾在国专上的第一堂课，就是唐文治讲授范仲淹的《岳阳楼记》。几十年以后，他还对这堂课印象犹深，因为是第一次聆听和欣赏"唐调"抑扬顿挫、铿锵悦耳的音节美。同时也是由这堂课，第一次认识到中国人必须有"先天下之忧而忧，后天下之乐而乐"的胸襟和抱负。而唐文治先生兴办无锡国专的宗旨和目的，正是想要培养出一大批具有这种胸襟抱负的、救国救民的、具有真才实学的人。

　　除此之外，几年之中，唐文治对王绍曾等弟子的言传身教、谆谆训诲，举其大者，尚有数端：一是治学处世要知难而进，二是教书先要育人，三是立身处世要严义利之辨，四是要以自强不息的精神鞭策自己。王绍曾在国专读书三年，后来又在校中工作三年，他后来曾说，在这六年时间里，"特别是'一·二八'事变后在母校的三年，几乎每天都在唐师的耳提面命下工作，受到唐师精神上的熏陶比任何同学都多。唐师的谆谆教导，以及他的道德文章，深深刻印在我的心里，使我终身难忘。尽管我是唐门弟子中普普通通的一员，但他却影响着我的一生"①。

另一位是时任无锡国专教授兼教务主任的钱基博。王绍曾后来回忆钱基博的讲课特点：要求学生每人备两个笔记本，一个是课堂笔记，另一个是读书笔记。讲课时重要的论点，都要端端正正地板书。每堂课都要布置问答题，开列书目，让学生自己去阅读，对问题作出解答。回答的问题写在读书笔记上，要求字迹清楚端正，潦草的发还返工。读书笔记由班长收齐汇送，钱基博在课后认真评阅。评定成绩优劣，一般都在笔记的第一道题上以加圈多寡来表示。从一个圈到四个圈，代表甲、乙、丙、丁的不同等次。圈越多成绩越好，特别优异的可以画到五个圈。下一堂课，先作简短的讲评，然后讲新课。讲评时成绩优异的一一指名表扬。如此循环往复，从来没有误过期。王绍曾所在的班级有三十多人，读书笔记最多有长达二三千言的，简直是一篇论文。一本本评阅，不知要耗费多少时间和精力。该班同学大体上都能写论文，便是得力于钱基博的指导培养为多。

王绍曾在无锡国专学习三年，听钱基博讲过三门课：一门是正续《古文辞类纂》，一门是章学诚《文史通义》，另一门是目录学。"这三门课对我来说，终身受惠无穷。"②其中影响最大、甚至决定了王绍曾后来治学路径的是目录学。在讲授这门课程时，钱基博先讲章学诚《校雠通义》，以使学生了解目录学不徒在甲乙部次、疏通伦类，更重要的是在于辨章学术、考镜源流；接着讲《汉书·艺文志》，以使学生认识我国一切学术无不来源于先秦；再讲《四库简明目录》，讲时重在以学术源流为线索，从学术流派来比较其异同得失。

钱基博的这种循循善诱、启人心智的讲授，引起了王绍曾对目录学的极

---

① 王绍曾：《唐蔚芝师对我一生的影响》，无锡国学专修学校上海校友会编《国学之声》1995年第4期。

② 王绍曾：《钱子泉先生讲学杂忆》，王绍曾著《目录版本校勘学论集》，上海古籍出版社2005年版，第1038页。

王绍曾的毕业论文《目录学分类论》作为无锡国专学校丛刊印行

大兴趣。他的毕业论文,题目就是《目录学分类论》,钱基博先生作为导师,指导他如何去搜集资料文献,如何去撰写论文。最后论文写成,凡六万余言。论文从刘向、刘歆父子的《七略》,一直论述到民国年间引进的杜威十进制法及其在中国之改进,显示了他对中国传统目录学已有较深刻的把握认识和对中西目录学的融合之功。钱基博阅后非常满意,给了满分,评为全班第一名。当时钱基博同时担任上海光华大学和无锡国专的教职,他还特意将这篇毕业论文带到光华大学文学院去请教授们传观。1931年1月,王绍曾的《目录学分类论》和另一名国专学生周昶旦的《荀子政治学说》,作为《私立无锡国学专修学校丛刊》的"学生丛刊之一",由无锡国专编印出版。过了几年以后,钱基博指导第十届学生俞振楣写毕业论文,在俞振楣的论文上写下了这样几句评批之语:"吾自讲学大江南北以来,得三人焉。于目录学得王生绍曾,于《文史通义》得陶生存煦,于韩愈文得俞生振楣。"①在国专师生中一时传为佳话。

────────────

① 杜泽逊:《老树春深更著花——记文献学家王绍曾先生》,王绍曾著《目录版本校勘学论集》,第1051页。又王绍曾先生于2001年11月21日致笔者的信中,亦曾道及此事。

王绍曾从无锡国专毕业时,恰逢近现代著名出版家张元济在上海主持商务印书馆《百衲本二十四史》的校印工作,为此还成立了校史处。张元济和唐文治是1892年壬辰科的同科进士,校史处需要年轻的编校人员,张元济向唐文治要三名毕业生,唐便把王绍曾及另外两名国专毕业生赵荣长、钱锺夏介绍给张。唐文治把三人的毕业论文寄给张元济审阅,得到张的首肯。因为张元济对版本目录有特别的爱好,所以对王绍曾的《目录学分类论》尤感兴趣,诵读了一遍,还改正了好几处。三人临去上海前向校长辞行,唐文治对他们勉励了一番,并说:"张先生跟我是'同年',我们两人向来以学问品德相砥砺,你们此去,务必以师礼待张先生。"

王绍曾在上海商务印书馆校史处工作时,钱基博出于对这位得意弟子的欣赏,向唐文治建议,把自己的"目录学"课由王绍曾代授。唐文治完全赞成,而且征得了张元济的同意,让王每周五回无锡授课。王绍曾得知这个消息时,坚决不敢接受。理由是自己年方弱冠,学到的目录学基本知识非常肤浅,怎么敢擅登高等学府的讲台?为这件事,王绍曾专程回到无锡向唐、钱二师解释。唐文治诚恳地对王绍曾说,当年他官外务部庶务司主稿时,每八日须进大内一次,见各堂官呈递奏牍要电,每次都拿一大包袱,离开大内时又带回一大包袱,工作极其复杂而辛劳,但他处理得井井有条,加深了阅历,为后来升迁郎中、商部右丞、左丞、左侍郎和署理农工商部尚书奠定了基础。唐文治以这样的事例来勖勉策励王绍曾,治学、处事都得知难而进,不能知难而退。尽管最后唐文治接受了王绍曾恳辞的意见,但这种亲切的教导,对王绍曾来说,还是一生受用不尽。

1932年"一·二八"事变,日本飞机轰炸上海闸北,商务印书馆被炸,被迫停业。王绍曾离开上海,回到母校无锡国专担任图书馆主任,前后也是三年左右的时间。其间,他用刘国钧的图书分类法把原有的图书重新分类编目。此前在商务印书馆校史处工作时,王绍曾曾利用涵芬楼的善本特藏,系统调查了二十四史的版本源流。担任无锡国专图书馆主任期间,他就以此为基础,撰写了长篇论文《二十四史版本沿革考》,分四期刊载于《国专月刊》,文章用大量的历史资料和目验的材料,理清了二十四史的版本源流。这篇论文在这一领域一直格外受到重视,半个世纪以后,台湾学者王国良在《中国图书文献学论集》一书中还特别收入了这篇长文,将其作为《二十四史》版本考证方面的代表成果来对待。此文之外,王绍曾在此期间还撰写发表了《〈史通〉引书考初稿绪论》《无锡刻书考》《小绿天善本书辑录》《无锡国专图书馆善本书志》《〈缪艺风先生著述目〉补》等颇有分量的学术论文。

自1935年下半年起,王绍曾不再担任无锡国专图书馆主任。此后,他曾先后在江阴尚仁中学、山东省工业中专技术学校、济南机器制造学校、济南工学院等校任教任职。1960年,年届五十的王绍曾问学于山东大学著名学者高亨先生,三年后由其推荐,调入山东大学图书馆古籍部工作;1983年,转任山东大学古籍整理研究所教授。这时王绍曾已年过古稀,又患结肠癌,动过手术,但他一生中最重要的撰述,竟大多是在七旬以后的最后二十多年完成的。他先后编撰出版了《近代出版家张元济》、《渔阳读书记》(王绍曾、杜泽逊合编)、《山东藏书家史略》(王绍曾、沙嘉孙合著)、《山东文献书目》(王绍曾主编)、《订补海源阁书目五种》(王绍曾、崔国光等整理订补)、《百衲本二十四史校勘记》(张元济著,王绍曾等整理,共十六种)、《目录版本校勘学论集》、《山左戏曲集成》(王绍曾、宫庆山编)等著作。其中《山东文献书目》共收录了先秦至民国山东先贤著作有版本可考者5208部,又用低一格的形式收录了与山东文献有关的非山东人著作1336部。作为一部地方文献书目,此书在编制体例上颇有创获。《清史稿艺文志拾遗》是一部280余万言的皇皇巨著,在《清史稿艺文志》及《补编》的基础上,增补清人著作54888部,并且打破陈规,一律加注版本及书目依据,被版本目录学家胡道静誉为"有清一代文献括存之大业",另一位版本目录学家顾廷龙则在为该书作的序中说:"不特公私名簿采录殆遍,著录之有歧异者亦多所辨正。全书网罗清人著述为《清史稿艺文志》及武氏《补编》所未收者,竟达五万四千余种,以类相从,厘然有绪,且各著版本,兼明出处,元元本本,得未曾有。"①

---

① 顾廷龙:《〈清史稿艺文志拾遗〉序》,顾廷龙著《顾廷龙全集·文集卷上》,上海辞书出版社2015年版,第153—154页。

魏建猷：一度就学和两度任教

　　无锡国专历届的毕业生中,有一些人后来又被母校聘用担任教职,魏建猷即是其中的一位,并且在抗战之前和抗战胜利后两度在无锡国专任教。

　　魏建猷(1909—1988),曾用名魏守谟,安徽巢县人。魏建猷出生于巢县槐林镇小魏村的一个耕读之家,自幼聪慧。十三岁时,在安徽无为县念了两年小学。1924年6月,到由唐文治兼任校长的私立无锡中学读书,当时无锡国学专修馆第一班第一届的两位毕业生王蘧常和侯堮在该校任教,对魏建猷产生了很大的影响,侯堮后来把他引到了北京这个更广阔的天地,而王蘧常则成了他的终身师友。1925年江浙战争爆发,无锡中学停学,只读了一年的魏建猷不得不告别老师,休学回家。在家乡就读于叶芝岑先生的学塾,进一步夯实了小学和文言文的功底。

　　1927年夏,魏建猷考入无锡国专,成为该校的第七班学生。他在几年的学习生活中,接受了严格而系统的国学教育,为他后来的学术研究打下了坚实基础。魏建猷后来回忆,他喜欢历史,在无锡国专读得最多的还是历史书籍。1931年5月,临近毕业前夕,无锡国专第七班第七届学生编成了《无锡国学专修学校辛未级毕业刊》。据该刊卷首的《辛未级毕业刊筹备委员会·本刊职员表》,"筹备委员会"共分经济股、编辑股、出版股、文书股。该刊虽然没有像后人编刊那样标"主编"的名目,但从实际情形来看,魏建猷应该是承担了主编的工作:他是编辑股成员,负责毕业刊主体部分"通论"的编辑工作,而且

该刊的"发刊词"和"编辑后语"也都是由他来撰写,其"发刊词"曰:

逝者如斯,不舍昼夜。岁月频更,春秋代谢。于今三年,自我想见。相见伊始,东井星会;自是厥后,朝夕共事。或学问以相敦,或德行以相砺。既感相知之深,益觉别离之遽。夫人惟多情,故异万物;野蛮文明,此其畛域。自昔阳关三叠,依依犹念故人;千里裹粮,艰苦欲寻旧好。惜别怀旧,人之恒情;我辈后生,岂能异此?方今毕业期届,别离在即;此后南北东西,各异方域。虽交通□捷,日致千里;而人事纷繁,分身何暇?欲如今之聚首一堂,讵可得耶?且人类历史,决难重演,即使将来同聚有缘,而时移世异,不无今昔之感。故过去三年,实为吾辈生命史上光荣之一页。纪念此日之光荣,维系将来之情感,斯乃本刊之二重使命。

白居易云:"感人心者,莫先乎情,莫始乎言。"盖言为心声,情动于中,始形于言;称情以立文,因文以系情。同人等裒集所作,辑成此刊,即秉因文系情之旨,工拙实所未计,非敢厕诸著作之林,聊当古人赠诗赠序之意云尔。邦人君子,其幸鉴诸。

除了负责实际的主编事务外,该刊还登载了魏建猷论文一篇——《过去千余年间国人对于西藏问题的传统思想》;并以《中国古代文化探源》为总题,刊载了他的四则补白文字:《婚姻制度》《易耨法》《初民生活》《用肢体作度量》,在最后一则补白的末尾,有作者识语曰:"此系由笔记中摘出,思想文字俱未成熟,而贸然冠以今名'中国古代文化探源',殊觉大而无当,望读者以补白视之,则不失作者之意矣。"从这一篇论文和四则补白也可以看出,魏建猷在国专就读期间,研治学问的主要兴趣和方向,就已经集中在中国历史方面。

1931年6月,魏建猷作为第七班第七届学生从无锡国专毕业,经时任燕京大学国文讲师的侯堮介绍,任燕大图书馆中日文编考部助理员。1933年9月,魏建猷赴日本留学,在日本中央大学经济科学习。1936年6月,他离开日本回国,到无锡拜访了唐文治先生,受其聘请,于该年下学期开始在无锡国专任教,讲授史学概论、通史等课程,并为学生开设课外日文补习班。当时的《国专月刊》曾有这样的报道:"本学期新聘教授,有陈天倪先生、李浚清先生、魏守谟先生,……魏先生本校第七届毕业,曾在燕京大学图书馆服务,后东渡,毕业于日本中央大学研究所,于史学有深湛之造就,本学期来校教授史学概论、通史,课外并设日文补习班云。"①当时在国专开始实行导师制,魏建猷又担任了日文补习班的级任导师。

1937年1月,无锡国专安徽同学学术研究社编辑的《皖风》创刊号出版,作为安徽人的魏建猷再次为一个无锡国专的刊物撰写发刊词,只不过这次的身份由学生转换成了教师:

> 吾皖古多积学之士。举其近者,自江永、戴震而下,无虑数十人,核名实,能断制,非华士所得而假借。彼数君子明于庶物,慑于建奴之淫威,不得发舒其才以辅世,故壹志稽古以免于文网,而其情亦稍稍可睹焉。今政治偷瘀,国学式微,吾皖人当起而讲求致用之学,以竟乡贤未竟之业,而无以章句之学为矣。即为章句之学,亦不必失前贤矩矱,而后可无愧矣。皖中来学国专诸同学,于是有季刊之作,冀以收切磋之益,余喜得观其成焉!

教学之外,这一时期的魏建猷笔耕甚勤,在同在无锡国专任教的李源澄主编的《论学》上发表了《朱舜水思想概述》《记明末东渡流亡之二志士》等论文,在《国专月刊》上发表了《朝鲜问题与甲午战争——〈甲午战争史稿〉第三章》。②从后一篇文章的正副标题可以知道,《朝鲜问题与甲午战争》是他计划中要撰写的书稿《甲午战争史稿》中的一章,撰写这部书稿,"反映了在民族危

①《校闻·本学期新聘教授》,《国专月刊》第4卷第1期(1936年9月15日)。
②《朱舜水思想概述》刊《论学》1937年第2期,《记明末东渡流亡之二志士》刊《论学》1937年第4期,《朝鲜问题与甲午战争——〈甲午战争史稿〉第三章》刊《国专月刊》第5卷第4期。

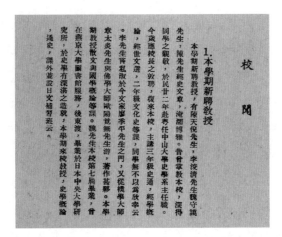

《国专月刊》上关于聘请魏建猷（守谟）等人来校任教的报道

机日益严重的情况下他所从事的学术研究方向的重要转变。他一生的中国近代史的研究方向就是由这项研究开始确立的"①。

全民族抗日战争爆发后，魏建猷离开了无锡国专。1938年10月，他在迁到成都的光华大学图书馆先后任管理员、主任，主持齐鲁大学国学研究所的顾颉刚又聘其为兼职的私人秘书，协助自己编制中国历代人口分布区域图。1942年夏，魏建猷任重庆中央大学国文系讲师，又兼任过一段时期的《文史杂志》编辑。1946年6月，魏建猷举家坐船来到上海，在无锡国专沪校再度任教，讲授中国通史和史学概论。1948年夏，长期在战乱中与魏建猷一起颠沛流离的妻子吴佛患伤寒症去世，后来他续娶了国专沪校一九四八年冬届毕业生萧善芗。萧善芗在国专沪校就读时，受基本文选课任课教师、唐文治读文法的"忠实继承人和积极推行者"唐景升（字尧夫）的影响，爱上了唐调吟诵，晚年更是成为唐调吟诵的积极推广传播者。后来在别人给她做的访谈录中，曾忆及魏建猷任教国专沪校时的有关状况：

① 周育民：《风雨八十载——魏建猷先生传略》，《历史教学问题》2004年第4期。按：该文中又记及，《甲午战争史稿》一书的"现存文稿仅有作为第三章的《朝鲜问题与甲午战争》一篇"。

　　我的先生（魏建猷）是无锡国专毕业的，第八届的高材生。后来在日本留学三年，1936年回国后到母校去拜访老师。唐老夫子很看重他，要他留校工作。本来无锡国专称"馆"，教的都是"四书五经"，后来慢慢扩大，才发展成为中文系的形态了，其他科目相继开出，像史学也有了。我先生在无锡国专开了两门课程，一门是《中国通史》，一门是《史学概论》。当时学校里有个规定，教职员工都是包吃包住的。周末的时候，老夫子用聚餐的方法，一方面改善教职工伙食，一方面听听大家的办学意见。他喜欢喝酒，喝到高兴的时候就吟起诗词、唱起昆曲来，这时全场肃静，都屏息静听。有一次他吟了陶渊明的《饮酒》（其五）。我先生很喜欢陶渊明的生活境界，更喜欢陶渊明的这首诗。忽然听到老夫子这样读，觉得很入境，很有"陶味"，陶渊明的味道啦，他一下子就记住了。我先生的记忆力很强。后来我教语文，虽然不敢给学生吟，但我在家里备课时，总要用"唐调"来读读，体会作品的感情，领会得更深一些。我先生就开玩笑地说，你又在"念骨头"了。但这"骨头"我是一定要念的。他就把这首诗的吟诵教给我了。①

　　1954年7月，上海师范大学的前身上海师范专科学校建校，魏建猷在历史科任副教授。从建校之初，到魏建猷去世，三十四年中，他一直在这所大学工作。魏建猷一生撰述丰硕，他在历史学研究方面的代表性著作，有《中国近代货币史》《第二次鸦片战争》《中国会党史论著汇要》（主编）等。二十世纪五十年代初期，新中国近代史研究刚起步时，他就完成了两部有着重要影响的学术著作《中国近代货币史》和《第二次鸦片战争》。以前的货币史家所写的货币史，多详于各类货币的沿革和概况，而魏建猷作为历史学家，则注重考察货币与经济、政治之间的互相关系，这是他的《中国近代货币史》一书的独特价

①须强：《"唐调"传人萧善芗老师访谈录》，须强著《用声音传承经典：传统吟诵启蒙教育研究》，上海社会科学院出版社2015年版，第251页。

值之所在。《第二次鸦片战争》是国内第一本关于第二次鸦片战争史的学术专著,它用马克思主义的史学观点,完整、系统地论述了第二次鸦片战争的起因、经过及其影响,至今仍为学术界所称道。在会党史研究方面,他曾撰写发表了一系列重要论文,并主编了《中国会党史论著汇要》,被学界公认为是近代会党史研究的开路人。

吴天石：『春风吹煦』的教育家

1931年5月，无锡国专学生自治会创办了一个刊物《无锡国专年刊》，其中的"论文"类有一篇《诗人之境界——读诗杂记之一》，署名吴天石；在"诗词"类有"吴毓麟诗九首"；该期杂志卷末的版权页上署"编辑者"为吴毓麟。实际上，这"吴天石"和"吴毓麟"是同一个人。

吴天石（1910—1966），名毓麟，字天石，后以字行，江苏南通人。小学阶段，吴天石先后上过三所学校：南通县第五初等小学、南通县第一高等小学和南通师范第一附属小学。小学毕业后，于1924年夏考取了南通师范文史科。吴天石从小就喜欢中国古典文学艺术，对古代诗词尤其沉醉痴迷，在通师读书时，国文成绩突出，得到国文教员顾怡生的赏爱。吴天石经常以旧体诗词的习作请教顾怡生，顾也不厌其烦地给予指导点拨，后来吴天石将自己就读南通师范期间所作的诗结集为《耐庐诗草》。传统文学之外，吴天石对白话文学、现代戏剧也有很大的兴趣，他和一批志同道合的同学成立了一个文学社，叫作"文史研究社"，创作了一些新诗和短篇小说；又参加了通师学生剧团的进步戏剧活动，并撰写了话剧剧本《李太白之死》，刊登在文学社的刊物上。

1929年秋，在南通师范毕业的吴天石与同学黄诚（字稚松）前往无锡投考国专，临行前，顾怡生先生作诗一首，为两位学生送行：

濠流明净天开镜，此去应知江海深。砥行几人霜玉石，盘根百结碧梧阴。文章有价羞标榜,大道如砥等追寻。今日临歧莫惆怅,未来成就系初心。①

　　考入无锡国专后,吴天石成为该校的第八班学生。前文叙及,他从小就喜欢中国古典文学艺术,来到无锡国专这样一所专授国学的学校,更是如鱼得水,学习成绩也很优秀。据《无锡国学专修学校概况·大事记》载,1931年4月,无锡国专举行每学期一次、由全校学生参加的国文竞赛,吴天石为得奖者之一。这次国文竞赛的优秀文章,后由钱基博以《无锡国专作文会考程文叙目》为题,在《南通报·文艺附刊》上连续刊载,吴天石的得奖作文是《章学诚于清学之关系论》。

　　在中国古典文学中,吴天石尤其偏好诗词;就读国专期间,更是沉潜于诗艺。我们今天在《无锡国专年刊》和《吴天石早岁诗钞》中,还能看到他这一时期的不少诗作。在此期间,他自然得到了老师的精心指导。二十世纪六十年代,吴天石曾回忆当年老师为他批改诗作的情形,当时他写了一首《太湖泛舟》的七言绝句:

　　　　泛泛扁舟任好风,长歌对酒气如虹。遥看天水浑无际,一抹青山似画中。

　　老师看后,对这首绝句进行了评点分析,说这四句诗分开看都没有什么毛病,但连贯起来就有问题了:第一、二两句主要是情调不一致,第一句是闲逸的情调,第二句却是慷慨的情调;第三、四两句又与实际情况不相符,天水相接已无边无际,又哪里来的"一抹青山似画中"呢? 接着老师又举古人的诗

---

①顾怡生:《校生吴天石毓麟、黄稚松诚之无锡应国学院试,送之以诗》,转引自冒瑞林、巫晓峰、杭连生主编《人民教育家吴天石》,南京师范大学出版社2012年版,第11页。

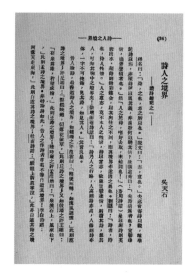

吴天石:《诗人之境界》,刊于由他担任编辑的《无锡国专年刊》

"身在云中天水合,更于何处望蓬莱"来分析他诗中的问题,使他终生难忘。①

　　吴天石由沉潜诗艺,进而再研习诗学。现在所能看到的吴天石就读国专期间的两篇专业研习的文章,都是有关于古代诗学的。一篇是刊登于《无锡国专学生自治会季刊》第一期的《王渔洋之七言绝句》,另一篇是载录于《无锡国专年刊》上的《诗人之境界——读诗杂记之一》②。在后一文中,作者指出:"人之意志,莫不本人之性情。诗以言志,故能宣郁达情。则读其诗,想其人,可知其胸中之境界矣。"

　　在无锡国专的社团活动中,吴天石也是一个积极分子。1930年11月,无锡国学专修学校学生自治会成立,吴天石为会计股职员,后又改任出版股。

_____

①《文教资料》1999年第1期载《吴天石早岁诗钞》,中有《秋日泛舟太湖口号》绝句两首,其一曰:"一叶今朝泛北风,长歌对酒气如虹。也知范蠡轻天下,为爱青山似画中。"其二曰:"昔叹画中行不到,居然今日画中游。何因乞取倪迂笔,归去仍摩一段秋。"将这两首绝句中的第一首与正文中引述的《太湖泛舟》进行比较,基本可以判定,这是经老师指导后的改订之作。又按:《秋日泛舟太湖口号》绝句两首的第二首,曾刊于《无锡国专年刊》。

②《诗人之境界——读诗杂记之一》一文于文末标"待续",但《无锡国专年刊》出了一期即告中辍,所以未见后续的文字。

1931年5月,《无锡国专年刊》由国专学生自治会出版,吴天石即是此刊的编辑者。该刊由"论文""文录""诗词""附录"等栏目构成,其中"论文"收文九篇,"文录"收文五篇,"诗词"收十一家三十二首,"附录"收演讲稿一篇,均为当时在读的无锡国专学生的作品。此刊头条刊发的是无锡国专第八班学生高君仁的文章《研究国学者所负之使命》,文中对唐文治"欲救国当先善国性"和钱基博以"国学"为"国性之自觉"的主张加以引申发挥,而对胡适国学研究的三大主张"扩大研究的范围""注意系统的整理""博采参考比较的资料",认为这些只是治国学的"一部分工作"。文中提出:"研究国学者,所负之使命,在恢复中华民族创造文化的能力与精神,而加以发扬光大,以促进世界之大同。""研究国学者,可不努力进行,以尽吾辈之使命乎?"这也再一次证明了:在无锡国专,从校长唐文治到其他教授,再到学生,都有一种传承、弘扬乃至重建中国文化的自觉精神、自觉意识。有意思的是,作为一所专研国学的学校,该刊所收录的学生作品,所用语言都是用文言体,但吴天石作为编辑者写的《编辑后》却是一篇白话文,并且他在该文中表达了对当时许多人反复争辩的"文白优劣论"的独特看法:"国学在现代已不是时髦的东西,而本刊又全是用'文言'来行文,恐怕在时髦人眼中,有腐化的嫌疑。不过,在我以为,'文言''语体'一样的发表思想,只要我们的文章真有一读的价值的,在文字方面,总无关系的吧?谈到价值,又是要读者去估定的了。"

在无锡国专就读的三年中,每年寒暑假回到家乡,吴天石都会以很大的精力和热情,参加南通的文化活动,尤其是戏剧活动。1924年4月,也就是吴天石去无锡国专读书的前夕,南通新民剧社成立,这是南通民众教育馆在通师学生剧团的基础上所组建的话剧社。1930年暑假,吴天石回到南通,与顾民元(通师的老师顾怡生之子)、史白等正式加入"新民剧社"。此后曾参与过剧社不少剧目的排练和演出。因自己不会演戏,吴天石后来回忆说:"我不会演剧,但我爱好戏剧,所以我也参加新民剧社为社员。我在剧社里担任提词的工作。做提词工作,从排演到演出是要始终和演员在一块,而且演员读一句我也要读一句的,因此我对剧本台词也读得很熟。现在回忆起来,当时有些激动人心的台词,对我们的教育是极深刻的。"①吴天石自己也写过一个剧本叫《十年归》,由剧社上演。1931年,还在无锡国专读书的吴天石给曾在南通活动过的戏剧家欧阳予倩寄去了自己写的诗剧《李太白之死》,请其修改。没几天,就收到了欧阳予倩的复信,对剧本提了意见,并指出,写李白不如写杜甫,因为写杜甫现实意义更大些。不久后,吴天石再次致信欧阳予倩,表示想到广州由欧阳予倩创办的戏剧研究所去学戏剧,欧阳予倩在复信中谈到学习,不仅要有"参考书",还要有"参考人",他认为当时的广州两者俱无,希望吴到北京去学习。吴天石没有采纳这一意见,而是继续在无锡国专学习,一直到毕业。

吴天石从无锡国专毕业后,先后在南通、聊城、济南等处任教。1937年,回南通中学教书并参加抗日活动。1943年,加入中国共产党。历任苏中四分区专署文教科长、江海公学校长、华中公学副校长和苏南公学校长等职务。1952年,任江苏师范学院院长、党委书记。1954年起,历任江苏省教育厅副厅长、厅长,中共江苏省委教卫部、宣传部副部长等职。吴天石长期担任教育、宣传部门的领导,作风民主,平易近人,与教师交知心朋友,具有学者从政的风范,深得广大知识分子的钦敬。曾经也就读于无锡国专的章品镇在一篇纪念文章中说:"或说吴天石记忆力过人,我则认为主要还在于他对许多人的关心的具体,真到了面面俱到的地步。""与他相遇,只觉得春风吹煦,有一种最宜于谈心的气氛。""吴天石的性好交友且善于交友,使他到处皆有朋友,因此也就使他得以对人有较为深入的了解。正因为他具备了这种条件,他当教育厅长,就能在江苏教育界做好识拔人才、团结人才的工作。"②像高晓声、斯霞、王兰、李吉林、吴调公、沈祖棻、钱仲联等文教界的许多人,就先后得到过他的关心帮助、推荐提拔。吴天石在省教育厅任职期间,认真贯彻党的教育方针和知识分子政策,重视教育理

---

① 吴天石:《活跃在南通话剧舞台上——忆新民剧社》,中共南通市委党史工作委员会编:《江海奔腾(1919—1937年南通地区革命斗争回忆录)》,上海社会科学院出版社1989年版,第188页。

② 章品镇:《昱风来,石破天惊!——记吴天石》,章品镇著《花木丛中人常在》,生活·新知·读书三联书店1997年版,第359—363页。

论研究，对改进中小学语文教学有系统论述，对全省教育的发展和教学质量的提高产生了积极的影响。吴天石是一位教育家，也是一位学者，曾与夏征农、沈西蒙合编五幕历史剧《甲申记》，另有《农村中学的发展与巩固问题》《教育书简》《谈谈我国古代学者的学习精神和学习方法》《中国革命的伟大诗史　学习毛主席诗词的笔记》《吴天石文集》等多种撰述刊印行世。

徐兴业：
悲壮一曲《金瓯缺》

　　1935年暑假以后，无锡国专教授钱仲联主动在课外开讲晚清诗，特别介绍了台湾抗日领袖邱逢甲的诗，这些内容，成了当时听课的学生徐兴业后来创作长篇历史小说《金瓯缺》的原动力之一。

　　徐兴业（1917—1990），浙江绍兴人。其父徐春荣是一位著名的企业家，曾创办闸北水电公司，在闸北拥有几百幢库门式的里弄房地产，又曾在钱塘江上创办了中国第一家高速航运公司——大华快艇公司。徐兴业幼时即酷爱读书，但父亲因忙于事业，并没有为儿子置备多少可供阅读的书。好在住在父亲隔壁的伯父藏有《三国演义》《水浒》《荡寇志》等古代小说，伯父不但允许而且鼓励他阅读，读后两人还互相讨论，这是徐兴业最早接触的课外读物，给了他在课本中得不到的极大的乐趣。十一岁时，徐兴业在杭州清波小学读书，有一天，教历史的吴老师在课上介绍了熊廷弼、孙承宗、袁崇焕这三位英雄的事迹，吴老师肃穆的神情和激越的语言感染了全体学生。徐兴业后来说："吴老师这堂课奠定了我一生写历史小说的兴趣。"[1]1932年"一·二八事变"时，日本人轰炸闸北，徐家的产业受到极大的破坏。徐春荣此时才对儿子的教育问题比较重视起来，请了一位同乡朋友王心湛做这方面的顾问。在王心湛的推荐下，徐春荣为儿子购置了二十四史中的前四史、顾炎武的《天下郡

①徐兴业：《写历史小说，我的独特经历》，上海社会科学院文学研究所编《中国作家自述（青少年版）》，上海教育出版社2000年版，第98页。

国利病书》、顾祖禹的《读史方舆纪要》和吴乘权的《纲鉴易知录》；后来又购买了《北史》《旧五代史》等史籍，要儿子每天朱笔圈点。徐兴业后来又说："从我后来写的小说中还可以发现不少少年时期读书的痕迹，说明我在十五岁时已经形成一个中心，乃是历史的，而非文学的。"[1]

1934年夏间，徐兴业考入无锡国专。在几年的学习生活中，有几位老师给他留下了深刻的印象，被他后来称作"了不起的教师"：讲授中国文学史、文学批评史等课程的顾实大声疾呼，号召学生学几门外文，并且亲自辅导日文[2]；杨铁夫古貌古心，活像灵隐寺的一尊罗汉塑像，却以毕生之力研究吴梦窗生平的一段伤心史；冯振左右鼻翼下有两条深刻皱纹，教授文字学，能打破下午第一堂课的瞌睡……

印象最深的，是教散文与韵文的钱仲联。钱仲联当时三十多岁年纪，已是当代名诗人，论诗深刻，自称是诗家的申韩，上起课来妙辞联翩，舌底风生云涌，古诗和近代诗能成诵的不在万首之下，繁引博征，触类旁通，謦欬都成珠玉。他对学生诚恳而温和，循循善诱，但也有点性急，唯恐弟子们以后不能成为一流的人才。徐兴业第一次离开母亲来无锡，火车启动时，站上播送着粤曲《小桃红》。到学校后，《小桃红》那凄凉婉转的声音犹在耳际，游子之心，离乡之悲，促使徐兴业写成了一篇《蝶恋花》词，"还赘上一篇姜白石式的小序"，呈请老师斧正。钱仲联为其认真批改，将上半阕"云外秋峰浮远翠"中的"远"改为"软"，顿时传出湖上数峰青之神；最后两句"寂寞阑干愁独倚，天涯洒遍离人泪"，被改为"一角红楼残照里，有人偷揾相思泪"。徐兴业看后，觉

---

[1] 徐兴业：《写历史小说，我的独特经历》，第99页。

[2] 黄汉文《记唐文治先生》一文亦记："他（按：指顾实）到国专任教时，日本帝国主义者步步深入，侵犯我国的主权与领土。顾先生就提出'知己知彼，百战不殆'，必须学日文。他利用课余时间，义务替学生上日文课。"录以互参。

得这正是自己想写而不敢写、想写而写不出的好句。①

在老师钱仲联的影响和指导下,徐兴业在无锡国专的三年中,对诗词写作抱有极大的兴趣和热情,在1935年到1937年的各期《国专月刊》上先后刊发了十五首诗词作品。诗词之外,国文写作在同学中也处在一个较为优秀的水准上。1935年4月,学校举行一学期一度的国文大会考,还在读一年级的徐兴业是全校的得奖者之一。在专业研习方面,早在读中学阶段,徐兴业就开始研治清代词史。1934年,他在杭州蕙兰中学的校刊《蕙兰》上发表了《清词研究》的长文②,全文分三部分,第一部分为"清词概论",第二部分为"清词派流",第三部分为"清词人评传",共有从清初吴伟业、龚鼎孳到清末朱彊村、况周颐等二十八位词人的评传。很难想象这篇题目宏大、长达四十多页的文章是出自一位年方十七的中学生之手。在无锡国专读书期间,徐兴业又由清词史进而研治清词批评史,曾在《国专月刊》上发表过《凝寒室词话》,他的毕业论文是由钱仲联指导的《清代词学批评家述评》,全文分四部分:绪论、陈廷焯、谭献、王国维,这篇毕业论文曾由无锡国专为之铅印刊行。徐兴业后来说,老师钱仲联"对我这个学生始终期望很高,而我学诗不成,学词不成,退而研究词学史、词学批评史也无所成就,愧对老师。"③这样说,一方面有自谦的成分,另一方面也是指他后来不再继续从事这方面的研究了。实际上,《清词研究》和《清代词学批评家述评》在大半个世纪后的2018年,被收录进了南开大学出版社刊行的《民国词学史著集成补编》一书中,更有论者评价《清代词学批评家述评》"第一次较系统地勾勒出清词史的发展脉络","是现代词学史

---

① 这首《蝶恋花》后刊于《国专月刊》第3卷第2期,词曰:"有酒登临须拌醉,寸寸湖山,寸寸伤心地。云外秋峰浮软翠,寒侵眉影添憔悴。　　新恨旧狂都不理,雁雁横空解寄遥情未?料得红楼残照里,有人偷揾相思泪。"刊出时未有小序,又上文中提及的"一角红楼残照里",刊出时作"料得红楼残照里"。

② 徐兴业《清词研究》见杭州蕙兰中学校刊《蕙兰》第3期(1934年春季刊)。按:在徐兴业的自述及其他文献资料中,未见徐兴业就读于哪所中学的记载,但《清词研究》既刊于《蕙兰》,徐兴业又列名于该期"本刊职员一览"的"编辑"名录中,可以判定他当时就读于该校。

③ 徐兴业:《写历史小说,我的独特经历》,第103页。

徐兴业著长篇历史小说《金瓯缺》，曾获第三届茅盾文学奖荣誉奖

上第一部词学批评史研究专著"。①

　　从无锡国专毕业后，徐兴业在上海任中学教员多年。1957年，调上海市教育局研究室工作；1961年起，担任上海教育出版社历史编辑；退休后，执教于上海师范学院历史系，主讲宋金史。几十年中，徐兴业的撰述主要是在历史研究和历史小说创作两个方面，前者有《中国古代简史》等，后者有《金瓯缺》《心史》《辽东帅旗》《东京妓女》（后二部与周美宇合著）等，而代表着他历史小说创作最高成就的无疑是《金瓯缺》。

　　说起《金瓯缺》最初的写作动因，仍然和他的老师钱仲联所上的课有关。1933年5月底，中日双方签订"塘沽协定"；1935年7月初，又签订"何梅协定"，滦东被占，华北主权基本丧失，国人愤慨声讨。在1935年暑假以后，钱仲联主动在课外开讲晚清诗，特别介绍了台湾抗日领袖邱逢甲的诗，再三讽诵"宰相有权能割地，志士无力可回天。啼鹃唤起东都梦，沉郁风云已五年。""谁能赤

①陈水云：《中国词学的现代转型》，转引自彭国忠：《识见宏达 深刻卓拔——评陈水云教授〈中国词学的现代转型〉》，《光明日报》2016年7月7日16版。

手斩长鲸,不愧英雄传里名。撑起东南天半壁,人间还有郑延平。"徐兴业后来回忆说,钱仲联课上讲的这些内容,"可能成为我三年后开始写《金瓯缺》的原动力之一"[①]。

徐兴业的妻子,是上海"颜料大王"周宗良的四女周韵琴。大约是在1938年初,徐兴业与这位其时"尚未结婚的爱人"开始对这部拟想中的历史小说进行共同构思和试写:"在那难忘的岁月中,我们一起坐在衡山公园那张几乎为我们独占的靠背长椅上,浸沉在小说的构思和试写中。那时我有一支珍贵的钢笔,是你作为送我的诞辰礼物的金星钢笔,我们就用它在你带来的整本稿纸上涂写。有时是你口读一段,由我笔录,有时则相反。我们基本上已写出了全书的故事梗概,写了一部分试稿……"[②]1957年以后,周韵琴先去香港,后又去法国巴黎学画,成为一名知名的华人女画家。在夫妇分离几十年后,周韵琴曾致信徐兴业,邀他到巴黎共度晚年。徐兴业回以长信,既诉说分别数十年的衷情和《金瓯缺》的写作甘苦,又委婉地拒绝了她邀他赴巴黎的请求,信中说:"……因为我写的是中国小说,是写中国历史的小说,是写一部旨在激发中国人民保卫自己国家的小说。我的主要的读者是中国人,我的写作土壤在中国,我离不开我的祖国。"[③]

徐兴业从1938年初,萌生写一部历史小说的动机,到1985年,四卷本的《金瓯缺》全部刊行,前后长达47年。小说描写十二世纪初及中叶宋、辽、金三个王朝之间的政治和军事斗争,宋、辽各自内部的矛盾斗争,以及汉、辽、女真、羌等各族政权统治下的社会生活画面,塑造了矢志不移抗击强敌的宋朝爱国将领宗泽、马扩、岳飞的形象,尤其是发掘出了为一般人忽视的历史人物马扩,把他作为作品的主人公。作品摒弃狭隘的民族主义和封建正统观念,站在整个中华民族的高度对待宋、金、辽间的民族战争,塑造了具有雄才大略

---

① 徐兴业:《写历史小说,我的独特经历》,上海社会科学院文学研究所编《中国作家自述(青少年版)》,第103页。

② 徐兴业:《给巴黎的一封信》,《海峡》1981年创刊号。

③ 徐兴业:同上

的金主完颜阿骨打等人的生动形象。小说大量运用我国古典诗词的语言和意境来描写人物的心曲,推动情节的发展,渲染环境和氛围,具有一种富于民族特色的典雅美;在叙述、描写中穿插着大量抒情、议论,时有精到之处;注重描写错综复杂的人物关系和矛盾冲突,注重描写人物心理,运用对比、烘托的手法刻画人物;追求历史真实而又不拘泥于历史真实。1991年,《金瓯缺》获第三届茅盾文学奖荣誉奖。

郭影秋：从省长到大学校长

郭影秋是无锡国专的第八班学生。他曾在晚年的回忆中说："如果沿着国专的路子一直发展下去，说不定我也可能成为国学家。"但他在无锡国专只读了一个学期，其人生道路也因此而发生了转变。

郭影秋（1909—1985），原名郭玉昆，又名郭萃章，江苏铜山人。郭影秋出身于一个贫苦农民家庭，从七岁起，念了六七年私塾；四书、五经除了《易经》外，其余的都读过，还读了《史记》《汉书》等书；后来，到徐州的法文补习学校和大彭市立一小就读。1927年，郭影秋考入徐州铜山师范，因学习成绩优异，入校不久后即担任学校学生会主席。1929年初，国民党为安插党羽、掌握学校领导权，策划了驱逐铜山师范校长郑梦九的学潮，并拉拢诱惑郭影秋支持他们的活动，遭到了拒绝，郭也因此从铜山师范退学。原铜师校长郑梦九被驱赶后，在江苏宜兴县政府任教育科长。郭影秋退学后，想去找郑，看是否能谋得一职业，便登上了去江南的火车。他在火车上碰见了几个学生，其中有砀山的，有沛县的，也有睢宁的。相互交谈后，知道他们原来是到无锡去报考国专的。他们了解到郭影秋尚无固定打算时，便一个劲地动员他也同去报考。郭说没有毕业文凭，他们说这容易，他们随身带有空白文凭，说着就送给郭一张。这些空白文凭是江苏第十中学发的。原来这个学校当时也闹了学潮，学校无法继续上课，因此毕业班未经考试，每人发一张文凭，他们多拿了几张。郭影秋本来就想读书，又念过六七年私塾，上无锡国专也对路子，现在正没有去处，就想，何不索性去试考一下。到无锡报考之后，竟然被录取了，而且名列前茅。

1929年暑假后，郭影秋入无锡国专正式就读，是国专的第八班学生。据他后来回忆，当时国专主要开设三门课程：一门是经学，一门是宋学（就是理学），还有一门是考据学（也称汉学），此外还可以旁听文字学、音韵学、文学史等。校长唐文治先生亲自给学生讲经学，他学问渊博，经学造诣很深，《十三经》不仅能背经文，而且能背各家的注。他在讲课时，虽然双目失明，各部经书全凭记忆，但有条有理，某书第几卷、第几页，记得清清楚楚。"同时，他思想也很通达，并非迂腐的老古董。由于唐文治的关系，学校里请来的老师也都是有名望的国学专家，记得给我们讲过课的有钱基博、夏丏尊、陈柱等。"①在国专学习期间，郭影秋的文史基础又大大提高了一步。由于他读过几年私塾，曾熟读过四书、五经，在这里学习并不感到吃力，而且很感兴趣。

给郭影秋留下印象较深的是某位老师所授《易经》课程的内容：

记得有个姓陆的老师，专讲《易经》，他讲课的内容，至今我还记忆犹新。他说《易经》中的八卦：乾☰、坤☷、艮☶、兑☱、震☳、坎☵、巽☴、离☲，都是狩猎时代的符号。古代的人在打猎时，在行途中遇到了山、水、风、火等，便分别画出符号，代表这些东西，以此标记途中的状况，也给后人指引道路。我觉得他的讲法很新鲜，也蛮有道理，不像当时有些人讲《易经》时，充满了神秘色彩。他还讲，《易经》究竟是什么时代的产物还很难说，假如说出现在春秋战国之前，但先秦时代的许多文献上，都没有八卦的符号，包括当时的铭文、石刻上都没有见到过。所以有人说它出现的（得）较晚，可能是秦汉之际的作品。不过，秦汉以前的某些典籍中，

①郭影秋口述、王俊义记录：《往事漫忆——郭影秋回忆录》，中国人民大学出版社2009年版，第16页。按：上引文中记无锡国专的教师有夏丏尊，当是回忆之误，夏丏尊并未在无锡国专任教过。

却又引用过《易经》的经文,似乎它的产生又早于秦汉之际。他说,看来《易经》的经与传,分别产生于不同时期的可能性更大。后来的哲学史学界不少研究人员,也持这种看法。①

郭影秋是一位中国古典诗词的爱好者、痴迷者,一生写了大量的旧体诗词。1972年,他在写给一位友人的信中,详细地回溯了自己早年学习诗词的经历。其中叙及自己七岁入学,首先是念私塾,先是读《千家诗》,以后是《笠翁对韵》《唐诗合解》,再后读了一点汉魏乐府。《诗经》是当作经读的,没有当作诗,《楚辞》是到大学里才接触到的。和词曲歌唱方面的接触,在小学里学的歌子是"卿云烂兮""西宫词""春江花月夜",在中学里学的是"毛毛雨""桃花江"。"在无锡国专的音乐课是教词曲,老师是吴梅。"②他一上课就拍就唱,当时郭影秋对于吴依调既听不懂,也难于理解他的节拍,觉得这是种"苦课"。有一次,学校逢到什么节日,唐文治先生也来了,他在会上高唱了昆曲,吴梅用洞箫伴奏。唱与伴奏博得不少彩声,郭影秋却觉得难以领略,不知好在何处。在另一次课上,吴梅讲了"小红轻唱我吹箫",有一位调皮的同学问道:"把这一句改为'老头高唱我吹箫',可不可以?"弄得学生哄堂大笑。吴梅很沉着,说:"可是可以的,不过唱奏的音节要有改变。"

①郭影秋口述、王俊义记录:《往事漫忆——郭影秋回忆录》,第17页。按:上引文中说"记得有个姓陆的老师,专讲《易经》",无锡国专在二十世纪二十年代,陆姓的教员是陆修祐,他在无锡国专先后开设《孟子》研究、《春秋三传》研究、孙吴兵法研究等课程,但未见有讲授《周易》课程的记载;当时在无锡国专曾讲授过《周易》课程的是唐文治。所以上引文中所记的这位讲授《周易》的教师是谁,尚待进一步查考。

②郭影秋著、铜山县政协文史委员会编:《郭影秋谈诗书简》,2007年印本,第90页。按:上引文中说:"在无锡国专的音乐课是教词曲,老师是吴梅。"吴梅(字瞿安,1884—1939)是近代著名词曲家,但他并不是无锡国专的任课教师,而是于1929年9月,应邀来无锡国专演讲词曲学。据《民国日报》1929年11月8日第1版《无锡国学专门学院又请名人演讲》一文记:"无锡国学专门学院自经教育部立案以来,院务倍加发展,如建筑图书馆、大礼堂等,经已屡志前报。现闻该院于学生读课外,并按月延请名人作学术演讲,以广见闻。……本月九日闻又请词曲家吴瞿安演讲词曲学,届时想必有一番盛况云。"

郭影秋在无锡国专就读的第一个学期还没有结束,就突然接到父亲的来信,大意是说:为了供你上学,家中的耕牛和大车都卖了,现在连地都种不上了,再也没有弄钱的门路。家里已无钱供你读书,你自己有办法弄钱就读,没有办法就再找出路。万般无奈,郭影秋只好忍痛离开了无锡国专。此后不久,他考上了地处无锡、可以管伙食费及书籍费的江苏教育学院。

1932年秋,郭影秋从江苏教育学院毕业,先后任职、任教于徐州民众教育馆、江苏沛县中学、徐州农民生活学校和中共铜山工委。全面抗日战争爆发后,任中共铜山工委书记、八路军山东纵队挺进支队政委、苏鲁豫支队团政委、中共湖西地委副书记和书记、湖西军分区政委和司令员、中共济宁市委书记、冀鲁豫军区政治部主任兼区委敌工部部长、第二野战军十八军政治部主任。新中国成立后,先后任川南行署副主任、云南省政协副主席、中共云南省委书记处书记和云南省省长等职。1957年夏,郭影秋写信给党中央,主动要求到教育部门工作并获批准,担任南京大学党委书记兼校长。在郭影秋任校长的六七年时间内,南京大学的面貌有了大的改观,全校出现了一片欣欣向荣的景象。1963年以后,郭影秋又长期担任中国人民大学的领导工作,在中

郭影秋著《往事漫忆》

国人民大学的建设发展过程中,起着承先启后、继往开来的作用,受到学校师生员工的爱戴。作为一个深孚众望的大学校长,郭影秋懂教育,了解办学规律,有明确的办学指导思想,其主要的表现,一是学校的一切工作都要以教学为主;二是强调基础课教学,重视提高教学质量;三是尊重和爱护知识分子,正确贯彻党的知识分子政策。

郭影秋长期担任党政领导,但在繁忙的工作之余,始终不废读书治学、写诗填词,主要撰述有《李定国纪年》《郭影秋诗选》《郭影秋谈诗书简》和《往事漫忆——郭影秋回忆录》等。《李定国纪年》是郭影秋研究明清史的代表作,全书凡二十余万言,以丰富详实的史实,记述了明末农民起义军领袖李定国一生的业绩。同时,该书虽名为《李定国纪年》,其内容实际上是大西军的编年体战史,是国内第一部全面系统的关于大西军及其领导人物的史料性专著,有较高的学术价值。其特色一是坚持唯物史观来评价历史事件与历史人物;二是搜罗宏富,考订精审;三是史论结合,勇于创新。

陶存煦：立志要挽浙东坠绪

钱基博先生曾说过，他在无锡国专任教期间，有三个"自讲学大江南北以来"最得意的弟子，一个是第五班第五届学生王绍曾，一个是第九班第十届学生俞振楣，还有一个，是本文要介绍的陶存煦。

陶存煦（1913—1933），字闿孙，号天放，浙江绍兴人。陶存煦的曾祖父陶琴士，名镕，是绍兴著名布商，除了拥有绍兴最大的布店——陶泰生布店外，陶琴士还创办了陶仁昌南货店、染坊，拥有房产达百余栋之多，当时有"陶半城"之称。陶存煦的父亲陶传祺，字叔祥，也继承了父祖之业，此外还曾会同绍兴绅商集资创办绍兴大明电气公司，是为绍兴现代工业之开端。

虽然陶家几代富商，但自陶琴士起，便每以家族中子弟"素不讲求文事"为憾。陶传祺曾对陶存煦说过："吾家由商致富，素不讲求文事，铜臭之讥已非一日。故曾王父特延名师课王父，藉免文人之揶揄。王父弃养后，诸父行无一读书者，予曾引为深憾。今汝侪兄弟辈，除季父一脉外，读书又无一人。"[1]经历了几代人的殷殷期盼，陶家后来终于出了一个读书种子——陶存煦。

陶存煦从八岁时起，先后受业于"起莘王师""蒲汀刘师"和"澹庐章师"等人，专习传统文史之学。1926年，没有读过新式小学的陶存煦直接考入了绍

①陶存煦著，刘桂秋、刘国芹标点整理：《陶存煦日记》，凤凰出版社2022年版，第87页。

兴越材中学。1929年秋,陶存煦考入无锡国学专修学校,先后师从国学名师唐文治、朱文熊、陆修祜、钱基博、徐景铨等人,其中尤得现代国学大家钱基博的激赏。钱基博曾在无锡国专学生俞振楣的毕业论文上批道:"吾自讲学大江南北以来,得三人焉。于目录学得王生绍曾,于《文史通义》得陶生存煦,于韩愈文得俞生振楣。"①就读无锡国专期间,陶存煦于课内课外,广泛研读国学重要典籍,并将自己的研习重点逐渐集中到浙东史学、章学诚及《文史通义》和版本目录学等方面,他在无锡国专的毕业论文即为《章学诚学案》。1937年,无锡国专学生自治会的刊物《国专月刊》分三期刊载了《章学诚学案》的部分内容。②在第一次刊载时,文前有一段编者按语,既介绍了全书的内容构成,又引述了钱基博对此书的评价:

> 按:此文为本校已故毕业同学、会稽陶存煦君遗著《章学诚学案》中之一篇。全书分内外二篇:内篇分章学证因、章学探源、章学诚别传、章学诚著述考、章学诚道学、章学诚志谱学、章学诚校雠学等八篇;外篇分章学影响、章学评议二篇。本校前校务主任钱子泉(基博)先生称其文曰:"于章氏一家之学穷原竟委,有本有末;而推其原于永嘉之经制、金华之文献、姚江之知行合一,以集浙东学术之大成,尤征只眼独具。所望尊闻行知发挥光大,以延此一脉,余于生有厚望焉!"于此可见此书之精粹矣。

陶存煦从十二岁时便开始记日记,但他在二十一岁时便因病而辞世,前后共记了十年。这十年的日记,后来大半都化为劫灰,只剩下半年的《庚午日

---

① 杜泽逊:《老树春深更着花——记文献学家王绍曾先生》,王绍曾著《目录版本校勘学论集》,第1051页。又王绍曾先生于2001年11月21日致刘桂秋的信中,亦曾道及此事。

② 三期分别刊载的标题:《章学诚之道学及史学(〈章学诚学案之一〉)》,《国专月刊》第3卷第5期;《章学诚学案(卷上)》,《国专月刊》第5卷第2期;《章学诚学案卷上(续)》,《国专月刊》第5卷第5期。

记》和一年的《辛未日记》。所幸的是,陶存煦记日记,不是那种寥寥二三语的流水账式的记录,其内容颇为丰富详尽,一年半的日记,篇幅却有近二十万字。庚午年(1930)和辛未年(1931),陶存煦正就读于无锡国学专修学校,因此《庚午日记》和《辛未日记》可以看作是他在无锡国专时的"求学日记",而这也体现了《庚午日记》和《辛未日记》的独特价值。

概括地说,《庚午日记》和《辛未日记》主要有以下几个方面的内容:

第一,是从一个学生的角度,记录了无锡国专在二十世纪三十年代初的一些基本史实。其中记录尤详的是,无锡国专课堂上的师生授受、外请学者的讲演讲座以及老师对学生训育教导的情形。

第二,是叙述陶存煦课余读书自修的活动,记录其对所读之书内容的提要概述和自己的心得体会。

第三,是对诸如社会地方、家族家庭等各方面情事的记录。

限于篇幅,本篇不能对上述三方面的内容都作展开[1],这里只着重介绍第二方面的内容。在《庚午日记》和《辛未日记》中,这一方面的内容占据了最大的篇幅。《辛未日记》九月十五日(1931年10月25日)中说:"煦日记之学,自乙巳以后专记心得,不尚空言,迄于今斯志勿懈,尚怡吾心。""专记(读书)心得"道出了陶存煦日记的最大特点,竟不妨把《庚午日记》和《辛未日记》看作是陶存煦就学无锡国专期间的两册读书日记。

据粗略统计,在一年半左右的时间内,《庚午日记》和《辛未日记》中所记作者读过的各类著作及学术论文、诗文作品,有一百二十余部(篇)之多。作者阅读这些著作及学术论文、诗文作品,有的是精读,有的是泛读;有的是完整阅读,有的是部分阅读。其中除了有一小部分是较为随意的翻览外,更多的是按照自己预先制订的读书计划,进行有目的、有系统的阅读。在《辛未日记》中,曾多处提到作者先后制订过两份"读书计划"。一份是经作者几次修订的"读书日程"。辛未年正月二十五日(1931年3月13日)日记中记:"⋯⋯

---

[1]详细的内容参见陶存煦著、刘桂秋和刘国芹整理《陶存煦日记》"前言"。

课余,以去年所拟课程一再延期,有待修正,下午遂重订之。大旨分为八科:曰书法,曰日记,曰群经,曰历史,曰诸子,曰诗文,曰小学,曰常识。"①二月二十九日(1931年4月16日)日记中记重订此日程:"自新以来,此心虽略能振作,然间或儳然,日程卒难履践,故下午重订课程,来月拟作第二次自新。"三月初九日(1931年4月26日)日记中记三修日程:"……经钱先生昨日指示,故读书日程又三修之。大抵自修课程约分应用学术、国学基本书、国学常识书三类,倘能实行,继之无懈,则日积之月累之,来年腊月,一切或有根底矣。"另一份是《天放楼最低限度国学入门书目》。《辛未日记》六月初六日(1931年7月20日)日记中记:"……芸窗无事,下午拟述《国学入门书撰要》。"九月二十二日(1931年11月1日)日记中记:"……星期休沐,例不上课,即自拟《天放楼最低限度国学入门书目》,都别八门:曰参考书,曰读书指导,曰小学,曰经学,曰史学,曰诸子,曰文学,曰西学。所录总百六十余种。其中有未读者,有已读者,有宜略读者,有宜精读者。自明日始,拟竭一年读遍。"在陶存煦之子陶维埠编的《天放楼文存》中,收录了《辛未春夏季读书日程》和《最低限度国学入门书目》。将此"日程""书目"和日记互相参看,可以看出,陶存煦在这一年半中所阅读的书籍文章,大多都在这"日程""书目"的范围之内。虽然因为"日程""书目"所涵盖的范围较广,书籍的种类较多,也因为这种课余的阅读自修活动经常要受到正常课业的影响,陶存煦在日记中一再感叹"自修课程一误遂难收拾","自修课程至是恐跌又难振"。但记《庚午日记》和《辛未日记》时的陶存煦,年方十八九岁;肄业无锡国专,也只不过相当于今天的一个大二、大三的学生,而他的阅读量之大,他由读书所得的体会见解之深入,都到了一个相当可观的程度。无锡国专早期毕业生钱仲联后来曾总结无锡国专的教学特点,其中之一是"重在自学",他说:"国学专修馆,设置的课程种类不多,

①陶存煦《辛未春夏季读书日程》的卷首小记中说:"庚午除夕前三日,予既拟有课程,立志自新。"可知这份读书日程最初制订于庚午年"除夕前三日",在《庚午日记》中当亦有记载,但下半年的《庚午日记》现已不存。至辛未年正月二十五日(1931年3月13日),作者对此日程作了第一次修订。

陶存煦著,刘桂秋、刘国芹整理《陶存煦日记》,这部日记详细记录了陶存煦在无锡国专学习、读书的内容

而且一天只上四教时课(上、下午各二教时)。学生在学好课堂讲授内容的基础上,各就自己的爱好,主动自学,有的也得到老师的指授。"①陶存煦日记中对自己课余自修阅读的大量记载,正是对这一特色的最好说明。

1932年6月,陶存煦作为无锡国专第八届学生毕业。是年秋,他又考入私立上海光华大学四年级肄业,更加致力于目录考据之学。在此期间,陶存煦与海内学者胡适、王云五、郭沫若、姚名达等人及同里前辈鲁迅都有请益交流。②同时,他所撰作的一些学术论文如《胡适、姚名达〈章实斋先生年谱〉举正》《刘承干校刻的章氏遗书》《订补万有文库的国学书籍》《姚海槎先生年谱》

①钱仲联:《无锡国专的教学特点》,《江苏文史资料选辑》第19辑。

②陶维墀《先考陶存煦年谱》"民国廿一年壬申":"秋,考入上海私立光华大学四年级肄业,致力于目录考据之学,获交海内学者胡适之、王云五辈,益肆力于《学案》稿之撰述。府君与胡适、郭沫若论学之函件,墀幼时曾见之,姚名达与府君于上海相识。《章学诚学案》中册手稿,《章实斋著作年谱》手稿,姚曾借去,府君逝世后亦未要还,姚研究章实斋时有所借益。鲁迅本同里居,府君曾向求教。"

等,也陆续在刊物上发表。在刊发的这些论文中,特别值得一提的是《姚海槎先生年谱》。陶存煦和清代著名目录学家姚振宗(字海槎)同为浙江绍兴人,他的祖父陶恩纶与姚振宗是至交,故他得以尽览姚氏之家传、家谱等,并曾拜访姚氏之子姚幼槎,得见姚振宗的一些原稿遗墨。在此基础上,陶存煦于1933年旧历正月完成《姚海槎先生年谱》,就姚振宗之家史、生平、治学历程和学术成就作了详细的记述。此谱初刊于《文澜学报》。1936年10月,汇集了姚振宗七种目录学著作的《师石山房丛书》由开明书店印行,即将此谱置于全书之前。

1933年寒假中,回到绍兴的陶存煦偕友赴道墟乡访摄章学诚墓照。开学后返回光华大学,忽得腹膜炎,请假回里休养,延医诊疗,不治;又患脑膜炎,终于是年7月19日辞世,年仅二十一岁。去世前四日,陶存煦曾为联自挽,云:"死生原本一理,但浙东坠绪茫茫,孰继吾业? 寿夭同是有尽,顾重闱春日绵绵,莫报寸心!"①

---

①据《庚午日记》闰六月十二日至十八日(1930年8月6日至8月12日)中记,陶存煦于庚午年闰六月十二日(1930年8月6日)起患白喉,当时"病中以势濒危,殆自虑或难回生",亦曾拟有自挽一联:"有儿待教,事父未能,夜月泣孤嫠,遗憾绵绵心未死;邪说弥漫,纲常斁坏,狂澜叹莫挽,埋忧郁郁目难暝。"

周振甫：「有事弟子服其劳」

钱基博和钱锺书父子两人，都是现代文史大家。钱基博的著述中有一本《中国文学史》，钱锺书的学术名作是《谈艺录》和《管锥编》；这几本书有一个共同的责任编辑，那就是周振甫。

周振甫（1911—2000），原名麟瑞，笔名振甫，后以笔名行，浙江平湖人。周振甫1916年入私塾识字，从1917年起，先后就读于稚川初小、东吴高小和稚川初中。1828年，从稚川初中毕业后，先进上海森昌泰学业，后又回到家乡平湖，进入协康钱庄，负责写信的事务。周振甫在稚川初中读书时有个同学叫沈传曾。沈传曾初中毕业后，就留在稚川学校工作，攒了一些钱，想去考无锡国学专修学校。不过他从未离开过平湖，到无锡去，他母亲很不放心，因此劝周振甫一起去，说：写信并不重要，薪水不多，还不如去念书；从无锡国学专修学校出来，可以写书拿稿费，比在钱庄写信好多了。周振甫想：钱庄上最重要的是跑街（把钱放给可靠的店家，收取高利息），写信是不重要的，薪水不会多。就这样，周振甫被说动了，在1931年夏秋间，请了假，同沈传曾一起到无锡去考国学专修学校，两人都考取了，成为无锡国专第十班的学生。

1931年9月18日，日本军队声称南满铁路之长春柳河铁桥被中国军队炸断，当即发兵攻占沈阳，同时占领安东、长春各地。地方当局奉蒋介石令不加抵抗。事件发生后，周振甫参加了校中同学上街游行的活动以及后来去南京的请愿活动："无锡中学学生至我校要求我校同学同时出校参加游行。校长不能阻止。我即随我校同学与无锡中学同学一起出校游行。继而无锡中学同学决定去南京请愿,我亦与我校同去南京。"①

到了1932年11月,周振甫还和一批同学参加了为东北义勇军捐款的活动。据《申报》1932年12月29日第12版《捐助东北义军昨讯》一文记:"东北义勇军后援会,昨接各经收捐款处通知,兹分志之:……无锡国学专修学校校长唐蔚芝捐洋三元,无锡国学专修学校学生卢景纯、郑高崧、俞洛生、许实、张尊五、高抱挺、王桐荪、程咏沂、石岩、钱永之、周麟瑞(按:即周振甫)、顾士朴、卢沅、金汉声、吴梅溪、沈传曾、吴寿祺、曲勉庵、黄源澄、樊恭烜、张明凯、张世泉、周祥龙、臧荫篪十一月减膳费移捐洋二十元。"

也是在1932年,正在无锡国专读二年级的周振甫忽然接到上海开明书店编辑徐调孚的来信,说开明书店拟招朱起凤所著《辞通》一书的校对一人,问其愿不愿意参加。周振甫考虑:无锡国学专修学校三年毕业,还要读一年;当时其家中因父亲中风不能工作,读书是由二伯父帮着交学费,如再读一年,则还要向二伯父讨要学费;再说毕业后能到何处去,也难事先料定。因此决定接受开明书店的邀约。徐调孚随后寄来一部陆游的《老学庵笔记》让周振甫断句,周断句后寄去,开明书店看过后,认为虽仍有可商之处,但拟决定招用。这样,周振甫中断了在无锡国专的学习生活,转赴上海开明书店工作。②

①周振甫:《周振甫年谱》,徐名羣编《周振甫学术文化随笔》,中国青年出版社2000年版,第324页。按:黄汉文《记唐文治先生》(见《江苏文史资料选辑》第19辑)记无锡国专学生至南京请愿是在1931年12月:"12月中,国专广大学生,冒着寒风,赴南京请愿,要求政府出兵抗日,收回失地。唐校长亲自送到校门口。过去对学生,他从来没有这样做过。"但《大公报》(无锡)1931年11月24日《苏省学生代表定本月二十四日晋京请愿出师讨日》一篇记:"抗日救国会昨日在锡开第一次代表大会,……议决由本会全体代表,率领京沪线全体同学,于十一月廿四日下午作全省大请愿。"《无锡市志·大事记》亦记为11月24日:"(1931年)11月24日,无锡县学生举行总罢课,一千三百余名学生赴南京请愿,要求政府出兵抗日。"此从后者。

②周振甫自撰的《周振甫年谱》将接到徐调孚来信后为《老学庵笔记》断句、又启行去上海开明书局之事系于1932年。本篇前文已叙及,1932年11月,周振甫仍以无锡国专学生的身份参与为东北义勇军捐款的活动,那他离开无锡国专去上海开明书店,至少应该是在1932年年末了。

　　周振甫在无锡国专就读仅有一年多的时间,再加上他素来"很少与人谈及自己,也没有写过自传一类的文章"[1],所以在他自己及别人的撰述中,记及他这一年多来读书学习生活的内容甚少。倒是在他离开无锡国专以后,和一些当年读书时的师长一直保持着联系。《论语·为政》篇说:"有事,弟子服其劳。"在后来的几十年中,周振甫为这些师长撰著的搜辑编纂和出版印行付出了不少心力:

　　一是唐文治。周振甫就读无锡国专时,曾得到过唐文治先生的亲授,当然也听过后来被称为"唐调"的古文吟诵。据周振甫自撰的《周振甫年谱》中记,1970年,国专同学石少逸病逝[2],周振甫作《挽石少逸》七律三首,第一首中有"声诗已是出金石,吟诵犹能谱管弦"之句,周振甫解释这两句说:"少逸兄的特点,是唐文治校长会朗诵古文,称唐调;他会用乐器奏乐来配合,这是很不容易的。"[3]1940年,其时日本侵略者践踏我国土,残杀我人民,半壁河山,惨遭蹂躏,唐文治深有感于此,起意编纂《越勾践志》一书,而帮助他完成此事的,则是两位国专弟子——王蘧常和周振甫(在书中署名周麟瑞)。唐文治在此书的序言中说:"佐余成者,王、周二生,而周生辛勤尤著云。"周振甫也为此书写了跋文,中云:"茹经夫子之创意为《勾践志》也,盖以显言不足以避患,故托古明义;空言不足以取信,故见之于行事。"清楚地说明了纂辑此书的真正意图。1948年,由唐文治的一批弟子发起为其灌制读文唱片,周振甫也是发起人之一。

　　二是冯振。冯振也是周振甫就读国专时的授业之师。1972年,冯振至北京,当时在中国青年出版社任职的周振甫陪同老师拜访梁漱溟,并陪同其出游,作《陪冯师纪游诗》三首,冯振亦作《北京晤周振甫》。到了二十世纪八十年代,冯振的一些著作开始纂辑,周振甫曾亲自到苏州大学图书馆,抄录出冯

---

① 徐名翚:《〈周振甫学术文化随笔〉后记》,徐名翚编《周振甫学术文化随笔》,第350页。

② 据《私立无锡国学专修学校十五周纪念册·历届毕业生名录》所载,第十班十三届毕业生中有石岩,字少逸,江苏海门人。

③ 周振甫:《周振甫年谱》,徐名翚编《周振甫学术文化随笔》,第337—338页。

振早年所作的《亡弟挥之哀词》(这是当年一篇很有名的挽词),后来又在该图书馆发现了冯振所著的《吕氏春秋高注订补》的国内孤本。冯振的《自然室诗稿与诗词杂话》和《诗词作法举隅》出版时,周振甫又分别为二书撰写了后记和小引。冯振之子冯郅仲后来回忆起这些事,说:"他对有关老师的事,可谓件件呕心沥血!"①

三是钱基博。周振甫就读无锡国专时,听过钱基博所授的《文史通义》课,他曾说:"我的一点编辑知识,就是钱师教的。"并对此详加说明道:

> 钱师给我们教章学诚的《文史通义》,里面有《校雠通义》,它实际上就是古代的编辑学。章学诚在《校雠通义序》里说:"校雠之义,盖自刘向父子部次条别,将以辨章学术,考镜源流,非深明于道术精微、群言得失之故者,不足与此。后世部次甲乙、纪录经史者,代有其人,而求能推阐大义,条别学术异同,便人由委溯源,以想见于坟集之初者,千百之中,不十一焉。"章学诚讲校雠学,即讲古代的编辑学,推重西汉刘向、刘歆父子的编辑汉时的所有藏书。他们把所有藏书分成六类,称为六略,又有一个总说,称为《辑略》,合称《七略》。他们不仅把书分类,在分类前先做好"辨章学术,考镜源流"的工作,研究从先秦到汉代的学术流变,再研究每一部书属于哪一个流派,研究每一个流派的源流以及变化,还要"深明于道术精微、群言得失",即弄清楚学术流变的成就和不足,弄清楚每一部书在学术上的成就和不足。这样来编定《七略》。经过这样的编辑工作,使读者读了《七略》,可以了解每部书属于哪一个学派,每个学派的源流演变,每部书在学术上的得失,以及有无特色。他们是这样做编辑工作的……所以章学诚讲的编辑学是要求很高的。我们现在做的编辑工作,要达到纪昀编《四库全书》的标准也不容易,更不要说要达到章学诚的要

---

① 冯郅仲:《师表永存》,胡大雷主编《冯振先生120周年诞辰纪念文集》,广西师范大学出版社2019年版,第9页。

《周振甫文集》

求了。①

当年是老师教给自己编辑知识，几十年以后，周振甫来给老师的著作做编辑工作。1993年，中华书局整理出版了钱基博的《中国文学史》，责任编辑正是周振甫。在为此书写的后记中，周振甫对此书的特点和有别于其他文学史的"别识心裁"之处，进行了十分详尽的分析说明。

周振甫到上海开明书店工作，开始了他长达六十多年的编辑生涯。1951年，上海开明书店迁到北京；1953年1月，开明书店并入中国青年出版社。1975年9月，周振甫由中国青年出版社调入中华书局，在那里一直工作到退休。六十多年中，由他担任责任编辑的书稿主要有吕思勉的《中国史》《先秦史》《秦汉史》，钱锺书的《谈艺录》《管锥编》，夏承焘的《唐宋词选》及《历代文选》《历代散文选》《李太白全集》《乐府诗集》《历代诗话》等，此外还参加了《二十四史》中《明史》的点校整理工作和新版《鲁迅全集》部分注释的定稿工作。在这些有深远影响的著作中，尤其为人称道的是他先后担任钱锺书《谈艺录》和《管锥编》两部著作的责任编辑。钱锺书在1948年《谈艺录》初版的序中说："周振甫、华元龙二君于失字破体，悉心雠正；周君并为标立目次，以便翻检，

---

①周振甫：《对钱子泉师〈中国文学史〉的审读意见》，徐名翚编《周振甫学术文化随笔》，第129—130页。

底下短书,重劳心力,尤所感愧。"在1983年补订本的引言中说:"审定全稿者,为周君振甫。当时原书付印,君实理董之,余始得与定交。三十五年间,人物浪淘,著述薪积。何意陈编,未遭弃置,切磋拂拭,犹仰故人。诵'印须我友'之句,欣慨交心矣。"又在给周振甫的信中说:"校书者如观世音之具千手千眼不可,此作蒙振甫兄雠勘,得免于大舛错,得赐多矣。"《管锥编》出版时,钱锺书在序中说:"命笔之时,数请益于周君振甫,小叩辄发大鸣,实归不负虚往。"这些文字,对周振甫的编辑工作给予了很高的评价。在半个多世纪的编辑生涯中,周振甫一直秉承"编研一体"的思想,自己也持续不懈地进行学术研究,主要的著述成果汇为十卷本的《周振甫文集》,其代表性的著作有《诗词例话》《文章例话》《小说例话》《文学风格例话》《周易译注》《诗品译注》《人间词话校注》《中国修辞学史》《中国文章学史》《文心雕龙译注》《严复思想述评》等。这些学术研究成果,有很多都是由自己的编辑工作所延展、深入而来的。除了《严复思想述评》外,其余多为古代文学方面的笺注、翻译、例话等,研究深入,考证精当;但落笔不肯随意发挥,妄下己意,其特色是风格朴素平实,行文深入浅出。也正因为如此,像《诗词例话》《文章例话》《小说例话》《文学风格例话》等书一直都被视为从事古典文学研究与古典文学诗文创作的入门书。

吴孟复：『搜遗竟许少年才』

1933年夏，有一位少年学子来投考无锡国专，因校长唐文治对其在口试中的回答不满意而未被录取。第二年此少年重新再考，方被取中，这位少年就是吴孟复。

吴孟复（1919—1995），名常焘，字伯鲁，又字孟复，后以孟复字行，号山萝，安徽庐江人。吴孟复六岁入家塾，十一岁时家搬到芜湖，进广益中学。十二岁时，吴孟复将自己写的一首诗《雪》投《皖江报》，被刊载，用得到的稿费买了一个面盆，其母甚喜，"自此知自食其力之可贵"。读中学时，家里仍请原塾师张仿舜教国文，初读诸家诗集。校中的老师有国学家段熙仲和古文献学家兼诗人陈梦家。段熙仲指导他读《文心雕龙》《文史通义》《史通》等书，并向他介绍梁启超的《清代学术概论》，使他对以戴震为代表的皖派朴学有了初步的了解，确立了献身乡邦学术文化的治学志向。

1933年夏，年方十四的吴孟复从安徽芜湖赴无锡参加国专招生考试，考试包括笔试和口试。笔试作文，题目为《王黎二家续古文辞类纂之比较》。这个题目所涵盖的内容，吴孟复因为以前曾听段熙仲先生介绍过，写起来较为应手。口试由校长唐文治亲自主持，其基本程序是先发一口试单，上有若干问题，每个问题下都有一小栏供简单填写，由老师选择提问，再详细作答。其时，无锡国专校务主任钱基博之子钱锺书已从清华大学毕业，回到家乡无锡，正逢国专招生，钱锺书便来临时帮办考务。因唐文治双目基本失明，乃由钱锺书协助,负责唱名、读口试单和记录口授评语。口试开始,吴孟复见"曾读何书"一栏甚狭小,便写上"方寸之纸,何能尽胸中之书";又于"立志如何"一栏写上"愿终身立足于考据之门"。钱锺书读过,唐文治先生便怫然不悦,稍停片刻,才缓缓说道:"诗文易作,文人皆能之;考据则惠、戴之后,门径已开,亦不难致。人之一生在做人。"遂不问其他。榜发,吴孟复未被录取。少年气盛的吴孟复作《别惠山》诗二首,发了一通牢骚,便去南京游玩。但心中总觉得委屈,便致函钱基博先生,陈述自己的郁郁之情。他在考试期间见到过钱基博,但未与接谈;写信给他,只是想把不便与唐文治先生说的话说给他听。吴孟复猜想,钱基博作为无锡国专除唐文治之外的负责人,有可能会向钱锺书了解情况,也许会主持公道,但心中也没指望真就能得到回复。不料,从南京回到芜湖,钱基博的复信就到了。信中说,前日试后,唐先生"令博搜遗,博得足下卷,以为必少年有才气者,持以请于唐先生。唐先生命查口试单,评分'下下',评语'言大而夸',以是不取。博甚惜之。以足下之才,闭户潜修,亦可有成。倘其有志,下次不妨再来"。①1934年夏,吴孟复改名再来无锡国专应试,这次口试由钱基博主持,终于被录取。对于钱基博先生的知遇之恩,吴孟复终生铭记感怀,他后来有诗记曰:"犹记梁溪应试来,搜遗竟许少年才。那知白首无成就,一度思公一自哀。"②

　　吴孟复第一次就试国专,唐文治先生没有录取他,是觉得这个少年学子有点"言大而夸";而且唐文治大半生从事教育,一直教导学生励学必先敦品,"欲成第一等之人才,必先为第一等之人格",所以他听了吴孟复写在口试单上的内容后强调说"人之一生在做人"。吴孟复再试被取,入校后,唐文治又

① 纪健生:《吴孟复心目中的钱氏夫子》,范旭仑、李洪岩编《钱锺书评论(卷一)》,社会科学文献出版社1996年版,第16—17页。

② 吴孟复:《幼学杂忆》,吴孟复著《吴山萝诗存》,黄山书社2015年版,第80页。此诗后有作者自注曰:"予投考国专,第一次未被录取,作诗四首,寄教务长钱子泉先生。数日后,得复书,谓搜遗时曾得余卷,'以为必少年有才气者'。且云:'以足下之才,闭门潜修亦可有成,果真有志国专,下次不妨再来。'"

曾当面教导他,不能停留在考据之学上,要进而治义理之学;并和他讲做学问易、做人难的道理。随着接触、了解的增多,唐文治后来也改变了对吴孟复的最初印象,称赏他"劬学励行"①。"吴生常焘,……笃守桐城派,精进不已,自吴挚甫先生而后,传人其在兹乎?……吴生天性纯孝。"②而在无锡国专就读的几年中,唐文治先生对吴孟复的影响也至深至大。到晚年时,他曾写有《追怀唐蔚芝夫子》十一首,其第三首云:"先生皋比讲堂东,端坐庄严到日中。无间祁寒与盛暑,照人霁月与光风。"自注:"唐先生治事之勤,持躬之敬,在在可风。"第四首云:"《易》《诗》《书》《礼》皆亲授,岁试文章口授批。七十老翁何自苦,诲人不倦信人师。"自注:"每年一次作文竞赛,佳者,先生口授评语,由陆师书之。"第七首云:"'考据词章身外物,人生第一在为人。'回头多少崎岖路,始信先生教诲真。"自注:"先生勉以敦品重于考据、词章。"③这些诗及自注,今日读之,犹使人想见唐文治先生当年诲人不倦的风神。

在吴孟复就读无锡国专的这几年中,校中名师云集。除了上文记及的唐文治、钱基博外,得其亲炙的师长,还有陈衍(石遗)、钱仲联(梦苕)、顾实(惕生)、叶长青、陈鼎忠(天倪)等人。吴孟复晚年写有《幼学杂忆》四十九首,其中有几首就是忆念这些师长的:

> 诗派光宣手自开,论诗转惜世无才。先生宏奖风流外,别有微词托定衰。(自注:陈石遗师为光宣诗坛领袖之一。)

> 示我古今音变例,亦谈诗史说"三元"。记曾命读《巢经》集,学问为诗是本原。(自注:石遗先生授音韵学及宋诗,尝使读郑子尹诗。)

> 曾试曹溪一勺甘,江南二仲重江南。忧时爱国歌《蝴蝶》,持比梅村笔更酣。(自注:钱梦苕先生有《蝴蝶曲》。)

①唐文治:《庐江吴先生墓表》,唐文治著《茹经堂文集四编》卷八。
②唐文治:《赠吴生常焘序》,唐文治著《茹经堂文集六编》卷三。
③吴孟复:《追怀唐蔚芝夫子》,吴孟复著《吴山萝诗存》,第72—73页。

百宋千元纸墨香,九流七略费平章。谁期十载图书馆,犹恃屠龙一技长。(自注:顾惕生、叶长青先生讲目录、版本。)

开口便谈王伯厚,著书亦续郑康成。人间名实真难定,窃拟先生号"五经"。(自注:陈天倪先生命读《困学纪闻》《日知录》。先生著有《六艺后论》,惜其名不甚为世知。)

说过唐诗说宋诗,清诗三百有清词。国风秋水成诗社,评点常烦手自批。(自注:钱仲联师著有《清诗三百首》。)①

这些诗的正文连同自注,虽然着墨不多,却勾勒了这些国专教授各自的为人为学的特点,留下了当时师生授受的宝贵记录。

除了亲承名师教诲之外,吴孟复还与同学好友一起互相切磋研磨。他在国专学习时的一个莫逆之交,是马茂元。在《国专月刊》等刊物中,可以看到不少两人互相酬唱的诗作。1935年2月,吴孟复与马茂元利用假期,一起去桐城,拜见了桐城派后期大家姚永朴及方彦忱;其后,又至上海,拜见了诗人陈诗、古文家袁思亮和诗人李宣龚;再后,又拜见了诗人许承尧。诸老见之甚喜,姚永朴为其讲经学和桐城文法;陈诗指点诗法,并将多首吴孟复的诗录入《尊瓠室诗话》;袁思亮为他批改诗文,指点途辙;李宣龚于诗学之外,又指导他对梅尧臣的研究。诸老与吴孟复怡然唱和,对其诗作赞赏有加。如袁思亮评曰:"曲达而健,举阳刚阴柔之美,兼而有之,少年造诣至此,平生所未见,为之狂喜。"陈诗评曰:"奔放似赵秋谷,遒逸似戴存庄,出入渔洋、竹垞之间。由此进至三唐,所造未可量也。"李宣龚曰:"作者先治古文而后为诗,故其根柢槃深如此,可敬可畏。"许承尧曰:"托意渊微,修辞雅洁,艺林中隽才也。"方彦忱曰:"以淡朴之语,写浓挚之情,居然梅都官矣。"②

三年的勤奋学习,吴孟复开始在学术研究和诗文创作上初露头角。他在

---

① 吴孟复:《幼学杂忆》,吴孟复著《吴山萝诗存》,第80—81页。
② 吴孟复:《吴山萝诗文录存》,黄山书社1991年版,第1页。

吴孟复著《桐城文派述论》

《国专月刊》上发表了《梅郎中(曾亮)年谱》,毕业论文是《书院考》。1937年6月,吴孟复所在的无锡国专第十六届学生毕业,学校将吴常焘(孟复)、王先献、卞敬业、李钊、李光九、陈光汉、张广生、黄敦、魏恒葆和戴双倩等十人的诗文小集汇为《惠麓同声集》印行,其中吴孟复的诗文小集题为《伯鲁近稿》,计收诗15首、文4篇。校长唐文治亲自为该集作序,序中说:"同学陈生光汉等十人,将届毕业,裒平日所为诗文,名曰《惠麓同声集》,来问序于余,且求一言以为终身之诵。……余向以正人心、拯民命之学说倡导同学。夫正人心,必慎言行以动天地;拯民命,必合同志以救众咷。然则所谓同声同气者,固在性情心术之微。将为往圣继绝学,为万世开太平,岂在区区文字间乎? 苟或不然,则标榜而已。诚伪之界,不过几希,诸生其谨而勉之哉。"①在序中,唐文治再次揭橥"正人心、拯民命"的办学宗旨,并表达了对十位毕业同学的殷殷期许。

从无锡国专毕业后,吴孟复曾先后在芜湖安徽学院、上海法政学院和上海暨南大学、合肥师专等校任教。从1974年起,担任淮北煤炭师范学院教授,先

①唐文治:《〈惠麓同声集〉序》,《惠麓同声集》卷首,又《国专月刊》第五卷第三期。

《惠麓同声集》中的吴孟复像和同学王先献写的吴孟复小传

后编撰出版了《训诂通论》《古书读校法》《唐宋古文八家概述》《刘大櫆文选》《屈原〈九章〉新笺》等著作。1987年，吴孟复调任安徽省教育学院教授，其间，全力以赴地主持《安徽古籍丛书》的编审工作，后来该丛书被评为全国古籍图书一等奖。同时还出版了《吴山萝诗文录存》、《语文阅读欣赏例谈》《古籍研究整理概论》《桐城文派述论》《刘大櫆集》等多部论著。《吴山萝诗文录存》一书由他当年在国专读书时的老师钱仲联作序，序中说："吴君孟复著唐氏（文治）弟子籍，又亲承姚（永朴）、柳（诒徵）诸老謦欬，考据词章，融于一冶，沐皖学之泽，纬以新知，开拓宧奥，既审文理以通训诂，著有《训诂通论》《古书读校法》《屈原〈九章〉新笺》诸书；又考源流以研究诗文，著有《唐宋古文八家概述》《桐城文派述论》等。而所作诗文又数百余篇，……所录虽为诗文，实皆述学，沉浸浓郁，提要钩玄，考订精严，文词尔雅。是合皖江南北之长，果能善用以相济者矣。"①知弟子者莫若其师，这段话是对吴孟复学术师承及为学特点的一个切中肯綮的概括。

①钱仲联：《〈吴山萝诗文录存〉序》，吴孟复著《吴山萝诗文录存》卷首。

马茂元：『风调依稀抱润翁』

　　1935年，安徽桐城少年马茂元来投考无锡国专。在十年之前，祖父曾对他说，唐文治先生是"当世耆英"。从那时起，他的心中便埋下了一颗种子。

　　马茂元（1918—1989），字懋园，安徽桐城人。马茂元的祖父是近代散文家、"桐城派殿军"马其昶（字通伯），祖母则是桐城派后期大家姚永朴、姚永概的姐姐。马茂元后来在自述中回忆祖父，说："我的祖父通伯（其昶）先生便是这个文派（按：指桐城文派）的殿军，最后一位代表作家。然而和某些桐城派末流空言无实的文人不同，他著作等身，是位渊博宏通的学者。我幼年丧父，受到祖父钟爱，曾亲自为我课读。祖父晚年患风痹症，困坐一室，还孳孳不倦地精研佛典，并修订其所著《尚书谊诂》和《庄子故》。这种刻苦治学的精神，留给我以毕生难忘的印象。"①马茂元出生不久，其父因病而去世，马其昶在京任清史馆总纂，便把课孙之责托付给姚永朴，姚挑选了自己的门人李诚（字敬夫）给茂元当塾师。李诚高才饱学，学行兼优，因为马其昶、姚永朴的缘故，甘为童子之师。他的教授方法，也与一般塾师大不相同：一是诵诗读文时，一本刘大櫆、姚鼐相传的声调，不仅授以句读，且导乎抑扬抗坠中，体现诗文的文理、辞气与神情；二是所授《论语》《孟子》的注本及诗选、文选都参用名家善本；三是编撰历史人物、乡里前辈事迹为故事，既广见闻，亦资感发；四是由联

①马茂元：《马茂元自述》，高增德、丁东编《世纪学人自述（第五卷）》，北京十月文艺出版社2000年版，第364页。

字、对对子以至日记、作文，或两日一课，或一旬数作，每每即事命题，边改边讲，以能转识成智，瀹发神思。马茂元后来说："敬夫师是我学业的奠基人，更是我治学的楷模。"马其昶后来还让外甥兼弟子方彦忱（字仲棻）继续课督茂元。在这些良师的悉心教诲下，茂元年未弱冠，便已卓尔有成。

1935年7月，马茂元从桐城中学毕业，赴无锡投考国学专修学校。校长唐文治亲自主持入学考试，得其文，激赏之。当得知茂元是马其昶之孙时，更是十分高兴。马茂元来无锡就读国专，随身携带了几部书：《诗经》类是清朝钱澄之的《田间诗学》①，《左传》类是无锡秦氏仿宋刻本《九经》，《周易》类是马其昶的《易费氏学》，楚辞类是马其昶的《屈赋微》。唐文治听说后，思之良久，说："是盖有自矣。"马茂元带这些典籍来校，是听从了方彦忱的指点。方并让马到国专后，要多就教于唐文治、陈衍两先生。唐、陈听闻后，都十分欣喜。

马茂元考取无锡国专，遂了心愿，心中十分高兴。他专门写了一首五言长诗，赋呈唐文治先生：

> 江风洒然起，江潮轩然生。百川莽滔滔，放滥九州横。海舶异国来，新说如飞霆。黄钟久绝响，瓦釜争雷鸣。古文伏孔壁，六经遭秦嬴。焚坑方正急，儒门塞榛荆。我公为此惧，闲道怀硜硜。赤手挽狂浸，中流底柱撑。众星光破碎，天高孤月明。老学丁未季，如晚周荀卿。辟途存正轨，抱朴忘时名。小子鄙在远，高风心久倾。忆昔垂髫时，窃喜亲老成。大父诏我言，当世多耆英。唐公尤巍然，吾道有干城。心志不能忘，十年岁月更（作者自注：丙寅，先大夫归自北平，盖距今十年矣）。万方方多难，中原未伏兵。国运日已夷，儒冠日已轻。老辈几人存，流风谁复赓。闻公犹健在，讲学道弥贞。郁郁吴会间，济济群彦盈。雅韵和笙簧，古乐

---

① 据《马茂元自述》中记："早在学生时代，就在报刊上发表过作品，还编著了一本《钱田间年谱》。此书商务印书馆曾拟接受出版，原稿寄回修订，不久，抗战军兴，便把它丢失了。"这里说的"学生时代"，当是指就学无锡国专时期。

乙亥初秋赴學無錫賦呈唐蔚芝太世丈

馬茂元

马茂元《乙亥初秋赴学无锡赋呈唐蔚芝太世丈》

振韶韺。扶轮于此系,望想心忭忭。久欲扫门墙,路远未果行。今当秋风初,蒲帆发长征。指途入郑乡,自顾欣愧并。公如参天松,小子径寸茎。愿依雨露施,薄植舒春荣。区区平生意,俚咏抒微忱。①

诗中说"大父诏我言,当世多耆英。唐公尤巍然,吾道有干城",由此可知,马茂元决意来投考无锡国专的缘由之一,是当年祖父马其昶对唐文治先生的推许。这首诗写成后,曾由人诵读给唐文治听,唐"首肯者再"。自清末以还,西学大潮汹涌而起,在此过程中,唐文治感受到了中国传统文化所受到的无情冲刷,并为此而深深忧虑:"科学之进步尚不可知,而先淘汰本国之文化,深可痛也"②,于是他萌生了由"振兴实业"转为"修道立教"的想法,出掌无

---

① 马茂元:《乙亥初秋赴学无锡赋呈唐蔚芝太世丈》,《学术世界》1936年第1卷第10期。按:吴孟复《马茂元传略》中记"其年,唐先生年七十,茂元献诗为祝。唐先生使人诵而听之,首肯者再",当即为此诗。但"唐先生年七十,茂元献诗为祝"云云,不尽准确。细味此诗内容,并非为祝寿而作。又,上引诗中"老学丁未季"一句,"未"当作"末"。

② 唐文治:《函交通部致送高等国文讲义》,王桐荪、胡邦彦、冯俊森等选注《唐文治文选》,上海交通大学出版社2005年版,第136页。

锡国专校政，想要以此来"正人心、救民命"。而诗中的"海舶异国来，新说如飞霆。黄钟久绝响，瓦釜争雷鸣。古文伏孔壁，六经遭秦嬴。焚坑方正急，儒门塞榛荆。我公为此惧，闲道怀硁硁。赤手挽狂澜，中流底柱撑"，所描述的，正是这样的一种景况，所以才会引起唐文治的深切共鸣。

比马茂元高一班的吴孟复在后来写的《马茂元传略》中说："茂元在无锡，文名震一校，同学皆慕与之交。而茂元所与之莫逆者，独余与王君先献，其同班则姚君奠中，今为山西大学教授者也。"[1]马茂元、吴孟复、王先献和姚奠中这几人的关系，从他们互相唱酬应和的诗作中也能见其一斑。如1936年初，为唐文治先生七十寿辰而修建的茹经堂举行落成典礼，吴孟复作诗咏之，王先献即作诗和之："赖有堂堂一老存，独将绝学正乾坤。湖边漫问清风价，海内争瞻白发尊。桃李三千咸绕室，峰峦七二恰当门。频年绛帐何人共，立雪情怀待尔论。"[2]诗中表达了对唐文治先生的景仰之情，末两句也体现了同门情谊。又如姚奠中在无锡国专未及毕业，中途转入苏州章太炎主持的国学讲学会，马茂元作诗送之："眼中落落二三子，身后悠悠亿万年。若论情怀空复尔，欲寻别意更茫然。谁能搜绍千秋后，已被焚烧百世前。闭户伏生今老矣，火余绝学待君传。"[3]其中既有对执友将离此而去的怅惘不舍之情，也表达了希望好友日后能传续绝学的期许。再如王先献毕业后回到广东，仍念念不忘昔日同窗，写有怀马茂元的诗，诗云："风调依稀抱润翁，清词丽句更谁同？桐城诸老传灯录，都在先生著述中。"[4]马其昶晚号抱润，"风调依稀抱润翁"是说马茂元依稀有乃祖的风神，后两句意指马茂元有志于撰述《桐城文学史》（但后来因种种原因没有写成）。在《马茂元传略》中，吴孟复还详记自己当年在

---

① 吴孟复：《马茂元传略》，安庆市政协文史委员会、桐城县政协文史委员会编《桐城近世名人传》，内部印本，第184页。

② 王先献：《茹经堂前和山萝韵》，《国专月刊》第4卷第5号。

③ 马茂元：《姚大豫泰将赴吴门请业余杭章先生门下，赋此为赠》，《学术世界》1936年第1卷第12期。

④ 吴孟复：《马茂元传略》，陈所巨、杨怀志主编《桐城近世名人传》，第184页。

学诗为文的过程中,曾受到马茂元的启迪:

> 余自少诗学于黄仲则,文效龚、魏。茂元独劝余学黄山谷,学桐城派。余问其故,则曰:"'随人作计终后人,自成一家始逼真',此山谷语也。学山谷乃将以成一家言也。"又言:"桐城文最能尽意。所谓尽意者,盖增之一字则太长,减之一字则嫌短,能增能减,皆非尽意也。"余谢以不敏,茂元曰:"吾知君能之。"问其故,则曰:"君有赠某君诗'未知学问今何似,但觉交亲久益真',此即桐城文心之妙,亦即所谓尽意之术也。"余若有所悟,请试为之。其年寒假,乃访君于桐城,登堂拜母,复偕谒蜕私先生与仲棐丈,益究桐城之文章义法与刘、姚诗篇,而于《昭昧詹言》所言若有心得焉。复读梅、管、吴、马、范文集,益溯源于欧、归、方、姚。故尝效曾文正语曰:"吾之粗解文章,由懋园启之也。"①

由于入校前就已打下了较坚实的国学基础,再加上入校后的刻苦学习,马茂元在国专就读期间成绩优异。无锡国专每学期都要举行一次国文竞赛(又称国文大会、国文大会考),这被看作是该校教学生活中的"一件大事"。据《国专月刊》"校闻"栏的报道,在1935年下学期和1936年上学期的两次国文竞赛中,马茂元都得了奖。

从无锡国专毕业后,马茂元在桐城中学、安徽省立第二临时中学教语文和历史,在安徽省中小学教材编审会任编审。抗战胜利后,由于教材编审会并入安徽省教育厅,马茂元乃改任教育厅编审、秘书等职。解放后,先后在桐城师范学校、南京市立师范学校、上海同济中学和华东速成实验学校中学师资训练班等校任教,后来长期任教于上海师范学院中文系。

在几十年的教学研究生涯中,马茂元的代表性著作有《古诗十九首探索》(后来经修订增补,改名为《古诗十九首初探》)、《楚辞选》、《唐诗选》、《晚照楼

---

① 吴孟复:《马茂元传略》,陈所巨、杨怀志主编《桐城近世名人传》,第184页。

文论集》等,此外,他是郭绍虞主编《中国历代文论选》和朱东润主编《中国历代文学作品选》的几位主要撰稿人之一。《古诗十九首探索》《楚辞选》二书写成后,时任教育部部长的马叙伦见而重之,推荐出版;不久,《唐诗选》又出版。教育部指定《楚辞选》《唐诗选》为大学文科教材,"由是,一二十年间,全国文科学生几无不读茂元之书者;读其书者,则莫不喜爱而服膺之"①。三部书具有一些共同的特色:深入而能浅出,详尽而不繁冗;注释准确充分,且不仅仅限于词语的诠释,而是善于把握诗理,于三言两语中揭出其精妙之处;注释之外,作者小传或解题要言不烦,序言勾勒诗歌总貌,也具有很高的学术水平。

---

① 吴孟复:《马茂元传略》,陈所巨、杨怀志主编《桐城近世名人传》,第185页。

姚奠中：从唐门到章门

1935年，无锡国专兴办的第十五个年头，国学大师章太炎在苏州创办了章氏国学讲习会。无锡国专和章氏国学讲习会，是当时南方两个重要的国学教育阵地。姚奠中是无锡国专第十四班的学生，在听了章太炎的一次讲学后，"当时作为一个青年的我，出于肤浅的直觉，便从唐门转投章门"[①]。

姚奠中（1913—2013），名豫太，字奠中，工作以后以字行，山西稷山人。姚奠中出身于稷山县南阳村一个耕读传家的农民家庭，父亲是有一定文化的农民，伯父做了几十年的塾师和小学校长。在私塾和初小阶段，姚奠中除用很短时间学完"共和国教科书"外，还读了四书、《左传句解》和部分《诗经》，都能背诵；在高小阶段则读了大量旧小说。初中四年就读于运城菁华中学，在老师焦卓然的指引下，开始走上博览的道路，先后读了《史记》《十子全书》《通鉴辑览》《水经注》《说文解字》《薛氏钟鼎款识》《古唐诗合解》《剑南诗稿》《聊斋志异》《笠翁六种曲》以及《中国大文学史》《插图本中国文学史》《天演论》等书，又读了鲁迅、茅盾、汪静之等人的新小说、新诗，还有鸳鸯蝴蝶派的《玉梨魂》《芸兰日记》之类的作品。姚奠中后来说，这些都是"一般大学文科学生也不一定能读的书"，"虽不成体系，而眼界宽、知识面较广，却是事实"。[②]初中

---

① 姚奠中：《章太炎与唐文治》，萧乾主编《新笔记大观——〈新编文史笔记丛书〉精选本》，上海书店出版社1996年版，第592页。

② 姚奠中：《姚奠中自传》，《晋阳学刊》1990年第4期。

毕业时,焦卓然给姚奠中题字留念:"讲习相聚不久,一朝两地分手。前程各自努力,有为兼需有守。""有为兼需有守"这句话后来成了姚奠中的做人准则。

初中毕业后,姚奠中考上了山西省教育学院,上了一个学期。因为没有高中文凭,被要求保留学籍,补读高中,于是插班进入新民中学高二年级就读。其间,开始选读《昭明文选》和《古诗源》。1934年高中毕业时,他参加了反会考运动,并被选为新民中学代表,在游行中被捕,监禁三月,驱逐返里,在将近一年的时间里没有地方可以上学。恰好在这时,文化学者江亢虎在上海成立存文学会,到太原去宣传。姚奠中经人介绍,到旅馆去拜访江亢虎,带了两首古体诗请他指教,又讲述了自己的情况。江亢虎听后,对姚奠中说:"我有办法,无锡有一个国学专修学校,那儿可以不要学籍,只要你能考进去就行。我可以写介绍信给那儿的校长。"然后,江亢虎就提笔写了一封给无锡国专校长唐文治的介绍信。

不久之后,姚奠中和在新民中学毕业的袁步淇前往无锡。到了国专,找到了校长唐文治。唐文治说:"知道了。你们也得考试。"两人参加了考试,都被录取为无锡国专的第十四班学生。这一班只招四十多名学生,姚奠中考了第十几名。[①]

姚奠中在无锡国专就读的时间较短,但几十年后,回忆起校长唐文治先生,仍是记忆犹新。唐先生虽是校长,但全校上下几乎没有人称他为校长,而一律尊称其为"老夫子",这在其他学校是没有的。老夫子作为校长,每日乘二人小轿按时上班。他的办公室在学校三进院北楼东头楼下,小轿每次一直抬到办公室的左侧。办公室中间置一长会议桌,老夫子办公时背里面外坐在长桌的里端,背后墙上挂着一副核桃木本色黑字的大对联,上书:"名世应五

---

①以上据姚奠中《百岁溯往》,生活·读书·新知三联书店2013年版,第25页。据《无锡国学专修学校十五周纪念册·校史概略》记,1935年8月,招收第十四班及补习班学生共88人。姚奠中说只招四十多名,当是不包括补习班的人在内。

百,闻道来三千。"那时他已七十多岁,双目失明,但面色红润,白须垂胸,正襟危坐,一动不动。桌子的右边,秘书陆修祜也是端坐不动,气氛肃穆之至。学生们如要谒见,要先递上名字,陆修祜接到手,便起立报告:"某世兄请见。"老夫子站起,左手轻摆,让学生坐在左边凳上。交谈完毕,仍是左手一抬,陆修祜便起立送客到门口。老夫子上课引经据典,由陆修祜板书。在课上吟诵古诗文,声音洪亮;吟诵李密《陈情表》和欧阳修《泷冈阡表》时,读得声泪俱下。除了上课,老夫子还站在教室外面,听教授们的讲课和课堂的反应。就餐时还查饭厅,在窗户外面听到大声喧哗或碗筷撞击的声音,就用手一指,陆修祜马上到他所指的地方,批评道:"太浮躁了。"学生们知道老夫子就在外面,立刻鸦雀无声。

《论语·述而》篇记孔子"温而厉",唐文治对学生,同样既有庄重严肃的一面,也有温和的一面、关爱的一面。这就是无锡国专教授冯振在《〈茹经堂文集三编〉序》一文中所说:"(唐文治先生)居常言行,一准法则;读书治事,必有定时。……望之俨然,即之也温。听其言,蔼然仁厚长者,闻之莫不心悦诚服,若春风时雨之化。"有一次,姚奠中腿上生了个疮,没有什么良策,就用土办法采草药治疗。唐文治听说后,让人把他喊到办公室,对他说:"北方人到

姚奠中口述、张建安采写《百岁溯往》

南方不适应,北方干燥,南方湿,容易生疮。"听说姚奠中生疮后是自己在治,就问:"你自己治可以吗?"姚说:"在北方习惯用蒲公英治疮,内服外敷,有效。"唐文治微微点头,说:"你还是到校医室去,找校医看,要什么东西校医室可以帮忙。"姚起身告辞,老夫子欠身挥手,陆景周将其送到办公室门口。后来,姚奠中去了校医室,校医批准给姚奠中吃一个月的馒头(那时在南方,极少能吃上馒头)。果然,从第二天午餐起,姚奠中就得到两个馒头的供应,而且一直供应了一个月,这使他十分感动。

姚奠中在无锡国专就读,只有半年左右的时间。[①]在此期间,他醉心于先秦诸子,又好汉魏古体诗,还以江藩的《汉学师承记》为线索,研读了一些清代朴学家的著作,如高邮王引之的《经义述闻》《经传释词》。[②]所读《说文解字》的研究著作有段玉裁的《说文解字注》、桂馥的《说文义证》和王筠的《说文例释》;《尔雅》的研究著作有郝懿行的《尔雅义疏》、邵晋涵的《尔雅正义》等。1935年11月16日,无锡国专举行一学期一次的国文大会考,考题共有四个:《善国性强国力论》《晋楚城濮、邲、鄢陵之战,秦晋殽之战,齐晋鞌之战合论》《拟庄子秋水篇》《蟹国记》。参加者共有二百三十七人。任课老师钱仲联知道姚奠中喜爱《庄子》,便指定他写《拟庄子秋水篇》。11月25日成绩揭晓,全校共有包括姚奠中在内的十个学生获奖。据姚奠中事后回忆,这次他的卷子得了九十八分,全校第一,同班同学马茂元得了九十六分。他们两人都是一年级的,二、三年级的同学成绩反不如他们,觉得"很丢面子"。[③]校长唐文治给姚奠中写的评语中有"专心努力,可以追蹑子云"之句,给了他不小的鼓舞。

①刘锁祥《姚奠中年表》(《中国书画》2004年第8期):"(1935年)秋,考入无锡国学专修学校。此时章太炎先生开始在苏州创国学讲习会开讲,遂于每周章先生讲课时私自去听讲,年底正式转入苏州章氏国学讲习会,并考取研究生。"

②姚奠中《姚奠中自传》叙及其在无锡国专"已以《汉学师承记》为线索,涉猎了一些清代朴学家的著作,像高邮王氏父子的《经义述闻》《经传释词》……"此说有微误,"高邮王氏父子"是指王念孙、王引之父子,但《经义述闻》《经传释词》都是王引之所著,王念孙的学术代表作是《广雅疏证》。

③姚奠中:《百岁溯往》,第27页。

姚奠中(中间站立者)1935年与同学游览无锡公园

姚奠中在无锡国专读书时,国学大师章太炎在临近无锡的苏州举办章氏国学讲习会。姚奠中通过朋友的引导,旁听了章太炎的讲学,感到茅塞顿开,得未曾有,于是产生了转投章氏门下的念头。他把自己的想法告诉了钱仲联,钱同意了,并且写信给章太炎的朋友金松岑,请他当介绍人。于是,姚奠中便成了章氏国学讲习会的正式成员,后来又通过考试成了章太炎的研究生。在章氏讲习会,姚奠中一边听章太炎讲经学、史学、诸子、文字学等专题,一边阅读章氏的经、史、子、文、小学诸略说,打下了深厚的国学基础,开启了自己的学术道路。

1936年夏,章太炎去世,姚奠中应继续主持国学会的章氏夫人汤国梨的聘请,给预备班讲中国文学史,开始了他漫长的教书生涯。后来,他又先后在安徽泗县中学、安徽第一临时中学、安徽临时政治学院和师范专科、四川白沙国立女子师范学院、贵阳国立贵阳师范学院、昆明国立云南大学和贵州大学等校任教。从1951年起,长期任教于山西大学。他说:"我一辈子教书,在南北各大学先后教过二十几门课,称得上桃李满天下,这是我最欣慰的。"在几十年的教学研究生涯中,姚奠中坚守传统学术路径,秉持以小学为基础、文史哲不分的治学传统,积累了丰硕的学术成果。除了为数颇夥的单篇学术论文外，在著作方面，有《中国古代文学家年表》、《中国短篇小说选》(与尤敏合编)、《章太炎学术年谱》(与董国炎合著)等，主编有《中国古代文学作品选》六册、《元好问全集》、《元遗山诗词选注析》、《资治通鉴纪事本末全译》等等。2006年8月，《姚奠中讲习文集》编纂出版，共五册。第一册为《论学篇》，第二册为《序跋、评点、札记篇》，第三册为《残稿篇、简史篇》，第四册为《译稿、诗词篇》，第五册为《叙记、书信、年表、访谈篇》，计共一百七十万字。当年，姚奠中入章氏国学讲习会，章太炎的每次讲学活动都是以"讲习"为名，姚奠中把他的文集命名为"讲习文集"，正是对这一传统的继承。文集中的论学、序跋、评点、札记、残稿、简史、译稿、诗词、叙记、书信、年表、访谈，贯通千年，旁通文、史、哲、艺各领域；在中国古代文学方面，则从先秦诸子、诗经、楚辞，一直到唐诗、宋词、金元戏曲、明清小说，涉猎广泛，体现了融会贯通的特色。

陈祥耀：『有才有度，渊渊万顷』

在无锡国专三十余年的办学历程中，因时局动荡、战火纷起等原因，就读的学生有中途辍学的，也有去而又回的。陈祥耀就读于无锡国专沪校，就是属于后面一种情况。

陈祥耀（1922—2021），字喆盒，福建泉州人。陈祥耀五六岁时，便由父亲陈其荃教读《三字经》《千字文》《千家诗》《昔时贤文》《论语》《孟子》等书，在幼小的心灵中埋下了读书的种子。九岁入小学，先后就读于西隅小学、佩实小学和孟群小学。这一时期，族中有位从伯父善于诵读古文，有一次陈祥耀听他吟诵欧阳修的《秋声赋》，为之陶醉沉迷。为了接触更多古文，他到南俊巷桂坛巷口的一家老书店内，买了两部《古文精言》和《古文析义》来自学。不久，又买了《楚辞》《左传》《东莱博议》《陶渊明集》《古唐诗选》《唐诗三百首》《唐人万首绝句选》等，还购买了清人吴锡麒的《有正味斋骈体文》，用以学习骈文。1936年，因兴趣所系，陈祥耀未入初中，而是考进了泉州名流、清末进士吴增任所长的泉州梅石书院昭昧国学讲习所，先后修过经学选读、古诗文选、文学史、诸子概论、诗学、音韵学、文字学等课程，打下了较为坚实的国学基础。

1941年，陈祥耀考入无锡国专沪校。当时的国专沪校，在唐文治先生的领导和王蘧常先生的具体主持下，聘请专任和兼任的老师，真是极知人善任、名师济济的盛况。陈祥耀在读的几年中，除唐文治自己教授《论语大义》《孟子大义》《尚书大义》《周易大义》等课外,还有吕思勉担任史学讲座,王蘧常教授《庄子》,钱仲联教授诸子概论、诗选、文选、作诗和作文等,郝昺衡教授文学史,陆景周教授《左传》,周予同、朱大可教授经学概论,周谷城(休假时由黄颖代)教授中国通史,胡宛春教授哲学、历史,傅统先、王绍唐教授哲学史,鲍鼎教授文字学,任铭善教授礼制研究,蒋伯潜教授文学,唐庆诒教授西洋文学、英语,王佩净教授考古学、目录学,葛绥成、李长傅教授地理,赵泉澄、陈懋恒教授历史、地理,章颐年教授心理学,胡宛春、陈小翠教授词曲。陈祥耀说:"这些教师都是学术上造诣很深的知名学者,他们都是受到唐先生的精神感召,受到王瑗仲(按:王蘧常字瑗仲)先生的隆情邀请,不计待遇菲薄,不计工作繁忙而来执教的。"①

在这些师长中,给陈祥耀留下印象最深、影响最大的,首先是校长唐文治。他后来写过《略谈唐文治先生的行谊和学术》《对唐茹经先生的教育思想教育精神的几点体会》两篇长文,对唐文治先生的生平、思想和学术有较为完整和详尽的论述。这里只说他在国专沪校前后两次、就读三年期间亲身所见、所闻、所感的一些事。当时唐文治双目已失明,除了自己读书、著书不辍外,还亲自教书,亲自批改考卷、文卷(教书由陆景周代读课文,唐文治自己讲解;著述由唐口授,陆代笔)。唐文治在课堂上讲课,银髯飘拂,状貌盎然伟然。讲到忧戚的地方,喟然感叹,充分流露仁者的恻隐之情;讲到是非善恶的分界,神情严肃;讲到会心、喜悦的地方,又时露爽朗的笑容,声调铿锵,使人深受陶冶。再说唐文治批改考卷、文卷,眼力正常的教师,看考卷一般都只评定分数,不加修改;唐双眼失明,却看考卷不但记分,还要加眉批、总批,修改文辞,并在卷上盖印。录取新生时,他亲自参加口试。陈祥耀于1941年和1942年两年,在国专沪校读书。太平洋战争发生后,离沪回家,到抗战胜利后重回上海,1946年又在校读书一年。这时唐文治已经八十高龄,还是这样做。

---

① 陈祥耀:《对唐茹经先生的教育思想教育精神的几点体会》,《唐文治先生学术思想讨论会论文集》,苏州大学,1985年。

无锡国专每学期都要举行一次全校作文竞赛（又称国文大会考、国文大会），前三名的文卷，都由几位教师和唐文治加以评点后印发全校学生。陈祥耀参加过三次，第一次得第二名，第二、三次得第一名，都得到唐的评语。第三次卷发后，唐还约陈到他的南阳路寓所去谈话，询问陈的学习情况和生活情况。1954年4月9日，唐文治辞世，陈祥耀闻知后，作《悼唐茹经师》诗四首：

> 壮岁维新计，惠商又劝工。树人明化电，兴学便交通。所惜瞽盲早，真惊著述丰。群经重阐释，一手竟全功。

> 主张近广雅，志异保皇清。道德诚高出，声施未抗衡。文章追永叔，心学继阳明。误解人犹众，伤麟叹凤情。

> 晚年虽笃古，犹抱济时心。一与仁风接，同欣化雨临。及门惭我晚，惠爱感公深。追忆道南语，能无泪滴襟。（作者自注：公批余《易经》试卷有"吾道其南"之语）。

> 九十高年届，惊传与世辞。江南无大老，当代失人师。礼莫关山远，称扬言语卑。山颓梁亦折，所痛岂吾私。[1]

在陈祥耀后来写的回忆文章中，除了唐文治之外，对其他老师如王蘧常、钱仲联、周予同、吕思勉等人，也多有记叙。有时虽只有寥寥数言，却颇能见其人的风貌神采。如作为国专沪校教务长的王蘧常，在国专教师上完课离校回家时，常送到门口，彼此鞠躬作别。钱仲联授课，诗文必须在课堂上写，当场交；未完卷的草稿要由他签名，补交时和誊正稿一起交。周予同的经学概论课，深入浅出，条理极强，质量很高，听起来是一种很大的享受，陈祥耀一年级时听过一遍，二年级时又常跑到一年级去旁听，虽然讲的内容以前都听过了、记熟了，却还是不厌再听。吕思勉的史学讲座课，条理清晰，要言不烦，句句有分量，引证充分，见解精辟，且联系时局，多语重心长之言，惟语调较慢较

---

[1] 陈祥耀：《悼唐茹经师》，陈祥耀著《喆盦诗合集》，华艺出版社2001年版，第110页。

低,浮躁者或以为生动性不够,沉潜者会觉得深刻性很高……

1943年,因受抗日战争的战局影响,陈祥耀离开国专沪校回到家乡,担任泉州晋江县中、建国商校教师。他虽人在泉州,心里却一直怀念着的国专沪校的那些师长,曾写有一组《怀人绝句》:

忍说宗邦乱不居,江山吾土岂长虚。天南留得灵光在,八十传经老尚书。(唐师茹经)

并世朱王各擅场,乱离抵死忍饥肠。愿他作伴还乡日,酿尽鸳湖作酒尝。(王师瑗仲、朱师大可)

经史翻新汇百流,常州吕与浙东周。一从世变归穷困,风骨分明更寡俦。(吕师诚之、周师予同)

瘦刻偏能雄丽兼,虞山诗格最精严。别来多少沧桑恨,犹自心香瓣礼添。(钱师梦苕)

融通佛藏明空有,剖析人寰辨物心。众说纷纷能折衷,殊途同悟几知音。(方丈孝岳、胡师曲园)

陈祥耀《怀人绝句》,所怀之人,多为他就读国专时的师长

沪西鹤寄自杜门,折臂翻教著述勤。惆怅严陵山水窟,故乡虽好阻兵氛。(蒋师伯潜)

陈年钟鼎久摩挲,文字商州细琢磨。偶效玉溪吟艳语,此中怀抱感时多。(鲍师扶九)

论文不薄齐梁艳,选学传灯微尚存。诗卷两家凭作注,谢宣城与陆平原。(郝师昺衡)①

诗中所怀的"唐师茹经"(唐文治)、"王师瑗仲"(王蘧常)、"朱师大可"、"吕师诚之"(吕思勉)、"周师予同"、"钱师梦苕"(钱仲联)、"方丈孝岳"、"胡师曲园"(胡宛春)、"蒋师伯潜"、"鲍师扶九"(鲍鼎)、"郝师昺衡",除方孝岳外,其他都是他此前就读于国专沪校时的师长。

抗战胜利后,陈祥耀又回到上海。1946年,他再度到国专沪校读书一年。他在这一年中,第一学期再修朱大可的诗文习作课、胡宛春的中国哲学史和宋史研究课、王蘧常的《庄子》研究课、王佩净的目录学课、唐庆诒的西洋文学课和陆修祜的《左传》研究课,这样学分便修满了。第二学期,只需再修一门课,陈祥耀修了唐文治的《尚书》研究课。1947年1月,陈祥耀作为"民国三十五年度第一学期毕业生"毕业。在国专沪校前后三年的读书生活,使他打下了坚实的国学基础。就读国专期间,他摹仿勃兰兑斯评点欧洲文艺思潮的写法,写成一部《清诗评论》,由周予同介绍给上海的开明书店,编辑认为书稿有新意,但文字较繁冗,书稿没有出版。后来陈祥耀自己觉得不满意,一直放在家中,直到"文化大革命"中被销毁。

从无锡国专毕业后,陈祥耀曾先后在泉州国立海疆学校和省立晋江中学任教。1954年秋季,调至福建师范学院,此后长期任教于该校。陈祥耀是一

---

① 陈祥耀:《怀人绝句》,陈祥耀著《喆盦诗合集》,第45—47页。据陈祥耀《吕诚之先生在无锡国专(沪校)讲课简记》(见《蒿庐问学记:吕思勉生平与学术》)一文记,1946年春季,陈祥耀重回国专沪校念书,带了《怀人绝句》等诗作去看望时在上海光华大学任教的吕思勉,吕在陈的"诗篇后批了很多奖勉的话"。

位诗人、书法家,有《喆盦诗合集》《喆盦书法选》等行世。1988年,陈祥耀把自己的诗集呈阅于当年的老师王蘧常,王题词曰:"诗精笔劲,同臻妙境。有才有度,渊渊万顷。"但陈祥耀更是一位古典文学研究专家,代表性著作有《五大诗人评述》《中国古典诗歌丛话》《唐宋八大家文说》《喆盦文存》等。《五大诗人述评》是陈祥耀五六十年代所写的评陶渊明、李白、杜甫、白居易和陆游等五位诗人的论文的结集,作者选取晋、唐、宋三代诗坛的五位"领军人物",对其时代背景、平生履历、文艺创作及艺术特点作了较全面的阐述,以点带面,使读者对我国诗歌发展历史中的重要代表人物及其主要作品,有较为全面深刻的了解。《中国古典诗歌丛话》采用传统诗话的形式,对古代诗歌作了系统的述评,详于各代大家而略于中小名家。《唐宋八大家文说》是陈祥耀研究唐宋八大家散文的专著,该书对每位作家,先"总说"其生活、思想及创作特点,再分文体评述其各体文章的内容及特色,论者评价此书,以为"对八大家各种体裁的散文加以精辟的论述,这是前人没有做过的,至少如此系统的论述,过去很少见到",因此"更可珍贵"。①

①李少园、陈忠义:《陈祥耀教授的学术成果及其他》,徐金凤编《陈祥耀教授治学及诗书创作评论集》,福建教育出版社2017年版,第9页。

汤志钧：父子两代出唐门

　　现代著名历史学家汤志钧，在抗战时期到抗战胜利后，曾就读于无锡国专沪校。2019年，在澎湃新闻为他做口述个人史时，谈起当初为什么会报考国专沪校，汤志钧说："……后来唐文治先生办了无锡国学专修学校，我父亲是唐先生的学生，见我国文基础好，就叫我到他的学校里去读书。"

　　汤志钧（1924—2023），原名毓燊，江苏武进人。他的父亲在清末就读于邮传部上海高等实业学堂，是唐文治先生的学生（唐时任该校监督，即校长），旧学根底很深，也通英文、日文，曾任商务印书馆编辑和中学教师。母亲庄箸成是武进大族，清代今文经学的创始人庄存与是她的六世族祖。汤志钧从小由母亲课督，教他四书、唐诗等，受到旧学的熏陶。从常州的一所新式小学毕业后，汤志钧进入武进著名的正衡中学。其间，全面抗日战争爆发，常州沦陷，因不愿意读日文，接受奴化教育，他乃从中学辍学。家中请了两位家庭教师，教国学的是贺怀伯，前清廪生，是一位饱学之士，他看到汤志钧已经读过《论语》《孟子》，就课以《东莱博议》《左传》，继以《史记》《诗经》《礼记》，后来又教《尚书》。贺怀伯明训诂，善讲解，要求汤志钧每周写作文一篇，题目类似"策论"。这样读了两年多，汤志钧的英文、数学大体补习到高中程度，国文的水平则要远远超出同侪。

　　全面抗日战争爆发后，无锡国专校长唐文治率师生转迁广西桂林，建起了国专桂校。后唐文治本人因年迈体弱且水土不服，向国民政府教育部请假回到上海，并于1939年3月在租界内筹设开办了国专沪校。汤志钧的父亲因儿子国文基础好，自己当年又是唐先生的学生，便叫儿子去报考国专沪校。入学考试时，最重要的是一篇作文，作文两题选一，一题为《通天地人为儒论》，一题为《论第二次世界大战之趋势》。因为对第二题所涵盖的内容不熟悉，汤志钧就选了第一题，结果被录取为一年级新生。

入学后，校长唐文治亲授《论语大义》，唐先生其时已双目失明，上课时由秘书兼国专教授陆修祜朗读疏解，唐本人随时指授。汤志钧上课时坐在第一排，亲聆謦欬。课程考试时，也是写一篇作文，题目取自《论语·为政》篇的"父母唯其疾之忧"。汤志钧在"其"字上做文章，说"其"指子女，父母对子女之疾抚养照拂，无微不至，我们对父母有疾，怎能不为之忧呢？这篇作文得到唐先生的青睐，拔为最高分。第一学年结束，全校总评，汤志钧名列第一，得到一张奖状，三十元奖金，当天他就欢天喜地地拿了奖金到福州路去买书。

无锡国专沪校的执教者，除了本校的一些专任教师，更有不少从其他高校请来兼课的。在汤志钧就读的那几年中，就有蒋伯潜讲授基本文选，吕思勉开设史学讲座，周谷城讲授中国通史，周予同讲授经学史，王蘧常讲授秦汉史，郝昺衡讲授中国文学史，夏承焘、胡士莹讲词，钱仲联讲诗，此外还有许国璋教英语，等等。可以说是名硕俊彦，一时咸集。

诸师之中，吕思勉的史学讲座给汤志钧留下了深刻的印象。几十年以后，在别人给他做口述实录的时候，他回忆起来仍是那么真切而生动：

> 吕思勉先生本来和我是同乡，但我没见过他，在无锡国专的时候是第一次见到他。我和吕先生还有一些亲戚关系，但是吕先生一直是住在外面的，就是日本人来的时候，他一个人回到常州避难。他在常州建造了两间小房屋，什么人都不见，在家一天到晚就是写作著书。《隋唐五代史》就是在常州写的。那个时候我已经知道他了。他家的房子很大，现在有个纪念馆嘛。纪念馆后面的房子，就是日本人来的时候，他造的。前面的房子本来空着的，专门放书，他的书很多。吕先生上课不带讲稿，

第一堂课,讲的就是《史记》,讲《史记》的三家注。后来呢,他也没有题目了,就说"你们有什么问题,提问后我就讲解"。他也没有讲稿,又没有准备,当场提问当场解答。哎哟!吕先生可真厉害啊,记忆力超人啊!我们读书啊,最困难的就是礼,"三礼"啊,《周礼》《仪礼》《礼记》。有人去问他周代的礼制,他用图解,一个个画了出来。譬如三庙、五庙、九庙,一个个画,记忆力好得不得了!所以吕先生后来讲课,你们问什么,他就讲什么,他又没有讲稿,一讲就是一节课。[1]

印象深刻的还有周予同的《群经概论》课。周在上课时,并不根据自己的著作《群经概论》来讲,而是讲今文学派、古文学派等经学的不同学派,以及当时对经学的研究状况等。汤志钧曾将周予同的课和早岁贺怀伯的课有所比较,说两者"完全不一样。贺先生能把经书一段一段地背出来,背得滚瓜烂熟,而周先生不只是注重背诵经书"。"周先生是研究经,不是专门去读经。……根本是两回事。"[2]受老师周予同的影响,更源于自小所受的常州学派的影响,汤志钧油然而有述作之志。就读国专沪校时,经过无锡籍学者丁福保的介绍,汤志钧到鸿英图书馆去读书,其寓所和图书馆有十里之遥,他经常徒步往返,不以为苦,严寒酷暑,习以为常。为了打好基础,汤志钧决定先从注释入手。当时著名经学家刘师培所著的《经学教科书》印行,其书虽名为"教科书",却不乏独到见解,只是文字过简,语焉不详,正可注疏补益。于是汤志钧便引录文献,逐句笺释,积累了近百万字的资料,成为他后来研究经学史的一份基本素材。

1941年12月8日,太平洋战争爆发,日军进入上海租界。汤志钧在国专沪校读书,吃住都在姑母家中。姑母待其甚厚,视同亲出,但她的经济也不宽裕,汤志钧觉得不能再增加姑母的负担了,于是便辍学返乡,在农村中学教

---

① 汤志钧、戴海斌、沈洁:《汤志钧先生访谈录》,《史林》2014年增刊。
② 汤志钧、戴海斌、沈洁:《汤志钧先生访谈录》,《史林》2014年增刊。

汤志钧著《戊戌变法史》

书,一直到1945年。抗战胜利后,又回到上海,先进复旦大学,后又回到国专沪校,读完了辍学时尚未修完的课程,于1947年1月毕业。

据中国第二历史档案馆藏的《私立无锡国学专修学校毕业生历年成绩表、名册·私立无锡国学专科学校补报三十五年度第一学期毕业生名册》记载,这一届国专沪校的毕业生计有俞履端、吴永康、陈祥耀、汤毓夔(即汤志钧)、姚烈文、郁慕云、郁慕莲等七人。其中郁慕云、郁慕莲是一对姐妹,是上海著名的中药店"郁良心堂"主人郁元英的女儿。郁元英共有五个女儿:郁慕贞、郁慕洁、郁慕娟、郁慕云、郁慕莲(其中郁慕娟、郁慕云、郁慕莲都毕业于无锡国专沪校)。1945年秋末,郁氏五姐妹一起拜张大千为师,此后都成为上海著名的女画家。汤志钧在国专沪校复读期间,和郁慕云成为同学。虽然两家的家境相差很大,但"她佩我治学勤奋,我感她纯朴无华,彼此相恋",两人终成眷属。在以后的几十年中,郁慕云和丈夫同甘共苦,治理家务有条不紊,切磋学谊互相启发。汤志钧说:"如果不是她的支持和鼓励,我是不可能有那么安定的读书条件和写作勇气的。"[1]

从无锡国专沪校毕业后,汤志钧任教于常州中学。1956年底,进入中国

①汤志钧:《我的自传》,《中国当代社会科学家(第9辑)》,书目文献出版社1986年版,第36页。

科学院上海历史研究所工作。1958年起,历史研究所改属上海社会科学院。在几十年的治学生涯中,汤志钧焚膏继晷,孜孜矻矻,研究成果极为丰硕。单是专著,即有《戊戌变法史论》、《戊戌变法史论丛》、《戊戌变法简史》、《戊戌变法人物传稿》(上下册)、《康有为与戊戌变法》、《戊戌变法史》、《近代经学与政治》、《改良与革命的中国情怀——康有为与章太炎》、《乘桴新获:从戊戌到辛亥》、《戊戌时期的学会和报刊》、《西汉经学与政治》、《经学史论集》、《章太炎传》、《康有为传》、《鳞爪集》、《维新·保皇·知新报》、《庄存与年谱》、《章太炎年谱长编》(上下册)、《汤志钧史学论文集》等二十余种;另编有《章太炎政论选集》(上下册)、《戴震集》、《康有为政论集》(上下册)、《章太炎全集》(第一册)、《陶成章集》、《王韬日记》、《戊戌时期教育》等书。汤志钧认为,什么都可以变,经不可以变。搞历史一定要读经、懂经,这样才清楚中国的古代史是怎么样来的。每一代中国人都要去读经,在经书里找(历史)根据。而汇通经史治学,由经学史切入近代史研究,正是汤志钧治学的最大特点,也是他与绝大多数近代史家的最大不同之所在。从二十世纪四十年代起,汤志钧治学的起步阶段,他即专攻中国经学史。新中国成立后,开始转治中国近代史,一直遵循一条汇通经史的研究路径,由今文经学研究康有为,由古文经学研究章太炎,将传统经学及其在近代的演变情况与中国近代的政治问题结合起来加以考察,为中国近代史研究展示了一个新的视角。

杨廷福：『钩摭经论疏律藏』

在无锡国专沪校，有一位学生，中途脱离了该校，考入抗战后内迁至重庆的复旦大学中文系，但后来还是由无锡国专授予他毕业生资格，他就是杨廷福。

杨廷福（1924—1984），字士则，号蓼庵，浙江鄞县人。杨廷福出身于上海浦东陆家嘴英美烟草公司（今上海卷烟厂）的一个职工家庭。幼时就读于汉口华景街光华小学，在老师叶子豪的循循善诱下，读完了四书。毕业会考的作文题目是《忧劳兴国逸豫亡身论》，因那一段时期杨廷福正在看《纲鉴易知录》，于是就举历史为证，阐述"多难兴邦"的道理，写下一篇近千言的古文，取中为第一名。杨廷福自小就对古典文学和历史有浓厚的兴趣，孜孜矻矻地自学，十五六岁时便已在宁波的《宁波日报》和《时事新报》发表过一些历史小品。全面抗日战争爆发后，杨廷福先后就读于宁波中学和浙东中学，到1940年初中二年级时就辍学了。

大约是在1941年①，杨廷福来到上海，考取了无锡国专沪校。他与学校的

①杨廷福《杨廷福自传》一文中说："抗日战争的炮火纷飞年代，我由宁波中学而浙东中学，到1940年在初中二年时就辍学了。我来到上海，考入无锡国学专科学校。"读者读后可能会理解为1940年辍学后就"来到上海，考入无锡国学专科学校"，但《复旦》1945年第16期载《青年作家之光荣 杨廷福同学所著〈中国韵文史〉荣获教育部乙种学术奖金五万元》，文中引杨廷福自叙"（民国）三十年春，鄞县陷敌，北上沪渎"，则杨廷福到上海考取国专沪校，当在民国三十年（1941）。

三位同乡姜烈、李孟谦和张公行关系最好,其中姜烈后来有回忆说:"我们四人都喜作诗,组织了痦言诗社,推李孟谦为社长。社中廷福年最轻,且系新学诗,因而被称为社弟,但他在社中已崭露头角,往往所作诗最多。有时一周上交一本练习本。多系七言绝句,平仄无误,韵脚有些硬凑,常令人读之发笑,我后来赠他诗中有'一夜赋诗三百首,自笑为文不在多',非虚夸也。"①

在校中,杨廷福从师长唐文治、周予同读经书,从王蘧常治诸子,从吕思勉学历史,并向冒广生、夏敬观等学界前辈问学,开始有了治学基础和门径。他后来回忆起这一段学习生活,说:

> 无锡国专在当时文科高等学校中是独树一帜的,唐先生学宗紫阳(朱子),主张求实,不惮耄耋之年,双目失明还为学生开讲,四书五经连注也背诵如流。他对学生要求很严,而自己也一丝不苟,是经师,又是人师,关心国家大事,思想开明,并不是冬烘的道学夫子,深得学生爱戴。唐先生曾读书江阴南菁书院,他办学也渗杂了南菁书院院长定海黄以周(元同)、长沙王先谦(益吾)的学风,主张义理、训诂、词章、经济(不是现代的经济学)四者并重,学生从通一经一史始,即先从认真地把一两部书读好入手,同时非熟读几百篇古文和旧诗打下扎实基础不可。什么"选本""概要""通论"之类,在国专是无缘的,这种传统的教学方法,颇能医治不读书的通病,如果去芜存菁,对培养研究我国古代文史哲的人才,使资之深而学有根底,似未可厚非,我至今还是受用的。所以国专招生不多而人才辈出,从唐兰、王蘧常、蒋天枢、钱仲联、吴其昌、夏定棫、冯振、徐震到周振甫、马茂元、鲍正鹄、汤志钧、徐兴业、江辛眉、杨康年、陈左

① 姜烈:《落月屋梁 长记风范》,杨同甫、杨象甫编《追思录》,香港天马图书有限公司2004年版,第80页。

高、陈祥耀、冯其庸等等,确实是培养了一代学者。①

在名师教诲、课堂授受之外,杨廷福更是热衷于逛冷摊、访书肆,购书、读书、自学。几十年后,杨廷福回忆起自己当年"以书为性命"、痴迷于购书读书的情景,仍是如在目前:

读书治学,应从目录入手,当时我是从《书目答问》开始的。读书人以书为性命,往往是从访书肆、逛冷摊滥觞的,久之积习难返,兴趣盎然,而成为嗜好了,年青的一代,是很难领略其中的乐趣。读书应得善本,对于我这个穷小子,只能过来青阁、来蕉阁、汉文渊、富晋书社望梅止渴而已。我只图实用,商务和中华的影印本、平装本,节衣缩食的购置,以供翻检。一到上海,父亲好容易给我寄几十元生活费用,这时我已从《书目答问》进入《四库全书总目提要》,商务的"国学基本丛书"出版了王太岳的《四库全书考证》(此书质量不高,近代余嘉锡先生和胡玉缙先生的好得多了),大做广告,吸引着我。我第一次到棋盘街(今河南中路)商务印书馆去购书,只见图书都陈列在乒乓桌似的大台子上,任凭读者翻阅,买与不买,营业员都笑容可掬。我选购了一套何炳松编的"史学丛书"和多种"国学基本丛书",结账时,营业员对我这十七岁的小伙子瞧了一眼问:"这是替谁买的?"我答:"是我买的,回去读。"他说:"那么就作为同人购买吧,按七折计算,以后来买找我,我姓鲍。"1978年我从北京返沪在福州路上海旧书店还见到他,已是霜雪盈颠的老翁了。写到这里,未免发思古之幽情,想到王充的游洛阳书肆和今天的书难买了。

当我读《史记》时,要看一下梁玉绳的《史记志疑》。一天到四马路传

①杨廷福:《杨廷福自传》,杨同甫、杨象甫编《追思录》,第2页。按:上引文中说:"所以国专招生不多而人才辈出,从唐兰、王蘧常、蒋天枢、钱仲联、吴其昌、夏定棫、冯振、徐震到周振甫、马茂元、鲍正鹄、汤志钧、徐兴业、江辛眉、杨康年、陈左高、陈祥耀、冯其庸等等,确实是培养了一代学者。"其中夏定棫、冯振和徐震都不是无锡国专学生。

薪书店,赫然在目,要价三元,我没钱,只得把身上的绒线背心剥下来上当铺。来到当铺门首东张西望,生怕有人看见,就一溜而入递给高柜台旁的朝奉,得款五元,急遽而出。回顾四十二年前为买书而首次光临当铺的羞涩情景,为之忍俊不禁![①]

太平洋战争爆发后,"孤岛上海"沦陷,杨廷福脱离了无锡国专沪校,流亡到重庆。1943年,他以同等学力报考抗战后内迁至重庆的复旦大学中文系。按当时全国统考的规定,凡国文、英文、数学中有一科零分的,不予录取。杨廷福的国文成绩连同口试均为一百分,而数学则为零分,按照规定不能录取。系主任陈子展和教授鲁实先都表示:中文系如不能录取这个学生,我们辞职。两人以去就力争,破格录取了杨廷福,一时被传为佳话。当时的重庆,人文荟萃,正是杨廷福转益多师、博咨周稽的良机,他从汪东、卢前、陈子展等学人治词章之学,结识了陆殿扬、李长之、洪深、老舍、章靳以、方豪、殷孟伦、吴铁声等人,同时又拜访请益了熊十力、龚家骅、马一浮等学界前辈。在就读期间,杨廷福撰成《中国韵文学史》一书,全书计分十一编,每编详考其源流,次论其文学,共二十二万言。经复旦大学校长章益、教授顾颉刚推荐,将此书报送国民政府教育部,经中央大学教授段天炯(即段熙仲)审查,写有长篇审查意见,大意谓:"博大渊深,凡关于中国文学无不贯通,洵年少之美才。"最后获教育部乙种学术奖。

1947年7月,杨廷福被授予无锡国学专修学校毕业生资格。[②]此后曾执教

---

①杨廷福:《杨廷福自传》,杨同甫、杨象甫编《追思录》,第2—3页。

②据中国第二历史档案馆所藏《私立无锡国学专修学校毕业生历年成绩表、名册·私立无锡国学专科学校补报三十五年度第二学期毕业生名册》记载,无锡国专沪校民国三十五年度第二学期毕业生于7月毕业,毕业生计有黄翠君、陈明熹(三年制国学科)、杨廷福(五年制国学科)等三人。又郑逸梅《受日本学者推崇的杨廷福》(见《郑逸梅选集》第二卷)一文说:"抗日战争胜利后,复旦迁回上海,他(按:指杨廷福)以处士横议,被学校当局所开除,几遭不测,幸章行严、江翊云营救得免。"文中所记"他以处士横议,被学校当局所开除",未见他处记载。另,是不是因为杨廷福后来被复旦大学"开除"了,无锡国专沪校又授予其毕业证书? 姑录以备考。

于上海法政学院和同济大学。二十世纪五十年代,被错划为"右派","从此销声匿迹二十年"。进入新时期以后,杨廷福先是借调到北京从事科研和编纂工作,参与了《中国大百科全书》历史分卷和《中国历史大词典》的撰作;后来回到上海,任教于上海教育学院,并兼任华东师范大学中国史研究所和陕西师范大学唐史研究所的研究工作。

在几十年的人生历程中,哪怕是在那些身受厄运的年代里,杨廷福从来没有停止过在学术上的追索和钻研。他的儿子杨象甫曾回忆过父亲在极其艰难的条件下读书著述不辍的情景:"在溧阳路瑞康里约5平米左右的后厢房内,1984年前曾安置着一张板床。从儿时有记忆开始,就看见父亲日复一日,年复一年,每天晚上总是把背贴在白色墙壁上,经常通宵达旦地坐在床上伏案读书、著述。这张板床既是父亲的卧床,也是他的书案。他背脊上的汗渍,层层相叠粘在墙上,形成一块大油渍。虽然那块醒目的油渍在父亲故世后粉饰墙面时被涂抹,但是永远印在我的记忆中。"①

杨廷福的学术著作,有《明末三大思想家——黄宗羲、顾炎武、王夫之》、《谭嗣同年谱》、《唐僧取经》、《唐律初探》、《王夫之》、《玄奘》、《玄奘论集》、《玄奘年谱》、《明人室名别称字号索引》(与杨同甫合编)和《清人室名别称字号索引》(与杨同甫合编)等。其治学的主要方向,一是中国法制史与唐律研究,二是佛教史及玄奘研究。前一方面的代表性论著是《唐律初探》,全书共收入七篇论文,七篇文章虽各自成篇,但是每篇又互有联系,形成一个较系统的整体,大致反映了《唐律》的基本面貌。《唐律初探》是杨廷福长期从事唐律研究的成果结晶,是中国唐律研究中的开拓性著作。其中的一篇《〈唐律疏议〉制作年代考》,日本明治大学教授冈野诚,把它译为日文,刊于日本出版的《法律论丛》杂志上,并且作为法学部学生的教材;而对于《唐律初探》全书,冈野诚更是给予了很高的评价:"……杨先生的《唐律初探》是极其重要的研究业绩,

①杨象甫:《后记:唯有追思和感恩》,杨同甫、杨象甫编《追思录》,第268页。

杨廷福著《唐律初探》

在日本被众多的研究者参考并反复征引。"①后一方面的代表性论著是《玄奘年谱》《玄奘论集》，此外他还参与了玄奘述、辩机撰文的《大唐西域记》的校注工作。杨廷福《玄奘年谱》的凡例中略述撰述意旨时说："年谱之作，并不是孤立地按年代顺序表录式的记录谱主的生平"，而"最好能从以事系年月中，显示谱主理论活动和实际活动的发展线索，从而了解他周围的一些人物与当时社会乃至国际形势"。而《玄奘年谱》也正是在玄奘一生的编年叙事中，来展示玄奘一生求法的理论和实践；在叙述玄奘的师承和交游中，表现初唐前后佛教发展的史实及其思想背景。杨廷福去世后，他的好友、著名学者黄永年曾写了四首悼念诗，其三曰："钩撦经论疏律藏，李家格令亦平章。如君绝学知难继，谁共明灯说四唐。"说的正是杨廷福在唐律及玄奘研究中所取得的卓越成就。

---

①〔日〕冈野诚：《回忆杨廷福先生》，《历史教学问题》2004年第2期。

冯其庸：
浩荡巨川研红学

抗战胜利后，无锡国专桂校复员回到了无锡，国专沪校一部分合并至无锡本部，另有一部分仍留在上海。在那几年中，有三个国专学生——冯其庸、沈燮元和张仁迪，因为某种缘故，先是就读于国专无锡本部，再转到沪校，后来又回到无锡。

冯其庸（1924—2017），名迟，字其庸，号宽堂，以字行，江苏无锡人。冯其庸出身于无锡北乡前洲镇一个贫困的农民家庭，1932年入小学，抗战爆发后，小学停办，读到五年级的他失学在家，种了几年地。1941年，考入镇上的青城中学。1943年下半年，初中毕业的冯其庸考入无锡工业专科学校，其间，从无锡著名画家诸健秋学画，从张潮象、顾钦伯学诗词。1944年下半年，因交不起学费而失学，此后曾任教于前洲小学和无锡孤儿院小学。1945年抗战胜利后，迁往内地的苏州美专迁回后，因原来所在的苏州沧浪亭已经破败，暂时在无锡的一个孔庙里招生上课，冯其庸考入该校，并得到特许，可以一边继续在孤儿院小学任教，一边在美专读书，以任教的收入作为读书经费的来源。三个月后，苏州美专迁回苏州，冯其庸再度失学在家。

1946年春天，无锡国专在无锡本地复校。当时的情况是，抗战期间内迁到广西的"国专桂校"还没有迁回无锡（要到本年6月才复员回无锡），而于春季在无锡先行招生开班，冯其庸以优异的成绩考入了无锡国专。在无锡国专读书期间，冯其庸积极参加学生运动，如因"沈崇事件"而爆发的学生反美运动和"反饥饿、反内战、反迫害"运动。后来,冯其庸接到共产党地下组织的通知,说其名字已被列入无锡城防指挥部的黑名单,马上要被逮捕,要其赶快离开,冯其庸于是和两位同学沈燮元、张仁迪于1948年春转入国专沪校就读。①在国专沪校读了一个学期后,于1948年下学期又回到无锡国专本校,最终在该年年底毕业。

冯其庸在三年当中,先后在国专无锡本部和国专沪校就读,得到许多名师的亲炙,这是大多数国专学生所没有过的经历。他自己后来说:"从读书做学问这方面来说,无锡国专诸位老师领我走上了读书和从事学术研究的道路。其中,对我影响最大的除了唐文治校长外(唐校长当时亲来讲授《诗经》),主要是王蘧常、钱仲联、冯振心、朱东润、童书业、吴白匋、周贻白、王佩诤和合众图书馆的顾廷龙诸先生。"②

上述"无锡国专诸位老师",其中朱东润、冯振(字振心)、周贻白和吴白匋是在国专无锡本部任教。据冯其庸后来回忆,朱东润先生讲授《史记》、杜诗等课,特别重视背诵,要求学生背诵《史记·项羽本纪》和杜诗《北征》《自京赴奉先县咏怀五百字》《秋兴》《诸将》等许多作品。而且每次上课,他自己总是低声朗诵,他的声调不高,但情韵特胜,学生都爱听他的朗诵。他的书法也特别好,正、草、隶、篆都精,所以他上课的板书,学生都舍不得擦掉;他曾送给冯其庸多幅书法,被冯几十年中一直珍藏。在国专无锡本部诸师中,冯振对冯其庸的影响尤深。冯其庸先后认真地听过冯振的三门课:一门课是《说文解字》,学生们用的读本是段玉裁《段氏说文注》和冯振自己的著作《说文解字讲

① 抗战胜利后,无锡国专沪校的五年制班于1947年春合并至无锡本部,三年制班及二年制班则仍然留在上海。

② 冯其庸:《怀念母校——刘桂秋〈无锡国专编年事辑〉序》,刘桂秋著《无锡国专编年事辑》卷首,中国大百科全书出版社2011年版。按:上引文中提到的"无锡国专诸位老师",其中的钱仲联并没有教过冯其庸。冯其庸《怀念钱仲联先生》一文记:"回想往事,我是1946年春天拜见仲联先生的,那时我刚考进无锡国专本科,而仲联先生已不在无锡国专任教。我的好友,也是仲联先生真正的入室弟子诗人严古津,特别把仲联先生从苏州请来,约好在无锡公园茶室见面。我是以一个刚刚入学的青年学生来拜见这位鼎鼎大名的诗坛泰斗的。"

记》,上课就是一个字一个字地讲解,对于《段氏说文》上的每个字的字形(写法)和解释,要求学生能默写并熟记其疏解。许多学生觉得这门课枯燥乏味,但冯其庸却特别感兴趣,还常常在课外到冯振的书房里请教。当时,冯其庸的《说文解字》课的成绩是全班最好的,所以冯振也特别愿意在课外单独给他讲解。而冯其庸对文字学的兴趣,就是在这时候打下的基础。第二门课是《老子》,冯振讲课很严,要求学生能背诵《老子》。而他对《老子》的讲解,扼要地说,就是认为《老子》的基本思想是主张万物任其自然,违背了自然,也就是违背了"道";又认为老子是主张"虚"和"静"的,他说如果领悟不到这一点,也就是领悟不到老子的精要。第三门课是"诗选",用的读本也是他自己的著作《七言绝句作法举隅》。"他着重讲诗法,而且他讲的诗法,是他自己从大量的唐宋元明清的七言绝句里概括归纳总结出来的,讲解时一经点破,似乎恍然大悟,无甚奥秘,但难在未点破之前,能从大量的诗作中发现其自身的种种规律,形成诗法,这就实在不容易了。"[①]

在无锡国专沪校,给冯其庸留下深刻记忆的有校长唐文治和师长王蘧常、童书业等人。

大约是在1947年夏天,为了呼吁释放因"五二〇运动"而被捕的学生,当时还在国专无锡本部就读的冯其庸曾与几位同学到上海拜见过唐文治先生。当时上海不少学生因游行示威被上海市府和警备司令部逮捕,无锡也同样有一部分学生被捕。冯其庸等人向唐文治陈述了上述情况,唐校长听了陈述,毫不犹豫地答应了学生们的要求。后来唐文治与张元济、陈叔通等十人联名致函上海市市长吴国桢和淞沪警备司令宣铁吾,呼吁释放在"五二〇运动"中被逮捕的学生。转学到国专沪校读书后,冯其庸听过唐文治亲自讲《诗经》,听过他最有名的唐调的朗诵。唐文治讲课,因那时双目已失明,腰间还挂一

---

①冯其庸:《怀念我的老师冯振心先生》,党玉敏、王杰主编《冯振纪念文集》,广西师范大学出版社2000年版,第554页。按:冯其庸回忆周贻白的内容,见本书《周贻白:案头场上一大家》篇。

个尿袋,每次都是国专教授兼唐文治"助教"的陆修祜陪讲。

　　冯其庸和王蘧常的接触交往,也要追溯到他还在国专无锡本部就读时。1946年国专在无锡复校,发生了两件事:一件是学生们对个别教师的讲课不满意,要求更换教师;二是对学生的伙食质量有意见,大家交的伙食费很高而伙食太差。学生们对这两件事意见很大,当时担任国专沪校教务长的王蘧常专程来无锡处理此事。冯其庸作为学生代表向其反映情况,王蘧常不以为忤,对这两件事进行了妥善处理。冯其庸想从国专无锡本部转到国专沪校读书,也是先给王蘧常写信,征得了他的同意。在国专沪校,冯其庸听了王蘧常讲授的《庄子》和《诸子概论》两门课程。在讲《庄子·逍遥游》篇时,王蘧常从未带过书本,每次讲课都是背诵,学生们手里拿着原书,一字不差,连各家的注疏他都能背出来。每当疏解完各家的注疏,评其得失,然后再讲自己的疏解,整个一学期,一篇《逍遥游》没有讲完,却教给学生以最朴实的治学方法。

　　童书业讲秦汉史,也不用教材,有两位同学给他作记录。他所引各种典籍,全由他默记板书,而且写得极快,有一次他讲到秦代的物价,多少钱一石米,忽然插入一句"合现在的金圆券(国民党通货膨胀后的一种货币)多少万元",引得学生轰堂大笑。冯其庸在听课时,最感兴趣的是童书业与唐兰两先

无锡国学专修学校三十七年度(1948)毕业纪念留影(二排右三为冯其庸)

生关于金文问题的论辩,童书业每次上课,总要先讲一段他们论辩的情况,把学生带进了他们学术论辩的氛围。

课堂上的专业学习之外,冯其庸在几年中也参加了不少课外的学术、文化活动。在国专无锡本部就读期间,他与沈绍祖、梅鹤徵等几位同学发起成立"国风诗社",创办油印本的"国风"诗词刊;还与同学办过一个墙报,刊名《彻札》,主要是发表评论文章。1947年,田汉、洪深带着演剧九队到无锡来排《丽人行》,因为当时在国专执教的周贻白、向培良与田汉、洪深都是熟识的朋友,所以带着冯其庸等不少学生,到他们的住处——秦淮海祠堂去拜访他们,听田汉他们讲排演的情况。学校请校外的名家来进行学术演讲,冯其庸也是热心参与者。如钱穆曾来为全校作过关于如何治学的专题讲演,钱穆在演讲中谆谆嘱咐,读书治学一定要"我见其大",这次讲演使冯其庸终生难忘。

就读无锡国专期间,冯其庸在学术研究上也开始初露头角。1947年8月14日至22日,冯其庸偕友实地调查明末江阴抗清斗争的遗迹(其中21日因大雨未外出行动),最后撰成《澄江八日记》,刊于该年10月23日的《大锡报》。到了2005年,他八十三岁的时候,还去帕米尔高原四千七百米处为玄奘入境的山口古道立碑(与当地政府和中央电视台一起),还进罗布泊、楼兰、龙城、白龙堆、三陇沙入玉门关,以证实玄奘回归长安的最后一段路程,一行人在大沙漠里整整十七天,终于证实了玄奘在《大唐西域记》里的记录。冯其庸说:"我的这种实地学术调查的爱好和求证的习惯,追溯往事,也是从无锡国专时就开始的。"[①]在国专沪校期间,除了上课,冯其庸将很多时间精力花在《蒋鹿潭年谱考略》的撰写上,经常到上海的古书店和合众图书馆去看书,查阅资料,合众图书馆馆长、著名版本目录学家顾廷龙给他以很大的帮助指导。冯其庸在无锡国专的毕业论文,就是《蒋鹿潭年谱考略》,指导老师吴白匋看后非常欣赏,很快就通过了。

---

①冯其庸:《怀念母校——刘桂秋〈无锡国专编年事辑〉序》,刘桂秋著《无锡国专编年事辑》卷首。

冯其庸就读无锡国专时的成绩报告单

从无锡国专毕业后不久，无锡解放，冯其庸参加了人民解放军，不久后转至无锡市第一女中任教，1954年调中国人民大学，历任讲师、副教授、教授等职。1975年，国务院文化组成立《红楼梦》校订组，冯其庸任副组长，主管校订注释业务，历时七年，至1982年由人民文学出版社出版《红楼梦》新校注本。1984年12月，冯其庸等人由国务院、外交部、文化部派往前苏联鉴定列宁格勒藏本《石头记》，达成两国联合出书协议。1986年，调任中国艺术研究院副院长，负责学术管理工作。

冯其庸是中国当代著名红学家，他有诗句曰："大哉《红楼梦》，浩荡若巨川。"①而他自己就是这浩荡巨川中的恣意遨游者。冯其庸在红学研究方面著述阔富，著有《沧桑集》《漱石集》《解梦集》《曹雪芹家世新考》《瓜饭楼手批甲戌本〈石头记〉》《瓜饭楼手批己卯本〈石头记〉》《瓜饭楼手批庚辰本〈石头记〉》《瓜饭楼重校评批〈红楼梦〉》《重校〈八家评批红楼梦〉》《曹雪芹家世·红楼梦人物图录》《论红楼梦思想》等，这些著述于曹雪芹的家世祖籍、《红楼梦》版本、《红楼梦》的文本研究和综合性重校评批等方面多所创获。概而言之，在

①冯其庸：《哈尔滨国际〈红楼梦〉研讨盛会，群贤毕至，妙义纷呈，感赋古体诗三章，敬呈与会诸公郢正》，冯其庸著《瓜饭楼诗词草》，青岛出版社2014年版，第59页。

家世研究方面,他将《五庆堂重修辽东曹氏宗谱》等古文献与文物资料相互印证,推出了两项重要研究成果:第一,曹雪芹的祖籍在辽阳。第二,从曹雪芹高祖曹振彦到父祖辈曹颙、曹頫,将曹家几十人连成一线,不仅理清了曹家的世袭脉络,而且使曹家从发迹到烈火烹油之盛、再到被抄家败落的过程变得清晰、具体。在版本方面,对《红楼梦》的各种抄本都进行了深入的研究,证实了己卯本为怡亲王府原抄本,发现了己卯本与庚辰本之间的密切关系;此外,与友人合作出版了十三种抄本汇校汇评的《〈脂砚斋重评石头记〉汇校汇评》,为版本研究者提供了极大的方便。在文本研究方面,坚持《红楼梦》是小说,必须遵循小说研究规律的立场;强调外部研究是内部研究的基础、内部研究是外部研究的深化;强调打破文本界限,从多角度、多途径解读《红楼梦》。在综合性重校评批方面,最重要的成果是《瓜饭楼重校评批〈石头记〉》。据作者自述:"这部书,我融合了家世研究、抄本研究、红楼思想研究、人物研究、艺术研究的全部成果,也吸收了评点派的精华和其他红学研究家的成果,可以说是我全部红学研究的总汇,也是我自己的四十年研红心血所聚。"①红学研究之外,冯其庸于中国文化史、古代文学史、戏曲史、艺术史等领域的研究,也都有较为深湛的造诣和丰富的研究成果。

①冯其庸:《〈瓜饭楼丛稿〉总序》,见《〈瓜饭楼丛稿〉总目》,青岛出版社2012年版,第14页。

沈燮元：『黄金散尽为收书』

　　上一篇《冯其庸：浩荡巨川研红学》中叙及，和冯其庸一起由无锡国专本部中途转入国专沪校就读的，还有沈燮元。

　　沈燮元（1924—2023），江苏无锡人。沈燮元是无锡石塘湾人，但从小在苏州生活长大，家境较优，读的是教会小学，从小学习英文。抗战胜利以后，沈燮元考上了苏州美专。1946年春季，无锡国专在本地复校招生（本年6月份，国专桂校也复员回到无锡），沈燮元又转考该校，考试时作一篇文言文，发榜时，名列第二。这样，在苏州美专才读了一学期的沈燮元又转入无锡国专就读。

　　据沈燮元后来回忆，在无锡国专如果从预科开始读的话，要读四年：预科一年，要读《论语》《孟子》《孝经》等，本科三年。但沈燮元是直接从本科读起。当时给他们讲课的老师，有讲授《老子》《说文》的冯振，讲授中国文学批评史和《史记》的朱东润，讲授《汉书》的蒋廷曜，讲授中国文化史的冯励青，讲授地理学的王庸，讲授目录学的周贻白和讲授训诂学的李笠等人。

　　上述授课老师中，周贻白是中国戏曲史专家，但因当时无锡国专的目录学课程没人教，所以由他来开设此课。虽然开设的是目录学，但他对沈燮元影响较大的却仍然是古代戏曲和小说（戏曲主要是明清传奇）。当时周贻白的住处和沈燮元的家相距很近，只隔了一条河，来去非常方便。学校里并不是天天有课，沈燮元只要有空，时常去周家，师生两人海阔天空，无所不谈。

沈燮元当时正读王国维《宋元戏曲史》和《曲录》，同时又找到了姚燮《今乐考证》和黄文旸《曲海总目提要》，真可谓"左右逢源"。遇到有看不懂或者自己觉得有些模糊的地方，就向老师质疑问难，周贻白总是不厌其详，谆谆教导，让他觉得受益匪浅。受周贻白影响，沈燮元在无锡国专就读时曾撰有《刘知远故事的演变》，在当时的报刊上发表。①老师的栽培之恩，学生若日后有合适的时机，会尽力予以报答。二十世纪八十年代，沈燮元在上海参加编纂《中国古籍善本书目》，住在招待所里，写信给周贻白的儿子周华斌，嘱其将周贻白在古代戏曲、小说研究方面的单篇论文寄来。沈燮元对其加以校勘整理，最后编成了近五十万字的《周贻白戏曲小说论集》，由齐鲁书社出版。

1948年春，沈燮元和两位同学冯其庸、张仁迪由无锡国专本部转入国专沪校就读。②国专沪校的师长中，有两个人在他脑海中留下了较深的影响。一位是老校长唐文治。唐文治先生因为身体原因留在沪校，平时一般穿中装，眼睛看不见，出入都依赖一位叫高福的男佣人，唐先生需要搭着高福的肩膀走路。秘书是陆修祜，唐老夫子讲《诗经》，用的是太仓话，不少学生听不懂，会由陆修祜帮助他翻译。另一位是王佩诤。在后来别人给沈燮元做的访谈中，访谈者问："当时你们无锡国专的老师中，哪几位先生对您的影响比较大？"沈答："两个，在上海是王佩诤先生，他先跟金松岑，后来师从章太炎。无锡是周贻白先生。""周老师对我的影响主要是在戏曲小说方面，王老师对我的影响主要是版本目录学方面。"③到了二十世纪九十年代，王佩诤的曾孙王学雷整理其曾祖的遗著《瓠庐笔记》，沈燮元每次见到王学雷，都要询问进展情况；在整理工作接近尾声的时候，又用工整的楷书写了一篇序言，用精要准

①沈燮元《刘知远故事的演变》刊上海《中央日报·俗文学》周刊第85期（1948年10月20），王锷《智者乐仁者寿——沈燮元先生访谈》（见杜泽逊主编《国学茶座》第10期）记沈燮元回忆此文刊于《大晚报·通俗文学》，或是记忆有误。此文后被收录于《沈燮元文集》。

②参见本书《冯其庸：浩荡巨川研红学》篇。

③王锷：《智者乐仁者寿——沈燮元先生访谈》，杜泽逊主编《国学茶座》第10期，山东人民出版社2016年版，第159页。

确的语言,介绍了王佩净的一生行实和学术成就。

无锡国专沪校,一直在物质条件十分简陋的状况下坚持办学。沈燮元在一篇文章中,对此状况有生动的描述:

> (无锡国专沪校)地址在江宁路。上海是寸金地,房屋很紧张,能在当时的所谓租界上借得一块地盘上课,已经很不容易了。记得那时上海分校和两个中学在一起,同一个大门进出。国专分校在楼上借了几间屋子,一间大教室,各个班级,错开时间,轮流上课。另外三小间,一间是教务长办公室,一间是教务员办公兼作教员的休息室,一小间作外埠学生宿舍,里面放四个床位,都是双层铺。住在上层的,要用脚踏了下铺的床沿才能爬上去,住在底层的,头抬不起来,要低下头,才能坐到床上去。室内光线也暗,有一二张两屉的小桌子,放放漱口杯之类零碎东西,根本无法看书。①

因为"根本无法看书",沈燮元等人便去找国专沪校教务长王蘧常,说教室要上课,宿舍里人多,空气不好,光线暗,无法自修,可否设法找个公共图书馆看看书。王蘧常立即说有,就在离学校不远,有一个合众图书馆,是文化界老前辈张元济、叶景葵先生私人创办的,那里书很多,可以介绍你们去。王蘧常给沈燮元、冯其庸和张仁迪三人写了介绍信,三人随即去了图书馆,见到了心仪已久的总干事顾廷龙先生。果然,静谧的环境、丰富的图书,满足了他们读书自修的想法。沈燮元在那里撰写《屠绅年谱》的初稿,冯其庸则撰作他的《蒋鹿潭年谱考略》。

屠绅是清代乾隆时期的小说家,著有短篇小说集《琐蛣杂记》及长篇文言神魔小说《蟫史》等。还在无锡国专读书的沈燮元,之所以选择为屠绅编年

---

① 沈燮元:《〈合众图书馆董事会议事录〉跋》,沈燮元著《沈燮元文集》,国家图书馆出版社2018年版,第57—58页。

沈燮元就读无锡国专时，撰写了《屠绅年谱》，1958年由上海古典文学出版社出版

谱，一是因为比较喜欢戏曲小说。二是阅读梁启超《中国历史研究法》时，见其提出作年谱，有两种人最难作，一种是功业大的、事情多的难作；另一种是材料少的也难作，屠绅是属于材料少的，所以就想要尝试一下。经过努力，沈燮元撰成了《屠绅年谱》，刊发于《中央日报》的副刊《俗文学》。1957年，时在上海古典文学出版社任职的胡道静向沈燮元约稿，第二年，《屠绅年谱》在该社正式出版。

国专沪校所开的课程，和无锡本部不尽相同。无锡读的课程，和沪校的学分不能通用，如果要在上海读下去，必须重选课，学分另外算起。所以沈燮元和冯其庸、张仁迪三人在沪校只读了一个学期，于1948年下学期又回到无锡国专本校，最终在该年年底毕业。

从无锡国专毕业后，沈燮元进入上海合众图书馆工作。这期间，钱锺书先生常到合众图书馆看书，有一次是由沈燮元接待。交谈中，钱锺书听出沈燮元讲话有无锡口音，便改用无锡话交谈。谈话中，钱得悉沈是无锡国专毕业的，听后特别兴奋（因为钱锺书之父钱基博曾任教于无锡国专），又问沈在无锡国专有哪些老师。沈告知说：有朱东润先生，讲中国文学批评史，朱先生跟吴稚晖先生去过英国，曾在伦敦西南学院肄业，同时又谈到了钱锺书的叔

沈燮元毕业证书

叔钱孙卿，"谈话一下子从平淡无奇转入了热烈的高潮"。[①]沈燮元在合众图书馆工作了大约半年时间。上海解放后，他回到无锡，在无锡图书馆短暂工作了一段时间，又去了北京，到中国戏曲研究院资料室工作。后来回到南方，去了苏南区文物管理委员会，不久后调到南京图书馆，此后在该馆工作长达六十多年。

"西邻已富忧不足，东老虽贫乐有余。白酒酿来缘好客，黄金散尽为收书。"这是沈燮元家中墙上悬挂的一首古人绝句。"黄金散尽为收书"是他一生事业的最好写照。也就是他自己说的："买了一辈子的书，编了一辈子的目录，旁的不做，也没旁的时间。"长期的编目实践，使沈燮元练就了一双鉴定版本的慧眼，能通过观察行格、避讳、刻工、纸张、字体、印章等，鉴别出古籍的版本及真伪，顾廷龙先生戏称其为"派出所所长"，盖因其对古籍的"户口身份"了如指掌。沈燮元在版本目录等方面的撰述，汇为一本《沈燮元文集》。当代著名版本目录学家沈津评价此书说："……大手笔作文，轻易不肯动手，一落笔必言之有物，有理有据。从小文章中，可窥见燮翁考证工夫之细密。"[②]但沈

①沈燮元：《〈合众图书馆董事会议事录〉跋》，沈燮元著《沈燮元文集》，第62页。
②沈津：《〈沈燮元文集〉序》，沈燮元著《沈燮元文集》，第6页。

燮元于版本目录学研究方面的成就和贡献，并不仅仅只是体现在这本文集上。二十世纪七十年代末，《中国古籍善本书目》编纂工程启动，沈燮元担任子部主编。十余年中，他奔波于北京、上海等地，为《中国古籍善本书目》的编成做出了重要贡献，国务院古籍出版规划领导小组组长李一氓在1986年10月15日的《人民日报》上撰文评价说："这部目录是全国的古籍善本书目，包罗宏富，任何一部从前的书目都赶不上，这是近年中国图书事业的最大成就。"《中国古籍善本书目》之外，沈燮元一生中对中国文献学的贡献，还在于对被誉为"五百年来藏书第一人"的黄丕烈的藏书题跋研究。在前人搜辑研究的基础上，沈燮元四十余年如一日，每天都和黄氏进行"时空对话"，他所辑集的八十万言的《士礼居题跋》是迄今为止最全、最好、最重要的黄跋本子。而他重新辑录的黄氏诗文、编纂的黄氏年谱，也都对文献学研究者的研究、学习大有裨益。

陈征：一生精研《资本论》

　　无锡国专是一所以传授国学为主要内容的学校,但在这所学校里,却走出了一位研究《资本论》的专家,他就是陈征。

　　陈征(1928—),原名陈锡麟、陈厂梅,后改名陈征,江苏泰县人。陈征出身于一个书香门第,曾祖父是前清举人,祖父是秀才,父亲是中医。他四岁开始读书,到十岁时就读完了四书、《诗经》、《左传》、《楚辞》和《古文观止》等儒家经典。曾先后就读于石羊小学和泰州时敏中学。全面抗日战争爆发后,曾一度辍学,任苏陈小学教员。1946年,考入了刚从广西复员回锡的无锡国专。

　　在无锡国专,陈征有个同学叫王翌群(后用名王亦群),也是江苏泰县人。王翌群后来在他的《杏坛行知录》一书中,回忆当年在无锡国专的读书生活,其中有一段专门记及陈征:

　　　　在我基本上专心致志一门心思读书的两年中,我和一些勤奋学习的同学也成了要好的朋友,有的甚至成了终身挚友。如厂梅兄(参加革命后改名陈征)和我同是泰县人,他为人厚道,待人真诚,在国专的三年中他刻苦攻读古代文史书籍,同时又在写作古体诗词方面下了很深的功夫。他是1946年秋季考入国专的,比我早半年毕业。毕业后就和其他一些要求进步的同学报名参加苏南公学学习。由于学习优秀,结业后留校任教,并入了党。后又调华东党校学习,结业后分配到福建省委党校,专职从事

《资本论》的研究与教学,终于成为这一领域的知名专家,出版了一系列的学术专著;同时又未完全放弃古体诗词写作,2005年还应友人之请,出版了《陈征诗词百首》。[①]

陈征和王翌群作为就读无锡国专时的同学兼好友,在后来的几十年中,一直保持着深挚的情谊,"两人无论在政治上、学术上、社会地位上的距离拉开多少,他和我都不断地通信"。1958年,王翌群成为"右派分子",他写信告诉陈征并主动和陈征断绝了联系。1979年,王翌群恢复了无罪的身份并重回南通师范教书后,便写信告知陈征。陈征很快回信,并作《满江红·喜接翌群兄来信》词一首:

> 北雁南飞,好消息,带来多少。翌群兄,多年阔别,今如何了? 对镜也应怜白发,相思何处传青鸟。忆当年,风雨话鸡窗,天将晓。　　青云志,黄鹤杳,心犹热,人先老。剩依稀别梦,浮思缥缈。尺素传来歌纵酒,人间自有囊中宝。遥祝愿,崇川人长寿,花长好。[②]

而陈征自己,对当年在无锡国专的读书学习生活,后来留下的回忆文字并不多。但他有一篇《忆润师》,追忆朱东润这位"印象深刻毕生难忘的老师",却是详尽而生动。朱东润是陈征就读无锡国专时的授课老师;两人一为泰兴人,一为泰县人,系邻县,有乡谊;朱东润的次子朱君遂当时也在国专就读,和陈征是同班同学。陈征在几年当中,先后听过朱东润的《史记》、《汉书》、《诗经》、杜诗、中国文学批评史、传记文学、诗选等多门课程。听后体会深刻的一点,是觉得老师讲课有很大的启发性。课前预习时,对老师布置要预习的内容体会还不深,但听老师讲后再看书,就大不一样了。朱东润讲课

①王亦群:《杏坛行知录》,江苏文艺出版社2012年版,第43页。
②王亦群:《杏坛行知录》,第142页。

的另一特色,是教学与科研紧密结合,每节课讲的内容,都是他自己研究的成果。他在写了《史记考索》的基础上讲《史记》,在写了《读诗四论》的基础上讲《诗经》,在写了《中国文学批评史大纲》的基础上讲中国文学批评史,在写了《八代传记文学论集》《张居正大传》的基础上讲传记文学课程,所以每门课有新意、有特色。朱东润讲课,从不念讲稿,只写个简要提纲,抓住重点,深入分析。如考证某一问题时,往往运用丰富而准确的材料,进行层层论证,有很强的说服力。如阐述某一理论精义时,则提出鲜明的观点,进行有根有据的解释;用语明确简练,深入浅出,谈笑风生。听众往往被所讲内容吸引,感到时间太短,好像才上课就马上下课似的。学生们都喜欢听他的课,许多别班的同学还跨班来听,因而每逢朱东润讲课,教室里都挤得满满的。朱东润曾和陈征说过:做学问譬如住房子,在高楼大厦,租一套房子居住,房子终归是别人的;如果自己盖三间茅屋,虽然简陋,终归还是自己的。做学问也是这样,不要抄录别人的东西,一定要有自己的发明创造,尽管你的发明不大,但终归是你自己的。朱东润治学,就是实践了创造性的学术思想。他的文章,他的著作,都有独特的新见解、新思想,成为一家之言。他精通考据、训诂、文字、音韵之学,但不为这些所限,而是进一步穷究所研课题的奥秘,结合运用国外一些学者的治学方法,善于分析综合。他基础知识雄厚,又极其勤奋好学,严肃认真。他不仅具有惊人的记忆力,而且具有深刻的洞察力。他写文章,往

陈征著《〈资本论〉解说》

往是先打好腹稿，然后关起门来，一挥而就，基本上不须修改和清稿，即寄出付印。陈征记得有次他关起门来，不让任何人打扰，一天多时间，就写成了题为《〈公羊〉探故》的长篇学术论文，一个月后就在《国文月刊》发表。发表后，朱东润还把该文的抽印本送给陈征一份。朱东润的书法艺术也有很高的造诣，陈征毕业前，朱东润特地用篆书写了一个条幅送给陈征作纪念，内容是厉鹗的《论词绝句》中的一首："寂寞湖山尔许时，近来传唱六家词。偶然燕语人无语，心折小长芦钓师。"陈征把它作为珍贵文物加以收藏。①

在无锡国专学习期间，陈征与一些同学读了不少进步书籍，如《中国革命与中国共产党》《论持久战》《联共（布）党史》等。除上述书籍之外，他有一次从同学处借到一本马克思所著的《资本论》，感觉很有兴趣。有同学见到后问："你想当资本家吗？"陈征哈哈大笑说："要当资本家就不能读《资本论》，读《资本论》就要反对资本家。"其实，当时他对《资本论》并没有读懂，只是从薛暮桥《大众经济学》的小册子中略知大概，但这可以算作是他日后精研《资本论》的肇始。

1949年7月，陈征从无锡国专毕业，进入苏南公学做教育干事、组织干事等行政工作。1952年年底，被调至上海中共中央第三中级党校（即中共华东局党校）理论研究班学习两年，后留校工作。1955年，中组部调陈征到福建省委党校，主讲政治经济学和《资本论》等课程。1972年，陈征调至福建师范大学，此后便一直任教于该校，并曾先后任政教系主任、校长等职。

前文叙及，陈征日后研究《资本论》，肇始于无锡国专读书时。他后来在苏南公学、华东党校和福建省委党校任教，主讲政治经济学和《资本论》等课程，对《资本论》进行了深入细致的研读，"由于工作需要，我从不懂到基本上懂，从摸不清楚头脑到能通俗地介绍其基本内容，并说明其来龙去脉，不知反

①参见陈征：《忆润师》，《泰兴文史资料》第6辑《纪念朱东润先生专辑》，1989年版，第52—54页。按：陈征文中说朱东润《〈公羊〉探故》发表于《国文月刊》，实则刊于《学原》第1卷第10期（1948年）。

复看了多少遍,才摸进了《资本论》的大门"①。改革开放以后,陈征所著的《〈资本论〉解说》第一卷至第三卷(与《资本论》全三卷对应)陆续出版。《〈资本论〉解说》在方法的使用上,一方面重视与经济学说史的分析相结合,在对原著进行讲述的同时,对每个思想产生、变化、发展的过程都进行了系统的分析,包括提出的时间、地点及谁第一次提出等,从而使《资本论》每个原理的来龙去脉一目了然;另一方面,重视与《资本论》的结构、体系和方法论的分析相结合。在内容上,《〈资本论〉解说》按照原著章节依次解说,每章在前言部分阐释其中心思想、主要内容,以及在全篇中的地位,然后标明《资本论》的页数、段落、主要附注,帮助读者较快地抓住章、节的主线;而对于必须掌握的名词、典故、历史资料以及原文中笔误之处,都一一标出并加以注明,尤其是重点、难点、难句以及容易混淆之处,均重点解说,帮助初学者读懂全文。《〈资本论〉解说》对帮助读者准确理解和科学掌握《资本论》提供了重要的提示和辅助,对于运用《资本论》的基本原理和方法,研究社会主义经济问题发挥了重大的引导作用。此书的出版,在全国产生了深远的影响。1984年8月17日《光明日报》在《知识分子光荣榜》中称"陈征教授的《〈资本论〉解说》是我国对《资本论》系统解说的第一部著作,特别是第四、五册(解说第三卷)起了填补空白的作用。"此书出版后,一印再印,由初版的三千余册增印到十四万余册。《〈资本论〉解说》之外,陈征的著作,还有《社会主义城市地租研究》、《社会主义初级阶段经济纲领研究》(与李建平、郭铁民合著)、《陈征选集》、《〈资本论〉和中国特色社会主义经济研究——〈陈征选集〉续编》等。

---

① 黄茂兴、陈美华:《陈征教授访谈录》,《经济学动态》2018年第3期。

曹道衡：中古文学研究的开拓者

　　无锡国专校长唐文治先生早年就读江阴南菁书院时，有一位同门好友，即后来成为著名经学家、礼学家的曹元弼。在很多年以后，曹元弼的从曾孙曹道衡又成了唐文治的学生。

　　曹道衡（1928—2005），字文诠，江苏苏州人。曹道衡出身在一个中医家庭，曾祖父曹元恒，医号沧洲，是清末的一代名医，曹元弼则是曹元恒的弟弟。从曾祖父到父亲，家中三世行医。从曹道衡虚龄七岁开始，家中先后请了几位老师教读，其中的一位是他的三舅父、文史专家潘景郑，曹道衡跟着他先后读完了《论语》《孟子》《大学》《中庸》和《左传》，中间还选读了《古文观止》的一些文章。1940年夏秋之交，曹道衡入上海南方中学学习。日寇进入"孤岛"后，强制各级学校一律要改用日伪政权规定的课本，还要添加日文，曹道衡的祖父曹岳昭觉得这是奇耻大辱，于是便让其从学校退出，家中又先后请了几位老师教读。其中的一位是王芝九先生，他的教学方法和过去不大一样：

　　　　他教我读《尚书》和《诗经》，此外还选读曾国藩编的《经史百家杂钞》；后来又先后教我念了《礼记》《公羊传》和《周易》。王老师比较喜欢扩大学生的眼界，他给我讲解了《老子》，还选讲了《庄子》《荀子》和《墨子》中一些篇章。还讲过《汉书·艺文志》和许慎的《说文解字序》、马端临的《文献通考序》等文章。后来又要我阅读《资治通鉴》。这时我才知道古代的典籍中有这样多的学问。现在看来，王老师的意图是要把我引上学习史学的道路，但我当时很幼稚，还不怎么理解，只是遵照他的嘱咐每天阅读。由于王老师的引导，我当时对阅读古书产生了兴趣。①

抗战胜利后的1946年9月，曹道衡考入了无锡国专沪校。刚进学校第一年，学的大多是如"经学概论""诸子概论""文学概论"和"文字学"等一些基础课，其中有两门课对他有较大的帮助：

一门是金建德先生教的"诸子概论"。《庄子·天下篇》和《荀子·非十二子篇》对先秦各家学说多有评述，金建德让学生们精读这两篇，再结合阅读诸子著作中其他的一些篇章，以此来对各家学说有个大致的了解。金建德早年曾在章太炎在苏州创办的国学讲习所学习，很注意训诂和考订，有时关于某一词汇的解释，往往要介绍多种意见，这对曹道衡日后注意对史料的正确理解有很大帮助。

另一门是鲍鼎先生教的"文字学"。他着重选讲《说文解字》中一些字的解释，在此过程中常用甲骨文和金文来订正许慎的一些说法。从鲍鼎的讲授中，曹道衡才知道许慎的《说文解字》并非一切都正确。

在国专沪校就读的第一年，除了金建德、鲍鼎之外，曹道衡还得到了王佩诤先生的指点教诲。王是苏州人，与曹道衡的三舅父潘景郑同出于章太炎门下，所以很照顾曹。当时王佩诤教国专沪校高班生的选修课，曹道衡暂时还不能去听，但有时上教师休息的地方去请教。王对曹说："学国学要打好基础，主要应阅读群经、诸子、古史、《文选》。"并且认为《文选》的下半部尤应细读。为了读《文选》，王佩诤还亲自给曹道衡开列了一份书目，曹正是从这书目中知道了"李善注""五臣注"以及梁章钜、胡绍煐等人的著作。②

在国专沪校读完一年级以后，要进行分组。在国专沪校，因为人少，而且

①曹道衡：《困学纪程》，商务印书馆2014年版，第22页。
②王佩诤对曹道衡的指导点拨，详参本书《王佩诤："扶轮风雅见襟期"》篇。

是专科,所以称组,但其内容多少有些像大学里的系。当时学校共有三个组:文学、史学和哲学。曹道衡选了史学这一组。

曹道衡在国专沪校的学习成绩一直很好,但他的姨丈、现代著名文献学家顾廷龙对此并不是很看重,他认为在课堂上听讲、记笔记、背讲义,考试时得个高分,并不困难,却未必能学到什么真本领。他告诫曹道衡,最主要的是要自己用功去读第一手材料:"你现在还年轻,正是打好基础的时候。你应该多读原始的材料,而不是满足于一些概论性的东西。有些年轻人不懂得这个道理,一味去读一些别人的文章,从中转引些材料,加以发挥,写成文章,急于成名。这样是危险的,因为基础不扎实。今人的著作,本身也是从原始材料中来的,不过是经过他们消化之后,才提出自己的结论。这种结论,有的是对的,有的就不一定对。他们引的材料,只是经过他们选择之后,才举出的一小部分。其实他们在写成文章以前,所要阅读的资料远远不止这一些。何况别人引用材料,往往要使之适合于自己的论点,如果不知道这段话的上下文,那么这段话是否完全符合原书的意思,也是可以怀疑的。"[①]在姨丈的指点下,曹道衡每天读《资治通鉴》一卷(连胡三省注也一起点读),《汉书》一卷(连颜师古注也一起点读),段注《说文解字》用的是石印小字本,一天读两页(相当于平装书四页)。每天点读,从不间断;白天学校有课,则坚持晚上补上。段注《说文》读完后,接着又读王筠《说文释例》,再往后是郝懿行《尔雅义疏》;《汉书》点完三遍,又点《后汉书》;《资治通鉴》点完后,又点读毕沅的《续通鉴》的北宋部分。就这样点读古籍足足坚持了四年。除此之外,在姨丈顾廷龙和三舅父潘景郑的引导下,曹道衡还阅读了一些清代学者的著作,如顾炎武的《日知录》和王念孙的《读书杂志》等。

在这个时期里,曹道衡除了受顾廷龙和潘景郑的教诲外,在学校中受童书业先生的影响最大。童书业在国专沪校先后开设过春秋战国史、秦汉史、

---

① 曹道衡:《诱掖后进 诲人不倦——悼念姨丈顾起潜先生》,上海图书馆编《顾廷龙先生纪念文集》,上海科学技术文献出版社1999年版,第28页。

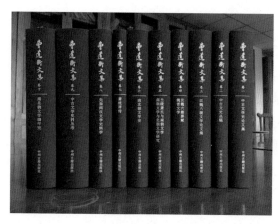

《曹道衡文集》

史学通论和世界通史等课。在讲授春秋战国史时，童先生给曹道衡出了个题目，即《左传·僖公十五年》记晋惠公以"河外列城五"贿赂秦穆公和《左传·僖公三十年》烛之武对秦穆公说的"许君焦瑕"究竟是不是一件事？他还叫另一学生于廉做对立面，各写文章一篇。于廉的文章主张"许君焦瑕"就是"河外列城五"的一部分，是晋惠公割让秦国的；曹道衡的文章主张《左传》中这两段话指两件事，"许君焦瑕"是晋文公割让给秦国的。两人都去查阅了《左传》《史记》等史籍，还翻遍了正续《清经解》中各家关于《左传》的注释，写出了各自的习作。这是曹道衡第一次试作学术性的研究。文章写出来以后，童书业认为两人的文章都不错，在课堂上作了表扬。在"秦汉史"的课堂上，童书业又给曹道衡等人出了题目，要研究战国秦汉间的社会生产方式究竟是奴隶制还是封建制。他要曹道衡等人各自找一部战国秦汉间的典籍去读，把有关奴隶问题的史料摘出来进行分析。曹道衡选了《吕氏春秋》进行通读，还附带通读了《战国策》和翻阅了《韩非子》，事后觉得这样的学术训练对自己帮助很大。到第三年写毕业论文时，曹的论文内容是关于西汉的盐铁政策的，也是由童书业指导。童要曹熟读《汉书》《后汉书》《盐铁论》，还叫他读《华阳国志》和《水经注》等书，并阅读吕思勉《秦汉史》等一些时人的论著。曹道衡后来回忆说："我那时写的论文自然很幼稚，但通过童先生的指导，我多少摸到了一些治学的门径。……后来在我研究魏晋南北朝文学史时,对那一部分的正史和《通鉴》都反复通读;对那个时期主要作家的集子还曾手抄过好多部。这些做法对我的研究工作有很大帮助。"①

1949年夏,曹道衡从无锡国专沪校毕业。1950年夏,他考入北京大学中文系插班读三年级。1952年7月,分配到中央文学研究所工作,一年后又"再次分配"到北京大学文学研究所(后来文学研究所又先后改属中国科学院、中国社会科学院),这便是曹道衡后来长期工作的单位。曹道衡在无锡国专沪校和北京大学中文系的学习,由传统的小学、经学到现代史学,再到中国文学史,博涉旁通,最后集中到中古文学研究领域,被学界誉为中古文学研究领域的开拓者。几十年孜孜矻矻,潜心研学,形成了十分丰硕的研究成果。其代表性的论著有《中古文学史论文集》《中古文学史论文集续编》《汉魏六朝文学论文集》《中古文史丛稿》《南朝文学与北朝文学研究》《汉魏六朝辞赋》《魏晋文学》等;合著有《中国文学家大辞典·先秦汉魏晋南北朝卷》、《中古文学史料丛考》、《南北朝文学史》(以上三书与沈玉成合著)、《先秦两汉文学史料学》、《南北朝文学编年史》(以上二书与刘跃进合著)以及《萧统评传》(与傅刚合著)等;此外还有多部个人编写或主持编写校订的诗文选注作品集。曹道衡在中古文学研究领域的学术贡献,举其大者,约有以下数端:第一,他是改革开放以来系统研究北朝文学的第一人,在此领域作出了拓荒性的贡献。第二,在前人研究的基础上,着意探讨中古文学发展嬗变的内在规律,构建起了中古文学史的较为完整的体系。第三,对先秦文学和中古文学的史料进行了广泛全面而又深入细致的整理、考订和辨正。第四,对《文选》进行了系统深入的研究,其中包括《文选》的版本与旧注研究、《文选》编者的研究和《文选》的选文研究等。

---

① 曹道衡:《困学纪程》,第43—44页。

范敬宜：
『照人肝胆自张舒』

1945年秋,有个少年在上海街头看到无锡国专沪校的招生广告,起了要报考这所学校的念头,这个少年名叫范敬宜。

范敬宜(1931—2010),字羽祁,江苏吴县人,为北宋名臣范仲淹第二十八世孙。范敬宜的父亲范承达毕业于上海交通大学,和邹韬奋是同班同学;母亲蔡佩秋曾师从章太炎等,工诗词格律。良好的家庭出身,使范敬宜从小便与诗书为伴,但他幼年便先后接连患有肺结核、心脏病和肾病,无法像一般孩子那样正常上学,七岁读完小学一年级后就休学在家养病。全面抗日战争爆发,苏州沦陷,范家被日寇洗劫一空,范承达在战乱中忧愤交加,不久便病逝了。1938年,范敬宜随母亲、祖母和姐姐迁往上海,投奔留美归来的两位姑母。范敬宜从小体弱多病,不能上学,在家由两位姑母当他的英语老师,母亲则向他传授中国古典文学名著,还为他凑钱买了商务印书馆编纂印行的大型丛书《四部丛刊》。范敬宜学诗,曾得南社诗人顾佛影先生亲授,十三岁时,他便写出了这样的题画诗:"罢钓归来宿雨收,一溪绿水泛轻舟。诗情只在斜阳里,莫向云山深处求。"母亲请来吴门画派传人樊伯炎教授其国画,还曾经著名画家吴湖帆指点,奠定了他山水画的根基。范敬宜后来诗、书、画兼擅,正是肇基于早年在家中的这段学习经历。范母还曾给范敬宜写过两条格言,一条是"无道人之短,无说己之长;施人慎勿念,人施慎勿忘。"另一条是"非淡泊无以明志,非宁静无以致远"。范敬宜说,这两句话对他日后的性格和行为产生了深刻的影响,使得在他日后遭受诸多磨难的时候能以积极而坦然的心态面对。[1]

本篇开首叙及,1945年,抗战胜利后的第一个秋季,年方十五岁的范敬宜有一天和母亲在上海逛马路,偶然看到无锡国专沪校招生,便起了上学的念头。获得母亲支持后,随即报名入考,竟然一举得中。进校后,校长唐文治先生听说新生里面有个范敬宜,是北宋文豪范仲淹先生的嫡传后代,便命人将其叫来,要看一看他。范敬宜听说唐文治先生叫他去,心里又喜又怕。进了房间,双目失明的唐先生听见人喊"范少爷到",便马上从座位上站起,弯腰打躬道:"文正先生的后人来了。"见唐先生这一大礼,慌得范敬宜不知如何是好。唐先生又把范喊到跟前,伸出双手,说是要摸摸他的眉骨,揣摩文正先生当是如何的容貌。范敬宜后来回忆起此事,说:"唐先生那样,并不是我有什么特别,我那时不过是个十五岁的新学生。唐先生那么做,所表现出来的,是对古人前辈的崇拜,是对文化学问的恭敬,真是震撼我的心……"[2]

当时的唐文治先生,已是八十一岁高龄,双目失明,行动需人扶持,而且身患前列腺炎,在下腹部切一小口通入管子导尿,但扶病每周一次来校讲课。话说在几十年以后的1996年5月,范敬宜访问法、比、荷等西欧国家。一天,在巴黎香榭丽舍大街散步,颇为眼前风物所动。忽然之间,头脑里闪出一段文章:

> 巴黎恢恢,冠绝西欧。林麓翳荫,万物棣通。士女遨嬉,谈辞揆张,议堂扩千步,民政所宗。其气侨,其学说日新,其民英跱自熹,而心志发扬……

范敬宜苦苦思索,想不起这段话出自何书。直到回国以后,有一天才想

---

[1] 陆洪磊:《范敬宜新闻思想研究》,清华大学博士论文,2021年,第144页。
[2] 沈宁:《与大师谈大师》,《随笔》2006年第6期。

起它出自唐文治先生所作的《英轺日记序》。在此序中，唐文治慷慨陈词，极言西方诸国的强盛发达，呼吁中国卧薪尝胆，力谋自强，以期立足于世界民族之林。在序文的最后，他想象着中国有一天出现这样的情景："自兹以往，欧、亚学界之中，我庠士其且竞胜于理化乎！我政家其竞胜于经济乎！我兵家其竞胜于武力乎！我农工商其竞胜于产殖乎！"范敬宜是1945年在无锡国专沪校读书时亲聆唐校长朗读这篇文章的，朗读时声震屋瓦，声泪俱下，其忧国之情，使学生无不为之动容。

　　以上所叙的唐文治先生点点滴滴的事迹，都出自范敬宜几十年以后的回忆；而这些点点滴滴的事迹，用范敬宜回忆老校长的一篇文章的题目来概括，就叫作"校长的人格魅力"。在这种人格魅力的感召下，无锡国专沪校的办学条件极为艰苦简陋，"可是，这里却集中了当时上海文、史、哲方面最著名的教授、专家，如周谷城、周予同、王蘧常、朱东润、黄云眉、王佩诤、朱大可、童书业、魏建猷、唐尧夫、金德建、吴丕绩、鲍鼎、方诗铭、陈小翠、顾佛影、刘诗荪等等，可谓名流荟萃。即使在当年上海第一流的大学里，这种情况也是绝无仅有的。……值得回味的是，这么多教授、学者到无锡国专来授课，都是兼职尽义务的，顶多收一点车马费。在那物价飞涨、米珠薪桂，'教授教授，越教越瘦'的年代，他们肯不计任何报酬来教课，实在太不容易。记得教我们'汉魏六朝文'的吴丕绩教授，贫病交迫，走上讲坛往往气喘吁吁。有一天讲江淹的《恨赋》，读完第一句'试望平原，蔓草萦骨，拱木敛魂'，就眼望窗外，叹了一口气说：'今天米又涨价了……'，真是令人心酸。他们为什么肯于这样作出牺牲，甚至比在本校教书更加投入？主要原因是这所学校的校长是德高望重的唐文治老先生"。也是在这种人格魅力的感召下，"记得1948年，学校因政府停发经费，陷入极度困难。学生们建议由唐校长出面，请求上海著名书画家帮助，办一书画义卖，筹款以解燃眉之急。我和同学拿着唐校长盖章的信函，登门拜访了当时第一流的书画家，有张大千、吴湖帆、冯超然、吴子深、贺天健、樊少云、马公愚、沈尹默、王福庵、王季迁、朱梅邨、陆抑非、唐云、白蕉、石伽、樊伯炎、庞左玉、吴青霞、应野平等八十余人，无一拒绝，有的还当场挥毫

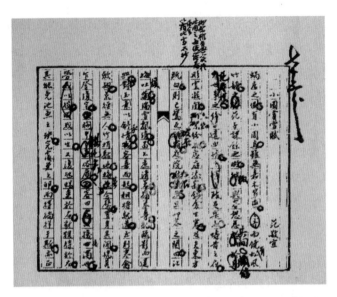

范敬宜就读无锡国专时的作文《小园赏雪赋》,由吴丕绩批改

交卷。义展在上海成都路中国画苑举行,非常成功。事隔二十多年,当年的
教务长王蘧常教授还对我说:'这就是唐老夫子的人格力量!'接着又问:'你
还记得那封征求书画的信是怎么写的吗?'我答:'记不清了,只记得唐老夫子
口授了一句:"俾膏火之资得继,束脩之奉无缺。"这是点睛之笔。'王先生闻言
怃然"。①

　　国专沪校的教授们不计薪酬菲薄,精心教书育人,学生们从中则获益良
多。在范敬宜的记忆中,前文提到的吴丕绩先生是一位批改学生作文特别认
真的人。几十年以后,范敬宜还保存着老师当年批改过的作文卷子。吴丕绩
修改文章的特点是着墨不多,重在删繁就简,画龙点睛。有一年雪后,他命题
作《小园赏雪赋》,范敬宜在文中有一段:"……三千世界,似蒙素毅;十二亭
台,如饰琳璐。使百尺长松益增虬结之势,千林枯木似缀鹤羽之素。梅萼盈
枝,添江渚之春色;蟾光耀霁,招裙屐于晚渡。"看似华丽,实则有堆砌之病。

---

①范敬宜:《校长的人格魅力》,范敬宜著《敬宜笔记》,文汇出版社2002年版,第34—36页。

吴先生改为"……三千世界，一片冰清；十二亭台，万竿琳璐。长松益增虬结之势，老木似缀鹤羽之素。而梅萼盈枝，香添孟春；蟾光耀霁，祥徵岁暮，犹其余事也。"这一改，文字就简练多了。文中还有"彤云密布，柳絮纷飞""鸳瓦铺霜，庭院堆盐"之句，吴先生在眉批中提出批评："柳絮虽有典实，于此用之每使读者误会。以霜比雪亦不妙"，遂将"柳絮纷飞"改为"六出纷飞"，将"铺霜"改为"被素"，"堆盐"改为"如银"，可谓字斟句酌，煞费苦心。吴丕绩先生之外，另外一个给范敬宜留下深刻印象的老师是教目录学的王佩诤先生。[①]

除了得到老师的传授教诲之外，同学之间也切磋研磨、互相砥砺。范敬宜入无锡国专沪校就读时才十五岁，是个小弟弟。后来在同班同学的记忆中，对这位"小弟弟"留下了这样的印象：

> 我还清楚地记得当时我们班上有一位范敬宜同学，他的确是个通才。他比我约小五六岁，头角岐嶷，目秀眉清，人品生得十分出众。并且精通国画，在全班堪称翘楚。由于他为人正直谦和，同学多乐意和他接近。

> 敬宜同学，确是一位绝顶聪明的人。他不但能熟记老师教给的课文，而且还善于模仿唐老夫子读书的腔调，抑扬顿挫，惟妙惟肖。令人听后，拍案叫绝。[②]

同学的年龄自然都比"小弟弟"大，其中出类拔萃的有于廉、冯其庸、沈茹松和曹道衡等。于廉不但才学出众，而且少年老成，谦恭沉稳，温厚可亲。范敬宜因为年纪小，还有些顽皮，上课时经常做些小动作，不是给老师画个漫画，就是给同学传个纸条，写首打油诗。有一次于廉给范敬宜写了一封洋洋

---

① 参本书《王佩诤："扶轮风雅见禩期"》篇。
② 钱树森：《忆无锡国专并范敬宜同学》，陈国安等编《无锡国专史料选辑》，苏州大学出版社2012年版，第318页。

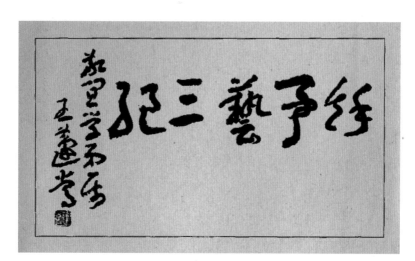

王蘧常二十世纪八十年代为范敬宜的画册题词："余事艺三绝"

洒洒的长信,劝其要收心读书,不要虚度光阴。有一句话令范敬宜后来久久不忘:"流光容易把人抛,聪明易被聪明误。"范敬宜母亲看后非常赞赏,对他说:"交朋友就应该交于廉这样的朋友——这叫'净友'。"

1949年夏,范敬宜从无锡国专沪校毕业,不久后又考入上海圣约翰大学中文系继续学习。1951年,范敬宜开始从事新闻工作,曾任《东北日报》(《辽宁日报》前身)和《辽宁日报》的编辑、农村部副主任、主任、编委、副总编辑等职务。"文革"期间,他被下放到辽宁建昌县农村"劳动改造",曾写了七律一首以自抒怀抱:"一囊诗梦一囊书,锐气纵横未见输。奉命文章甘划策,照人肝胆自张舒。半生行迹非与是,久别朋侪亲亦疏。越陌度阡终不倦,人间何处无征途。"[1]1984年,范敬宜调任文化部外文局局长;1986年,任《经济日报》总编辑;1993年,任《人民日报》总编辑;2002年4月,被清华大学聘为教授及新闻与传播学院院长。改革开放初期,时在《辽宁日报》工作的范敬宜写的《莫把开头当过头——关于农村形势的述评》一文在《辽宁日报》刊登后,被《人民

---

①董健华:《和范敬宜同志在一起的日子》,刘志忱主编《与时代同行——〈辽宁日报〉老同志回忆录》,辽宁人民出版社2004年版,第162页。

日报》头条转载,引起巨大反响。后又采写了《"回头路"辩》《"单干"辩》《说变》《月光如水照新村》《夜半钟声送"穷神"》等二百五十多篇有深刻见地的报道,而且组织了许多战役性报道,以思想解放、文风尖锐在全国产生了很大影响。范敬宜高度重视新闻报道本身的改革,在担任经济日报社领导时,发动采编人员抓住经济改革中的"难点"和"热点",组织了一大批反映经济工作和经济生活重大问题的深度报道和系列报道,其中发起的《关广梅现象》大讨论,对引导人们辨明改革方向起到积极作用。范敬宜也因此被称为是进入新时期后利用新闻推动改革开放和利用改革开放推动新闻改革的领头人物。编著有《范敬宜文集:新闻作品选》《范敬宜文集:总编辑手记》《敬宜笔记》《敬宜笔记续编》《马克思主义新闻观十五讲》等。

附录一：
无锡国专教师选介

徐震（1898—1967），字哲东，江苏武进人。曾任教于西北民族学院等校。1928年，无锡国专增设国技选科，聘请徐震教授。著有《国技论略》等。2006年，山西科学技术出版社编纂出版《徐震文丛》。

侯敬舆（？—？），名鸿钧，字敬舆，以字行。幼习文学，后因体弱多病，遂决意学医习武，从太极拳名家吴鉴泉之甥赵寿村和少林拳名师赵连和练武，尤喜各种器械，凡有武术名家来锡，均从学之。先后与王峻崖、杨彦斌等发起组织精武体育会、西神国技社，对无锡武术运动的发展有较大贡献。1928年，任无锡国专国技教授。著有《国术理论概要》。

单镇（1876—1965），字束笙，江苏吴县（今苏州）人。清光绪二十九年（1903）进士，曾任商部员外郎等职。1929年9月，受聘为无锡国专教授，讲授《诗经大义》《史通》《东塾读书记》《杜工部诗集》和《国文大义》等；唐文治授之以所编定《诗经大义》，请其采择传笺，别作注释。著有《桂阴居自订年谱》等。

陈兆蘅（1893—1956），字湘圃，江苏丹阳人。1930年2月起，任无锡国专教育学教授。译有《桑代克教育学》。

陈邦怀（1897—1986），字保之，江苏镇江人。曾任天津社会科学院历史研究所研究员、天津文史研究馆副馆长等职。1930年，受聘任无锡国专教授，与后来到无锡国专任教的杨铁夫先后讲授过中国韵文选、《诗品》、《文心雕龙》等。著有《殷虚书契考释小笺》《居延汉简考略》《殷代社会史料征存》《一得集》《嗣朴斋丛稿》等。

甘豫源（1903—1999），字导伯，上海人。曾任教于江苏省立教育学院等校。1931年8月起，任无锡国专教授，讲授教育学。著有《新中华民众教育》《乡村教育》《乡村民众教育之实施》《民众学校》等。

李源澄（1909—1958），字浚清，四川犍为人。曾任教于四川大学、西南师范大学等校。1936年下半年起，任无锡国专教授，讲授散文与国学概论等课程；在此期间，以个人薪水，创办了《论学》杂志。著有《经学通论》《诸子概论》《秦汉史》《李源澄学术论著初编》《李源澄儒学论集》《李源澄集新编》等。

郑师许（1897—1953），原名沛霖，字惠侨，广东东莞人。曾任中山大学等校教授。1938年起，在无锡国专桂校任教，讲授抗战史料和中国文化史。著有《漆器考》《论所谓"秦式"铜器》《龙溪书院考略》《铜鼓考略》等。

封鹤君（1876—1959），名祝祈，字鹤君，以字行，广西容县人。曾任广西大学秘书长、广西通志馆馆长等职。1938年起，在无锡国专桂校任教，讲授唐诗。著有《漠北纪游》《封鹤君诗集》等。

吴世昌（1908—1986），字子臧，无锡国专第一届毕业生吴其昌之弟，浙江海宁人。曾任中国社会科学院文学研究所研究员和中国社会科学院研究生院教授。抗战时期，吴世昌曾在无锡国专桂校兼课。吴世昌是现代著名红学家，著有《中国文化与现代化问题》《红楼梦探源》《罗音室诗词存稿》《红楼梦探源外编》等。2003年，河北教育出版社编辑出版《吴世昌全集》。

张世禄（1902—1991），字福崇，浙江浦江人。曾任复旦大学和华东师范大学等校教授。1939年，在无锡国专沪校任教，讲授音韵学等课程，后又应邀至国专桂校任课。张世禄为中国现代著名语言学家，著述闳富，较有代表性的著作有《中国声韵学概要》《中国古音学》《语言学原理》《广韵研究》《语言学概论》《语音学纲要》《中国音韵学史》《中国文字学概要》《中国训诂学概要》《汉字改革的理论和实践》等。2020年，东方出版中心编辑出版《张世禄全集》。

万仲文（1911—1988），原名蔚程，海南儋州人。曾任广西大学、广西师范学院等校教授。抗战时期,曾任教于无锡国专桂校。著有《中国外交之史的分析》《桂系见闻谈》《万仲文文集》等。

陈竺同(1893—1955),原名陈经,字啸秋,浙江温州人。曾任教于国立桂林师范学院和中山大学等校。抗战时期,曾任教于无锡国专桂校。著有《中国文化史略》《两汉和西域等地的经济文化交流》等。

陈一百(1909—1993),别号百一,广西北流人,陈柱长子。曾任教于广州师范学院等校。抗战时期,曾任教于无锡国专桂校,教授统计学。著有《曹子建诗研究》《陈一百教育文选》等。

吕逸卿(1905—1982),广东鹤山人。曾先后在广西教育研究所、中山大学和广西大学等处任职、任教。抗战时期,曾任教于无锡国专桂校。著有《民族问题鸟瞰》《吕逸卿诗文选》等。

苏芗雨(1902—1986),名维霖,字芗雨,以字行,台湾新竹人。抗战时期,曾任教于无锡国专桂校,后曾在“国立”台湾大学任教。著有《教育社会学》,译有《训育论》([日]野田义夫著,苏芗雨译)。

黄际遇(1885—1945),字任初,广东澄海人。曾任教于中山大学、青岛大学和山东大学等校。抗战时期,曾任教于无锡国专桂校,教授书法。黄际遇为现代数学家、教育家,擅长数学而又兼长文学、书法。著有《黄际遇文集》《黄际遇日记类编》《畴盦联话》等,另有数学学科著作多种。

郝昺衡(1895—1978),又名秉衡,字立权,江苏建湖人。曾任教于华东师范大学等校。抗战时期,曾任教于无锡国专沪校,教授中国文学史。编著有《陆士衡诗注》《谢宣城诗注》《何水部诗注》《阴常侍诗注》《沈休文诗注》等。

杨鸿烈(1903—1977),又名炳堃,别名宪武,云南晋宁人。曾任广东省文史馆馆员。抗战时期,曾任教于无锡国专沪校。著有《大思想家袁枚评传》《中国诗学大纲》《中国文学杂论》《中国法律发达史》《中国法律思想史》《中国法律在东亚诸国之影响》《史学通论》《历史研究法》《教育之行政学的新研究》《杨鸿烈文存》等。

张任政(1898—1960),字惠衣,浙江海宁人。曾任浙江博物馆馆长。抗战时期,曾任教于无锡国专沪校。著有《历代平民诗集》《金陵大报恩寺塔志》《张惠衣文存》等。

葛绥成(1897—1978),又名康林,字毅甫,浙江东阳人。曾任中华书局地理部主任、上海私营地图出版社总编辑等职。抗战时期,曾任教于无锡国专沪校,讲授中国地理。葛绥成是中国现代著名地理学家,一生撰有地理学论著四十多种以及大、中、小学地理教科书多种,主要著作有《太平洋问题之解剖》《中国近代边疆沿革考》《世界文化地理》《世界人生地理》《近代地理发见史》等。

唐庆诒(1898—1986),字谋伯,江苏无锡人,唐文治长子。曾任教于上海交通大学等校。抗战时期,曾任教于无锡国专沪校,讲授中西文学批评、诗词学等课程。编著有《南游日记》《漫游记》《近代英文名著选》《忆往录》等。

李长傅(1899—1966),又名李震明,江苏镇江人。曾任教于开封市河南大学(后调整为开封师范学院、河南师范大学)等校。抗战时期,曾任教于无锡国专沪校,讲授地理课。李长傅为中国现代历史地理学家和地理教育家,尤长南洋史地研究,著述宏富,代表性的著作有《南洋华侨史》《中国殖民史》和《开封历史地理》等。

徐昂(1877—1953),字益修,江苏南通人。曾在之江大学等校任教。抗战时期,曾任教于无锡国专沪校,讲授文法、音韵等课。徐昂是现代易学家,著有《京氏易传笺》《释郑氏爻辰补》《河洛数释》《经传诂易》等,凡三十七种,一百余卷,合刊为《徐氏全书》。复旦大学出版社2019年编辑出版《徐昂著作集》。

蒋伯潜(1892—1956),名起龙,字伯潜,以字行,浙江富阳人。曾先后任教、任职于杭州师范学校和浙江图书馆等处。抗战时期,曾任教于无锡国专沪校,讲授十三经概论和基本文选等课。蒋伯潜是现代学者、经学家,撰述丰硕,主要有《诸子通考》《文字学纂要》《四书读本》《十三经概论》等。

胡士莹(1901—1979),字宛春,浙江平湖人。曾在浙江师范学院和杭州大学等校任教。1940年秋季起,在无锡国专沪校任教,讲授词学研究。胡士莹是古典说唱文学、戏曲、小说研究专家。主要著作有《话本小说概论》、《宛春杂著》、《紫钗记校注》、《牧羊记校注》(与钱南扬合著)、《吟风阁杂剧》(校注)、《弹词宝卷书目》、《霜红词》和《霜红词续编》等。

许国璋(1915—1994),浙江海宁人。曾任教于北京外国语学院等校。抗战时期,曾任教于无锡国专沪校,开设英语选修课。许国璋是现代著名英语教育家,主编的大学《英语》教材,从二十世纪六十年代初开始,通行全国,历几十年而不衰,成为我国英语教学方面同类教材的典范。另著有《许国璋文集》《许国璋论语言》等。

任铭善(1913—1967),字心叔,江苏如皋人。曾任教于浙江大学和杭州大学等校。抗战时期,曾任教于无锡国专沪校,讲授《礼记》。著有《礼记目录后案》、《汉语语音史要略》、《古汉语通论》(与蒋礼鸿合著)、《无受室文存》等。

蔡尚思(1905—2008),福建德化人。曾在复旦大学等校任教。1942年起,曾在无锡国专沪校兼课,讲授中国思想史等课程。蔡尚思是现代著名历史学家、中国思想史研究专家,撰述丰硕,主要著作有《中国思想研究法》《中国传统思想总批判》《中国传统思想总批判补编》《中国文化史要论(人物·图书)》《孔子思想体系》《王船山思想体系》《中国近现代学术思想史论》《中国古代学术思想史论》《中国礼教思想史》《周易思想要论》《中国思想史通论》等。2005年,上海古籍出版社编辑出版《蔡尚思全集》。

黄云眉(1898—1977),字子亭,浙江余姚人。曾在山东大学等校任教。抗战时期,曾任教于无锡国专沪校,讲授中古史等课程。黄云眉为现代明史专家,著有《古今伪书考补正》《韩愈柳宗元文学评价》《明史考证》《邵二云先生年谱》《史学杂稿订存》《史学杂稿续存》《鲒埼亭文集选注》等。

胡曲园(1905—1993),湖北江陵人。曾在复旦大学等校任教。抗战时期,曾任教于无锡国专沪校,讲授论理学(逻辑学)等课程。胡曲园是现代哲学家,著有《胡曲园哲学论集》、《哲学与中国古代社会论集》、《公孙龙子论疏》(与陈进坤合著)等。

刘文兴(1910—?),字诗孙,"孙"一作"苏",江苏宝应人。肄业于北京大学研究所国学门。抗战胜利后,曾在无锡国专沪校兼课,讲授元明清戏剧、小说等课程。撰有《北宋本李善注文选校记》《眷盦琐记》《宝应刘氏食旧德斋收藏宋椠目》《宋刊唐鉴校记》《刘端临先生年谱》《朱彬〈宝应邑乘志余〉手稿跋》《杭世骏厉鹗博学鸿词科试卷跋》《宝应刘楚桢先生年谱》等文。

顾佛影(1898—1955),名宪融,字佛影,以字行,上海南汇人。曾在上海商务印书馆、中央书店和成都金陵女子大学等处任职、任教。抗战时期,曾任教于无锡国专沪校,讲授词曲等课程。编著有《作诗百日通》、《虚词典》、《古今诗指导读本》(评注)、《剑南诗钞》(评注)等。

陈小翠(1902—1968),又名玉翠、翠娜,浙江杭州人,陈栩(天虚我生)之女。曾任上海中国画院画师等职。抗战时期,曾任教于无锡国专沪校,讲授词曲等课程。著有《翠楼吟草》。

鲍鼎(1898—1973),字扶九,江苏镇江人。曾任教、任职于上海正风文学院、大夏大学和上海新亚药厂。二十世纪四十年代,曾任教于无锡国专沪校,讲授文字学等课程。撰述丰硕,主要有《张夕庵先生年谱》《目录学小史》《春秋国名考释》等。

赵泉澄(1905—?),浙江嵊县人。曾在北京大学研究院、社会调查所、社会科学研究所及禹贡学会从事研究工作。二十世纪四十年代,曾任教于无锡国专沪校。著有《清代地理沿革表》等。

吴丕绩(1910—1972),原名丕悌,号伟治,上海松江人。曾执教于上海交通大学、震旦大学等校。二十世纪四十年代,曾任教于无锡国专沪校,讲授汉魏六朝文等课程。编著有《江淹年谱》、《四益宦骈文稿》(孙德谦著,吴丕绩编)、《鲍照年谱》、《顾亭林诗集汇注》(顾炎武著,王蘧常辑注,吴丕绩标校)等。

金德建(1909—1996),浙江嘉兴人。曾任上海社科院历史研究所特约研究员、上海师大古籍研究所古籍文献班教授。二十世纪四十年代,曾任教于无锡国专沪校,讲授诸子概论等课程。著有《古籍丛考》、《两汉尚书》(卷首书名为《两汉尚书源流及其篇目之新估定》)、《司马迁所见书考》、《经今古文字考》《先秦诸子杂考》等。

陆祖谷（1874—1944），字文达，号仲襄，一作颂襄，浙江嘉兴人。曾任嘉兴图书馆名誉馆长等职。二十世纪三四十年代，曾任教于无锡国专沪校，讲授经学、目录学等课程。编著有《浙江省善本书类要》《浙江省立图书馆善本书目题识》等。

方诗铭（1919—2000），四川成都人。曾任上海社会科学院历史研究所所长等职。二十世纪三四十年代，曾任教于无锡国专沪校。编著有《中国历史纪年表》、《中国史历日和中西历日对照表》（与方小芬合作编著）、《古本竹书纪年辑证》（方诗铭、王修龄辑录）等。2010年，上海社会科学院出版社编辑出版《方诗铭文集》。

傅统先（1910—1985），云南澄江人，回族，寄籍湖南常德。曾任教于暨南大学、圣约翰大学和山东师范学院等校。二十世纪四十年代，曾任教于无锡国专沪校，讲授哲学史课程。著有《教育哲学讲话》《现代哲学之科学基础》《美学纲要》等。2020年，山东教育出版社编辑出版《傅统先全集》。

章颐年（1904—1960），又名章仲子，浙江余杭人。曾任浙江省立杭州师范学校校长、大夏大学教育心理系主任兼教授。二十世纪四十年代，曾任教于无锡国专沪校，讲授心理学课程。著有《心理卫生概论》《章仲子文集》等。

周葆儒（1891—1966），原名周廷珍，又名周辛，浙江海盐人。曾任教于安徽大学和合肥师范学院等校。1947年起，时在江苏省立教育学院任教的周葆儒应邀至无锡国专兼课。周葆儒是我国现代教育学家、社会教育家和乡村教育运动的积极践行者，著有《周辛教育文集》等。

吴白匋（1906—1992），名征铸，字白匋，以字行，江苏仪征人。曾任教于南京大学等校。1947年起，时在江苏省立教育学院任教的吴白匋应邀至无锡国专兼课。编著有《无隐室剧论选》《吴白匋诗词集》和戏曲剧本多种。

王庸（1900—1956），字以中，江苏无锡人。曾任教、任职于南京大学和北京图书馆等处。抗战胜利后，曾任教于无锡国专。王庸是现代地理学家，著有《经济地理学原理》《中国地理学史》《中国地理图籍丛考》《中国地图史纲》

《王庸文存》等。

李笠(1894—1962),字雁晴,浙江瑞安人。曾任南京大学、南开大学和复旦大学等校教授。抗战胜利后,曾任教于无锡国专,讲授训诂学课程。著有《史记订补》《三订国学用书撰要》《中国文学述评》《定本墨子间诂校补》等。

钱海岳(1901-1968),江苏无锡人。曾任职、任教于南京图书馆和南京大学。1949年7月起,无锡国学专修学校改名私立无锡中国文学院,钱海岳任教务长。钱海岳是历史学家、南明史研究专家,著有《海岳文编》《哀蝉落叶集》《南明史》等。其中,《南明史》是一部纪传体的史学著作,顾颉刚曾评价说:"钱海岳独竭数十年的精力,编成纪传体的《南明史》百数十卷,足备一代文献。"

王士菁(1918—2016),江苏沭阳人。曾先后任教、任职于中国社会科学院研究生院和鲁迅博物馆。1949年7月起,无锡国学专修学校改名私立无锡中国文学院,王士菁曾在该院任教,讲授辩证唯物论课程。王士菁是现代著名的鲁迅研究专家,也兼涉其他领域的研究,著有《鲁迅传》《鲁迅——伟大的革命家、思想家和文学家》《鲁迅早期五篇论文注译》《鲁迅创作道路初探》《鲁迅的爱和憎》《瞿秋白传》《唐代诗歌》《唐代文学史略》《诗圣杜甫》《杜诗便览》等。2009年,首都师范大学编辑出版《王士菁文集》。

侯垿（1903—?），字云圻，安徽无为人。无锡国专第一届毕业生，毕业后考取清华国学研究院，为第二届研究生。新中国成立后，在北京市文物工作队工作。同为无锡国专第一届毕业生的吴其昌称侯垿"国学根基极为深厚，经史子集，无所不通，尤擅长经学，对《易》《礼》钻研精深，又治理学，诗文亦佳"。撰有《觉罗诗人永忠年谱》等文；另有文集《徇庵类稿》，已散佚。

严济宽（1899—1971），字伯侨，江苏无锡人。无锡国专第一届毕业生。1949年初，到无锡国专任教；不久，无锡国专改名私立无锡中国文学院，任秘书长。著有《中国民族女英雄传记》。

唐景升（约1903—?），字尧夫，上海南汇人。无锡国专第一届毕业生。曾在无锡国专沪校任教，长于唐调吟诵。撰有《屈子作骚时代考》《清儒西北地理学述略》等文。

毕寿颐（约1897—1944），字贞甫，江苏太仓人。无锡国专第一届毕业生。撰有《词话考索》《于湖词校录》《张于湖先生年谱》等文。著有《陈奂毛传疏补》《度万楼骈文稿》等，已散佚。

潘汉年（1906—1977），江苏宜兴人。1924年秋，到无锡国专学习；至1925年初，转赴上海中华国语学校学习。抗日战争和解放战争期间，在上海等地领导对敌地下斗争和开展统战工作。中华人民共和国成立后，任中共中央华东局委员和中共上海市委社会部部长、统战部部长，上海市常务副市长等。

冯劢青(1903—1966),字勖纯,江苏武进人。无锡国专第二届毕业生。抗战胜利后,任教于无锡国专。新中国成立后,曾任教于镇江师专和江苏省丹阳中学等校。著有《张煌言年谱》。

邹云翔(1896—1988),江苏无锡人。1925年4月,邹云翔拜唐文治为师,唐命其和无锡国专第四班学生一起上课,至1927年,因母病需侍奉而辍学。后师从名医刘莲荪学医。新中国成立后,历任江苏省中医院副院长、院长,南京中医学院副院长。著有《中医肾病疗法》《中医验方交流集》《邹云翔医案选》等。晚年曾写有《尊师颂》十首,追怀唐文治先生。

钱伟长(1912—2010),江苏无锡人。1926年8月,无锡公益中学因故停课,钱伟长入无锡国学专修馆就读。在该校学习不到一年,即随父亲钱挚转入无锡县立初中,在该校一年级就读。钱伟长是中国现代著名科学家、教育家,被人称为中国"力学之父""应用数学之父"。

周木斋(1910—1941),名朴,字木斋,以字行,江苏武进人。1927年,入无锡国专学习,但由于家里交不起学费等原因,未及毕业,便离开学校到上海大东书局任编辑。唐弢在《鲁迅和周木斋——四十多年前文坛上的一桩公案》一文中说:"……木斋早年就读于无锡国学专修馆,曹聚仁对他的旧学很佩服,遇到先秦诸子或者古典小说上的疑问,总要向木斋请教。"著有《中国民族革命小史》《中国近代政治发展史》《远东的民族解放运动》《消长新集》等。

陈起予(1904—1997),字千钧,后以字行,广西北流人。无锡国专第三届毕业生。抗战时期,曾任教于无锡国专桂校。新中国成立后,任华南师范大学历史系教授。著有《韩非新传》等。

章鹏若(1907—1964),字扶九,江苏无锡人。无锡国专第四届毕业生。曾任教于私立江南大学等校。著有《农村复兴之理论与实际》。

丁学贤(1910—1935),字迪豪,后以字行,安徽无为人。无锡国专第五届毕业生,毕业论文题为《屈宋赋真伪考》。毕业后,仍然致力于楚辞研究;在他辞世后的1938年,他的《〈离骚〉的时代及其他》与卫聚贤《〈离骚〉的作者——屈原与刘安》、何天行《楚辞新考》汇为一书,题名《楚词研究》,由吴越史地研究会印行出版,是二十世纪二三十年代屈原学、楚辞学研究中"屈原否定论"一派较有代表性的一本著作。另撰写发表学术论文多篇。

林达祖(1912—2000),字涵之,一作涵齐,江苏吴县人。无锡国专第六届毕业生。毕业后去上海与邵洵美合编杂志《论语》,邵、林是"《论语》编辑中编辑时间最长的二人"。与林锡旦合著《沪上名刊〈论语〉谈往》。

张锡君(1913—2000),名锺毓,字锡君,后以字行,江苏无锡人。无锡国专第六届毕业生。生于三世中医之家,后开馆行医,曾任重庆市第一中医院院长、重庆市中医院院长等职,是中医内科、儿科著名专家。

王承谟(1911—1938),又名王尘摩、王尘无,江苏海门人。1927年,入无锡国专就读;1929年,转入上海持志大学读书并在该校毕业。王承谟后来成为一名左翼电影评论家,著有《浮世杂拾》《王尘无电影评论选集》等。

郭则澐(1909—1990),字晴湖,福建闽侯人。无锡国专第七届毕业生。郭则澐与无锡国专第八届毕业生郭则湘是一对兄弟,两人先后以第一名的成绩在无锡国专毕业,时有人戏称其为"兄弟状元"。郭则澐与钱锺书是执友,两人酬唱之作甚夥。著有《晴湖诗稿》。

陈果青(1909—1995),名震,字果青,后以字行,安徽滁县人。无锡国专第八届毕业生。曾任教于贵州大学等校。编著有《词学词典》《历代文论选注译》《南燕楼诗词》等。

许符实(1915—1988),江苏金坛人。1930年,就读于无锡国专。1979年以后,曾任江苏省哲学社会科学联合会副主席、江苏省社会科学院副院长等职。

俞铭璜(1916—1963),江苏如皋人。二十世纪三十年代,就读于无锡国专。新中国成立后,曾任江苏省委宣传部部长、南京大学中文系主任和中共中央华东局宣传部副部长等职。著有《新人生观》《共产主义人生观》等,收入《俞铭璜文集》。

胡邦彦(1915—2004),字文伯,一字彦龢,号蹇翁,江苏镇江人。二十世纪三十年代,就读于无锡国专。后曾任职于华东师范大学古籍研究所。著有《胡邦彦文存》,与王桐荪、冯俊森合作编注《唐文治文选》。

倪志僩（约1907—?），字瑟仙，江苏盐城人。无锡国专第十届毕业生。后曾任教于台湾台中师范、新竹师范、彰化中学和师大附中等校。著有《中国散文演进史》《论孟虚字集释》等。

俞振楣（约1912—?），字子石，上海金山人。无锡国专第十届毕业生。曾任教于扬州中学等校。俞振楣就读无锡国专时的毕业论文为《欧阳修志》，约十万字，钱基博在他的毕业论文上批道："吾自讲学大江南北，得三人焉。于目录学得王生绍曾，于《文史通义》得陶生存煦，于韩愈文得俞生振楣。"另撰有《欧阳修文渊源考》《唐诗十首浅释》等文。

王桐荪（?—2007），字彤生，江苏江阴人。无锡国专第十二届学生毕业生，毕业后留校任教务员兼图书馆管理员，后又曾任无锡国专桂校事务主任。与刘露茜编选《唐文治教育文选》，与胡邦彦、冯俊森等选注《唐文治文选》，并撰有《冯振心先生和无锡国学专修学校》《冯振心先生和迁桂无锡国学专修学校——纪念冯先生诞辰100周年》等文。

张尊五（?—?），字正灵，江苏江阴人。无锡国专第十二届学生毕业生。毕业后曾任无锡国专庶务主任。撰有《北宋词论》《东坡文学》《东坡行实录》《苏子瞻之社会政策》《三十年代的无锡国专》等文。

吴则虞（1913—1977），字藕顋，安徽泾县人。早年在章太炎国学讲习会专攻文学、音韵学和训诂学。约在1934年，赴无锡国专从陈衍、杨铁夫学习诗、词学。曾任中国科学院哲学研究所研究员等职。编著有《晏子春秋集释》、《中国工具书使用法》、《辛弃疾词选集》（辛弃疾著，吴则虞选注）、《辛弃疾选集》（辛弃疾著，吴则虞选注）等。

崔龙（约1916—1941），字云潜，江苏武进人。无锡国专第十五届学生毕业生，后曾在无锡国专沪校任职。1939年，崔龙与无锡国学第十六届毕业生、无锡国专前教授陈柱的侄女陈荔英结为夫妻，刊行两人的诗文合集《潜励斋初稿》。崔龙还编著有《胡林翼语录》《唐茹经先生政治学》等。

沈讱（1915—1982），字希乾，一作熙乾，上海人。无锡国专第十五届学生毕业生。与任教于无锡国专的陈柱的长女、同班同学陈松英结为夫妇。后曾在无锡国专沪校任职。著有《心写庵残稿》,自印本。

彭鹤濂(1914—1996),名天龙,字鹤濂,后以字行,上海金山人。无锡国专第十五届毕业生。曾任中学教师、中学校长,后在金山县图书馆工作,与钱锺书交善。著有《棕槐室诗》和《棕槐室诗话》等。

蒋祖怡(1913—1992),浙江富阳人。无锡国专第十六届毕业生。曾在浙江师范学院、杭州大学等校任教。著述甚富,代表性的著作有《中国人民文学史》《王充的文学理论》《文心雕龙论丛》等。

郑学韬(1919—1982),"韬"一作"弢",浙江嘉兴人。无锡国专第十六届毕业生。抗战胜利后,曾在国专无锡本部任教,新中国成立后曾在江苏师范学院任教。曾校注有《〈列异传〉等五种》。另撰有《"竖起脊梁坚定志,澄清大业看登车"——纪念冯振心老师诞辰百年》等文。

姜铎(1915—2001),又名蒋立,江苏丹阳人。1935年在无锡国学专修学校读书,次年返回家乡从事抗日救亡活动。曾任中国科学院上海经济研究所研究员。著有《姜铎文存——近代中国洋务运动与资本主义论丛》、《人民公社产生的源源本本》、《一个传奇式的共产党员——黄逸峰的一生》、《政治经济学谈片》、《中国近代经济史论丛》(与黄逸峰合著)、《旧中国的买办阶级》(与黄逸峰、唐传泗、陈绛合著)、《中国近代经济史论文集》(与黄逸峰合著)等。

苏莹辉(1915—2011),字景坡,江苏镇江人。二十世纪三十年代,入无锡国专学习。后经校长唐文治推荐,考入大理民族文化书院就读。苏莹辉是中国现代著名敦煌学家,著述闳富,代表性的著作有《敦煌学概要》《敦煌论集》《敦煌论集续编》《瓜沙史事丛考》《敦煌文史艺术论丛》等。

鲍正鹄(1917—2004),浙江鄞县人。从二十世纪三十年代起,曾先后就读于无锡国专、国立戏剧学校和重庆复旦大学,后曾任教、任职于复旦大学、北京图书馆和中国社会科学院科研局等处。著有《鸦片战争》。

张怀民(约1917—?),安徽和县人。无锡国专沪校民国二十八年度第一学期毕业生。在未从国专沪校毕业前,即出版印行了《列子天瑞篇新义》和《公孙龙子斠释》两部著作。其师顾实在校阅《公孙龙子斠释》书稿时,将自己未刊行的《公孙龙子通诂》"悉以畀怀民，排比入书中"。

张珍怀（1917—2005），号飞霞山民，浙江永嘉人。无锡国专沪校民国二十八年度第二学期毕业生。曾任教于上海务本女中（后改名上海市二女中）。著有《飞霞山民诗词》，选注有《清代女词人选集》。张珍怀在无锡国专沪校就读时，曾师从夏承焘；从1971年起，张珍怀协助夏承焘编成《域外词选》。

严古津（1918—1975），原名暑根，别号沧浪生，江苏无锡人。国专沪校民国二十九年度第二学期毕业生。在校时，曾主持将校中变风诗社成员的作品编为《变风社诗录》。曾在锡北中学、常熟县中等校任教。严古津擅长古体诗词，所作曾汇为《沧浪生诗词稿》。

吴雯（1917—1990），后改名吴闻，又常署无闻、吴无闻，浙江乐清人。无锡国专沪校民国三十年度第二学期毕业生。曾任上海《文汇报》驻北京记者。吴雯在无锡国专沪校就读时，曾师事夏承焘；二十世纪七十年代，吴雯成为夏承焘的继配夫人。编辑印行了夏承焘的诗集、词集和多部词学著作。参与编撰的著作有《瞿髯论词绝句》（夏承焘编著、吴无闻注）、《天风阁诗集》（夏承焘著、吴无闻注）、《姜白石词校注》（姜夔著，夏承焘校、吴无闻注释）、《天风阁词集》（夏承焘著、吴无闻注）、《夏承焘教授纪念集》等。

江辛眉（1922-1986），名文忠，字辛眉，号阮堂，浙江嘉兴人。曾就读于无锡国专沪校。擅作诗词，在校期间与同学严古津等组织变风诗社。新中国成立后，任教于中国人民大学和上海师范学院历史系。自编有《阮堂诗选》，并撰有《唐宋诗的管见》《关于韩愈诗的几个问题》《读韩蠡解》《诗经修辞格举隅——纪念闻一多先生逝世三十三周年》等文。

杨向时（1917—1987），字雪斋，江西丰城人。抗战前，就读于无锡国专，未及毕业，后又在国专沪校续读。后去台湾，任教于多所学校。著有《词学》《左传赋诗引诗考》等。

陆汝挺（1922—2009），江苏常州人。国专沪校民国三十年度第二学期毕业生。毕业后，担任唐文治秘书。后曾任教于江苏省常州中学、常州第一中学。长于唐调吟诵，撰有《回忆唐文治（蔚芝）先生二三事》等文。

　　李成蹊（1921—2015），江苏靖江人。无锡国专沪校民国三十一年度第二学期毕业生。后曾任徐州师范大学教授。著有《古代作品注释问题研究》《实存斋汉语论文选集》等。

　　萧德浩（1922—　），字孔嘉，广西蒙山人。无锡国专桂校毕业生。曾任广西社会科学院研究员，从事中越关系史的研究。编著有《近代中越关系史资料选编》（与黄国安、杨立冰合编）、《苏元春评传》（与蔡中武合著）、《邓承修勘界资料汇编》（与吴国强合编）、《中越边界历史资料选编》（与黄铮主编）等。另撰有有关无锡国专办学历史的文章多篇，如《缅怀先师阎宗临教授》《漱溟先师在无锡国专讲学的情况》《1944年无锡国专在蒙山的艰苦岁月》《饶宗颐师避难蒙山追记》等。

　　陈左高（1924—2011），浙江平湖人。无锡国专沪校民国三十二年度第二学期毕业生。陈左高是金石家陈巨来的胞弟，在国专沪校就学时，深得唐文治读文法的真传。后来成为日记学的研究专家，著有《历代日记丛谈》《古代日记选注》《中国日记史略》《文苑人物丛谈》等。

　　陈以鸿（1923—　），字景龙，江苏江阴人。无锡国专沪校民国三十三年度第二学期毕业生。原先在上海交通大学读书，1942年暑假后，交大被敌伪政权强行接管，陈以鸿停学并考入无锡国专沪校。从国专沪校毕业时，适值抗战胜利，陈以鸿又回交大复学，一直到1948年在交通大学机电系毕业。后曾任上海交通大学出版社编审。著有《雕虫十二年：陈以鸿诗文联谜编年集》《续雕虫十二年（2000—2011）：陈以鸿诗文联谜编年集》，另有译著多种。

　　吴文治（1925—2009），江苏江阴人。抗战胜利后考入国专无锡本部，未及毕业，中途转入苏州东吴大学国文系学习。后任教于中国人民大学和江苏教育学院。著有《柳宗元评传》《中国文学史大事年表》《韩愈》《五朝诗话概说》《柳宗元诗文十九种善本异文汇录》《吴文治文存》等。

　　黄汉文（1923—2003），上海奉贤人。无锡国专沪校民国三十四年度第一学期毕业生。后曾任教、任职于南京机电学校。撰有有关无锡国专办学历史的文章多篇，如《无锡国学专修学校》《记唐文治先生》《甘当绿叶衬红花——

记陆景周先生》《陈衍的生平与著述》《钱仲联先生的诗学、诗作、诗教》等。

蒋希文(1922—2015)，江苏赣榆人。无锡国专沪校民国三十四年度第一学期毕业生。新中国成立后，任贵州省民族研究所工作员，后任教于贵州大学。著有《徐邈音切研究》《修辞浅说》《汉语音韵方言论文集》等。

秦和鸣(1924—2016)，江苏武进人。国专沪校民国三十四年度第一学期毕业生。新中国成立后，任常州专署党组委员兼文教处处长、江苏师范学院代理书记和苏州丝绸工学院副院长等职。著有《和农村中学教师谈教育上的基本问题》等。

何以聪(1924—2006)，浙江鄞县人。无锡国专沪校民国三十四年度第一学期毕业生，在唐庆诒所授的诗词学课上，何以聪和陈以鸿的诗曾名列前茅，被唐戏呼为"哼哈二将"。后曾任上海师范大学教授。著有《怎样消灭错别字》、《语文教学中的创造性叙述》、《语文教学评论集》、《语文教学法散论》(与王必辉合著)等。

郁慕娟(1924—1999)，上海人。上海著名的中药店"郁良心堂"主人郁元英有五个女儿：郁慕贞、郁慕洁、郁慕娟、郁慕云、郁慕莲。其中郁慕娟为无锡国专沪校民国三十四年度第二学期毕业生，郁慕云、郁慕莲为无锡国专沪校民国三十五年度第一学期毕业生。1945年秋末，郁氏五姐妹一起拜张大千为师，此后都成为上海著名的女画家。郁慕娟与郁慕贞、郁慕洁合著有《花鸟画技法初步》。

陆振岳(1926—)，江苏武进人。无锡国专民国三十七年度第二学期毕业生。曾任教于苏州大学。著有《苏州史志研究》、《苏州穹窿山孙武隐居地问题的是与非》(与张英霖、陆咸、陆允昌合著)、《方志学研究》等。另撰有关无锡国专办学历史的文章，如《无锡国学专修学校述略》等。

萧善芗(1925—)，江苏海门人。无锡国专沪校一九四八年冬届毕业生。后任教于上海师范大学附属中学。萧善芗是无锡国专沪校教授、历史学家魏建猷的继配夫人，两人合作点校明代刘基的《郁离子》。萧又长于唐调吟诵，撰有《唐调及其传承琐记》等文。

胡子远(1921—)，江苏苏州人，原籍常州。抗战时期就读于无锡国专沪校,曾任苏州大学文哲研究所副所长、黄遵宪研究中心副主任、华东师范大学历史系兼职教授。撰有有关无锡国专办学历史的文章多篇,如《唐文治与无锡国学专修学校》《往事杂忆》《缅怀王蘧常先生》《忆吕思勉先生二三事》《追忆校友邹云翔》《沉痛悼念秦和鸣学长》《吴郡率真才子 报界儒雅大家——悼念校友范敬宜》《纪念吴雨苍校友》等。

章品镇(1921—2013),原名张怀智,江苏南通人。二十世纪四十年代,曾就读于无锡国专沪校。曾任江苏省文联副秘书长、中国作家协会江苏分会秘书长、江苏人民出版社副总编等职。著有《自己的嫁衣》《书缘未了》《花木丛中人常在》等。

辛品莲(1910—1996),江苏无锡人。无锡国专沪校一九四九年冬届毕业生。后曾在上海市五四中学等校任教。著有《苏州史话》(自印本)。

许威汉(1926—2016),浙江平阳人。无锡国专沪校一九四九年夏届毕业生。后曾任上海师范大学教授。撰述丰硕,主要有《汉语词汇学引论》《训诂学导论》《汉语学》《语林探胜》《先秦文学及语言例论》《汉语语音讲话》《古汉语概述》《许威汉语文研究文存》等。

无相法师(1927—2018),俗名陈文银,江苏东台人。12岁出家。1948年夏,考入无锡国专读书,未及毕业。后任锡山龙光寺住持、无锡灵山祥符寺方丈。

冯俊森(1929—?),江苏无锡人。1950年1月无锡中国文学院(由无锡国学专修学校改名而来)第一届毕业生。后曾长期在中学任教。与王桐荪、胡邦彦合作编注《唐文治文选》,负责编印无锡国专校友会刊物《国专校友之声》(后改名为《国学之声》);撰有《全面继承师德弘扬中华文化——纪念冯振先生诞辰100周年》《读朱东润先生的三封家信》等文。

王翌群(1927—2013),后名王亦群,江苏泰州人。1950年1月无锡中国文学院(由无锡国学专修学校改名而来)第一届毕业生。曾在南通师范学校等校任教。著有《杏坛行知录》,撰有《自强不息奉献不倦的一生——缅怀东润师》《终身受用的教益——忆冯振心老师》等文。

后记

2011年8月，笔者的《无锡国专编年事辑》一书由中国大百科全书出版社出版。在此之后，笔者的一个非常坚定的念头，便是要继续从事无锡国专研究和唐文治研究。接下来一步先做什么？当时有两个想法：一是编撰一本唐文治先生的年谱长编，二是撰写一本《无锡国专人物丛谈》。经过反复地斟酌权衡，决定先来编纂年谱长编。2020年6月，一百四十余万字的《唐文治年谱长编》一书由上海交通大学出版社出版；屈指一算，已经过去了近十个年头。

去年6月，无锡市梁溪区政协拟组织编纂梁溪历史文化方面的小丛书。在无锡市和梁溪区近代以来的文化演进史上，"无锡国专"毫无疑问是其中一个重要的组成部分；所以在梁溪区拟定的丛书编纂的初期方案中，无锡国专就是一个重点考虑的内容。随之，笔者被确定为这套小丛书的撰写者之一，便申报撰作《风神——无锡国专人物丛谈》，很快即获批准。从十年前的一念萌发，到十年后的心愿得遂，可谓是一种机缘凑泊。

在《无锡国专编年事辑》之后，接着再写一本《风神——无锡国专人物丛谈》，是基于以下两方面的考虑：第一，无锡国专办学三十余年来，一共只招了两千余名学生，其中因时局动荡、辗转流徙等原因，正常毕业者不到一千人。但是，就是在这一两千名学生中，却涌现了很多国学研究、文史教育和其他方面的优异人才，这也是在这个学校停办七十余年后的今天，人们提起她，仍然为之啧啧称叹、肃然起敬的主要原因之一。当然,"高徒"背后必有"名师",看一看无锡国专三十余年的执教者的名单,可以说是群贤毕至,俊彦咸集。那么,应该有一本书来记叙这些人物在无锡国专教学授受的生活,来表现他们的风貌神采,来反映他们在国学研究等领域的卓越成就。第二,中国传统的史学著作,有编年体、纪传体和纪事本末体等几种主要体例。以此为参照,《无锡国专编年事辑》是一本无锡国专的编年校史,《风神——无锡国专人物丛谈》则采用了"纪传"史例,两书既各有侧重,又收互参互补之效。《无锡国专编年事辑》更多地体现一种专业性和学术性,《风神——无锡国专人物丛谈》则力求能将专业性、学术性和普及性、生动性有所结合。

在限定的篇幅中,本书选取了五十位"国专人物"予以重点介绍,其中"教师篇"和"学生篇"各介绍二十五人(在"学生篇"中,像王蘧常、蒋庭曜、钱仲联、王绍曾和魏建猷等人先是就读于无锡国专,后来又曾在该校任教或任职)。作为正文的补充,本书又设"无锡国专教师选介"和"无锡国专学生选介"两个附录,以对更多的无锡国专师生在不同领域的成就予以简要介绍。在写法上,每篇详写其在无锡国专任教或就学期间的"教学授受"的内容,略写其一生行迹和在各自领域所取得的成就。之所以采用这样的写法,也是出于两方面的考虑:第一,每个人一生的行实事迹丰富繁多,要在每篇四千字左右的有限篇幅中予以全面展现,势所不能;倒不如有详有略,重点介绍他们在无锡国专执教或学习的状况。而这一方面的内容,有许多都是笔者研究无锡国专有年、对原始的文献资料进行深入挖掘搜辑而得来,这也是本书的独特价值之所在。需要说明的是,因为是重点介绍"在无锡国专执教或学习的状况",其中有些人物,如李源澄、张世禄、许国璋、蔡尚思、钱海岳、苏莹辉和鲍正鹄等人,虽然都是在学术研究等领域卓有成就者,但因为他们在国专时期的史料相对匮乏,所以未列入正文,而是暂将其置于附录中。第二,本书和《无锡国专编年事辑》一样,都是属于"无锡国专研究"的范畴,故每篇中的人物,重点介绍他们在无锡国专执教或学习的状况,也是理所应然。

在本书的撰写和编辑印行的过程中,依然得到了不少师友的热情帮助,如顾晔青先生为我热心提供资料和相关线索,周海鲎先生慨然寄赠他所编著的《朱大可年谱长编》和朱大可著《怀人诗二百首》,李素洁女士赐赠蒋庭曜先生自订年谱和《石渠诗存·劫中草》的稿本复印件,王觉民女士审阅书稿,提出了不少宝贵的修改意见,广陵书社无锡地方文献研究中心张叠峰先生和广陵书社张珂编辑为书稿的编辑、修改付出了很大的心力,在此一并表示诚挚的谢意。

刘桂秋

2023年5月于江苏无锡